Zivilrechtliche Probleme des Kulturgüteraustausches

Europäische Hochschulschriften

Publications Universitaires Européennes
European University Studies

Reihe II

Rechtswissenschaft

Série II Series II
Droit
Law

Bd./Vol. 1920

PETER LANG
Frankfurt am Main · Berlin · Bern · New York · Paris · Wien

Michael Markus Franz

Zivilrechtliche Probleme des Kulturgüteraustausches

PETER LANG
Europäischer Verlag der Wissenschaften

Die Deutsche Bibliothek - CIP-Einheitsaufnahme

Franz, Michael Markus:

Zivilrechtliche Probleme des Kulturgüteraustausches / Michael Markus Franz. - Frankfurt am Main ; Berlin ; Bern ; New York ; Paris ; Wien : Lang, 1996
(Europäische Hochschulschriften : Reihe 2, Rechtswissenschaft ; Bd. 1920)
Zugl.: Gießen, Univ., Diss., 1995
ISBN 3-631-50034-3

NE: Europäische Hochschulschriften / 02

D 26
ISSN 0531-7312
ISBN 3-631-50034-3

Vorwort

Die vorliegende Arbeit wurde im Sommersemester 1995 vom Fachbereich Rechtswissenschaft der Justus-Liebig-Universität Gießen als Dissertation angenommen. Das Manuskript wurde im April 1995 abgeschlossen.

Mein Dank gilt all denen, die mir beim Verfassen der Arbeit hilfreich zur Seite gestanden haben.

Ein besonderer Dank gebührt Herrn Prof. Dr. Klippel, der die Dissertation engagiert betreut hat und dessen Kritik ich wertvolle Anregungen verdanke. Durch seine unterstützende Hilfe wurde die Durchführung der Arbeit erst möglich.

Herrn Prof. Dr. Weick danke ich für die Erstellung des Zweitgutachtens.

Weiterer Dank gebührt den Vertretern von Organisationen, die mich mit ihrem Fachwissen unterstützten: So den Mitarbeitern des International Art & Antique Loss Register Ltd, der Akademie der Künste Berlin, dem Städelschen Kunstinstitut und Städtische Galerie Frankfurt, der Zentralen Museumsverwaltung Essen, der Schirn Kunsthalle Frankfurt, der documenta und Museum Fridericianum Veranstaltungs GmbH Kassel sowie der Hamburger Kunsthalle.

In diesem Zusammenhang danke ich weiterhin den Mitarbeitern der Christie's Deutschland GmbH sowie dem Sotheby's Press Office und der Nordstern Kunstversicherung.

Herzlich danke ich Frau Karin Hillebrand für ihre aufmunternde Unterstützung während des Verfassens der vorliegenden Arbeit.

Gießen, im November 1995 Michael Markus Franz

Inhaltsverzeichnis

Kapitel 5:

Kapitel 6:

Einleitung

I. Problemstellung und Ziel der Arbeit

Kulturgüter waren und sind für ein Volk stets von großer Bedeutung, da sie der traditionell gewachsenen Identität eines Volkes Ausdruck verleihen. Aus diesem Grund ist jede Nation um den Schutz ihrer Kulturgüter bemüht. So wurde und wird alles getan, um einerseits einen Kulturgüterverlust zu verhindern und andererseits verloren gegangene Objekte zurückzuholen. Damit läßt sich der Kulturgüterschutz grundsätzlich in die beiden Hauptkomponenten "Prävention" und "Rückführung" einteilen: Zunächst wird unter präventivem Blickwinkel versucht, die fraglichen Objekte im jeweiligen Einflußbereich zu behalten. Ist ein Kulturgut abhandengekommen, wird man um eine Rückführung bemüht sein.

Gerade zu erstgenanntem Zweck wurden von verschiedenen Staaten Gesetze verabschiedet, die Exportverbote von Kulturgütern zum Gegenstand haben. Neben diesen öffentlich-rechtlichen Aspekten des Kulturgüterschutzes finden sich aber auch Bemühungen, auf internationalprivatrechtlicher Ebene dem Schutz von Kulturgütern gerecht zu werden[1].

Erschwert werden alle rechtlichen Anstrengungen im Bereich des Kulturgüterschutzes durch die Tatsache, daß es sich bei diesem um eine komplexe, in nahezu alle juristischen Sachgebiete hineinspielende Materie handelt[2]. So kann der Kulturgüterschutz sowohl auf nationaler als auch auf internationaler Ebene rechtlich untersucht werden[3].

Mit den Bestrebungen verschiedener Staaten innerhalb der letzten Jahrzehnte, auf den genannten Ebenen den illegalen Import, Export und Verkauf von Kulturgütern zu unterbinden, kollidiert die Forderung nach einem freien interna-

---

1 Vgl. hierzu etwa die Bemühungen von UNIDROIT (Institution international pour l'unifaction du droit prive) in Form des UNIDROIT-Entwurfes eines Einheitlichen Gesetzes über den Eigentumserwerb kraft guten Glaubens an beweglichen Sachen (LUAB (1974)), Schmeinck 122ff, 147f; Knott 170ff; Jaeger 137f. Vgl. zum UNIDROIT-Entwurf 1990 Jaeger 141ff.

2 Vgl. Reichelt, 4.

3 Vgl. Reichelt, 5.

tionalen Warenverkehr mit diesen Objekten[4]. Damit stehen die Belange des Eigentümers und diejenigen eines Erwerbers bzw. Interessenten in einem Spannungsverhältnis.

Ein Aspekt zur Lösung dieses Spannungsverhältnisses könnte der Austausch von Kulturgütern sein. Ein solcher Kulturgüteraustausch bewirkt einerseits, daß andere Länder oder innerhalb eines Staates auch andere Regionen Kenntnis von kulturellen Entwicklungen und Hintergründen erhalten. Andererseits kann mit dem Austausch von Kulturgütern gesichert werden, daß die Objekte im Eigentum der sie zur Verfügung stellenden juristischen oder natürlichen Person bleiben.

Eine Auswahl[5] der bei diesem Kulturgüteraustausch[6] auftretenden zivilrechtlichen Probleme ist Gegenstand dieser Untersuchung.

II. Forschungsstand

Wie bereits bemerkt, kann der Kulturgüterschutz auf unterschiedlichen rechtlichen Ebenen diskutiert werden. Die Mehrzahl der vorliegenden deutschsprachigen Untersuchungen finden hierbei ihren Schwerpunkt auf dem Gebiet des internationalen Kulturgüterschutzes. Das bisher umfassendste Werk legte hierzu von Schorlemer[7] vor. Vor ihr waren Aspekte des internationalen Schutzes von Kulturgütern zum einen Gegenstand zahlreicher Aufsätze[8], zum anderen der Arbeiten von Knott[9] und Walter[10]. Publikationen aus jüngster Zeit sind die Untersuchungen von Jaeger[11], Uhl[12] und Schmeinck[13]. Um einen

4 So Tessmar-Pfohl, FAZ v. 08.10.1994, 37.

5 Daher werden im folgenden manche im Zusammenhang mit dem Kulturgüteraustausch auftauchende Rechtsfragen ohne vertiefende Behandlung aufgegriffen.

6 Dabei stellt der Begriff des "Kulturgüteraustausches" im Rahmen der vorliegenden Untersuchung primär auf die deutsche Situation ab bzw. setzt den Anwendungsbereich des BGB voraus.

7 Sabine von Schorlemer: Internationaler Kulturgüterschutz, Berlin 1992.

8 Vgl. nur im deutschsprachigen Raum Drobnig, IPrax 1984, 61ff; Fechner, DÖV 1992, 609ff; Hanisch in: FS Müller-Freienfels, 193ff; Hoffmann/Zschiedrich, Neue Justiz 1984, 86ff; Jayme, IPrax 1991, 357ff; Junker/Richard, Jura 1985, 415ff; Kampmann/Pieroth, NJW 1985, 1385ff; Mansel, IPrax 1988, 268ff; Metzger, NJW 1991, 609ff; Müller, IPrax 1992, 336f; Siehr, NJW 1993, 2206ff.

9 Hermann J. Knott: Der Anspruch auf Herausgabe gestohlenen und illegal exportierten Kulturgutes, Baden-Baden 1990.

10 Bernhard Walter: Rückführung von Kulturgütern im internationalen Recht, Bremen 1988.

11 Andrea Jaeger: Internationaler Kulturgüterschutz, Köln 1993.

12 Antje-Katrin Uhl: Der Handel mit Kunstwerken im europäischen Binnenmarkt, Berlin 1993.

Überblick über den Forschungsstand zu ermöglichen und damit die vorliegende Arbeit thematisch einordnen zu können, wird im folgenden auf die eben erwähnten Dissertationen überblicksartig eingegangen.

Von Schorlemer untersucht in ihrer fast 700 Seiten umfassenden Arbeit die präventiven Aspekte des Kulturgüterschutzes sowohl in bewaffneten Auseinandersetzungen als auch in Friedenszeiten. Hierbei werden von ihr u.a. die Entwicklung des völkerrechtlichen Kulturgüterschutzes aufgezeigt, neben den Kulturgüterschutz-Aspekten "Natürliche Gefahren und Umwelteinflüsse" und "Erhalt archäologischer Bodenfunde". Weiterhin untersucht von Schorlemer den Schutz sog. "mariner Kulturgüter" sowie denjenigen bei bewaffneten Auseinandersetzungen. Des weiteren geht von Schorlemer größtenteils unter internationalem Blickwinkel auf den Schutz von Leihgaben sowie sonstigen ausländischen Kulturgütern ein. Den Abschluß des Werks bilden Betrachtungen zum Schutz von Kulturgütern gegen den illegalen Kunsthandel sowie diesbezügliche präventive Überlegungen.

Die von Jaeger vorgelegte Untersuchung, ebenfalls mit dem Titel "Internationaler Kulturgüterschutz", ist in Relation zur Arbeit von Schorlemers knapper gehalten. Jaeger behandelt in ihrer Abhandlung ebenfalls die Rechtsprobleme des internationalen Kulturgüteraustausches vor dem Hintergrund des Völkerrechts, des Europarechts, des nationalen öffentlichen Rechts sowie des internationalen Privatrechts. Untersucht werden dabei u.a. neben dem illegalen Kunsthandel auch die Problematik der Rückführung von Kulturgütern sowie Möglichkeiten zur Rechtsvereinheitlichung.

Im Mittelpunkt der Arbeit Uhls, die im selben Jahr wie Jaegers Untersuchung erschien, steht der Konflikt zwischen freiem Warenverkehr und nationalem Kulturgüterschutz beim europäischen Kunsthandel. Hierbei umfaßt Uhls Erörterung drei Teile: Nach einer Untersuchung der Grundlagen einerseits des freien Warenverkehrs und andererseits der Kunst als Ware im Sinne des EWG-Vertrages geht Uhl im zweiten Teil der Arbeit auf verschiedene europäische Regelungen zum Kulturgüterschutz ein. Den Abschluß dieser europa-orientierten Untersuchung bildet eine detaillierte Untersuchung des Art. 36 EWG-Vertrag.

Allein auf internationalprivatrechtliche Aspekte des Kulturgüterschutzes konzentriert sich die Arbeit Schmeincks. Ausgehend von einer Darstellung der geschichtlichen Hintergründe des Kulturgüterschutzes, wobei sie bis in die An-

13 Sabine Schmeinck: Internationalprivatrechtliche Aspekte des Kulturgüterschutzes, Berlin 1994.

tike zurückgeht, stehen vor dem Blickwinkel des internationalprivatrechtlichen Kulturgüterschutzes das internationale Vertragsrecht und das internationale Sachenrecht im Mittelpunkt der Untersuchung. Auf diese Weise bildet Schmeincks Arbeit eine ausführliche Untersuchung allein zu den internationalprivatrechtlichen Aspekten des Kulturgüterschutzes.

Zu diesem Themenkreis hatte vor Schmeinck bereits Knott seine Untersuchung zum Anspruch auf Herausgabe gestohlenen und illegal exportierten Kulturgutes vorgelegt. Knotts Arbeit behandelt die im Zusammenhang mit diesem Rechtsproblem auftauchenden Fragen aus der Perspektive des privaten Eigentümers sowie des Herkunftsstaates. Hier gilt seine Aufmerksamkeit zum einen neben den europäischen Regelungen auch den entsprechenden Normen in den USA. Zum anderen untersucht Knott die in Frage kommenden Herausgabeansprüche von Kulturgütern auf der Basis von Exportkontrollgesetzen. Hierbei differenziert er zwischen Gesetzen, denen zufolge der Staat Eigentümer von Kulturgütern ist, solchen, die den Kulturgüter-Export regulieren und entsprechenden US-amerikanischen Anspruchsnormen. Abschließend geht Knott auf die diversen Vereinheitlichungsbemühungen von UNIDROIT[14] in Form der verschiedenen LUAB[15] ein.

Die möglichen Rückführungsansprüche von Kulturgütern untersuchte vor Knott - aber ebenfalls wie dieser aus internationalem Blickwinkel - Walter in seiner Arbeit. Ausgehend vom Prinzip des gemeinsamen Erbes der Menschheit, das auch von Schorlemer in ihrer Untersuchung aufnahm, und dessen Bedeutung für die Rückführungsverlangen von Kulturobjekten breitet Walter sowohl die zivilrechtlichen Rückführungsmöglichkeiten in Friedens- und Kriegszeiten aus als auch solche Ansprüche ehemals kolonialisierter Staaten. Am Beispiel der Elgin Marbles[16] nimmt Walter schließlich eine umfassende Überprüfung der von ihm dargestellten und in Frage kommenden Anspruchsgrundlagen vor.

Allen diesen Werken ist gemeinsam, daß sie verschiedene Aspekte des Kulturgüterschutzes meist aus übernationalem Blickwinkel betrachten. Hierbei wurde unter anderem erkannt, daß einer dieser zahlreichen Gesichtspunkte des Kulturgüterschutzes die Prävention von Substanzbeschädigungen an Kultur- und Kunstgütern ist. Da beispielsweise der Kunstschmuggel als ein Bestandteil des illegalen Kunsthandels große Risiken für die Sachsubstanz mit sich bringen

14 Vgl. zu UNIDROIT dieses Kapitel, FN 1.
15 Vgl. zu LUAB dieses Kapitel, FN 1.
16 Vgl. zur Kontroverse um die Elgin Marbles in der vorliegenden Untersuchung Kapitel 1, Abschnitt II.

kann[17], ist nach rechtlichen Mitteln zu suchen, wie man dem Präventionsaspekt des Kulturgüterschutzes gerecht werden kann. Eines dieser Mittel ist die Förderung des legalen Kulturgüteraustausches[18]. Dieser Aspekt wird in den oben genannten Werken mit einer Ausnahme[19] nicht behandelt.

Die vorliegende Arbeit untersucht daher eine Auswahl derjenigen Rechtsprobleme, die beim Kulturgüteraustausch auftreten können. Hierbei stehen die zivilrechtlichen Rechtsprobleme des Kulturgüteraustausches innerhalb Deutschlands im Mittelpunkt der Erörterungen.

Obwohl damit die einzelnen Schwerpunkte der Untersuchung im deutschen Zivilrecht liegen, ist hinsichtlich der Lösungsansätze der sich ergebenden Rechtsprobleme eine übernationale Sicht nicht nur notwendig, sondern auch hilfreich. Dies zeigt sich etwa beim Rechtsproblem des gutgläubigen Erwerbs abhandengekommener Kulturgüter unter Berücksichtigung des international arbeitenden "International Art & Antique Loss Register Ltd" mit Sitz in London[20].

III. Gang der Untersuchung

Die vorliegende Arbeit gliedert sich in sechs Kapitel.

Da die Untersuchung eine Auswahl von Rechtsproblemen im Zusammenhang mit Kulturgütern zum Gegenstand hat, wird im einleitenden ersten Kapitel zunächst eine Definition des Begriffs "Kulturgut" versucht. Daran anschließend wird erörtert, warum der Austausch von Kulturgütern von großer Bedeutung ist. Da die Museen in Deutschland u.a. hinsichtlich der Erwerbung, Bewahrung und Präsentation von Kulturgütern eine herausragende Stellung einnehmen und damit Hauptbeteiligte des Kulturgüteraustausches sind, bildet eine Betrachtung dieser Museen den Abschluß des ersten Kapitels.

Das zweite Kapitel setzt sich auf der Grundlage des hier sogenannten "Kulturgüteraustauschvertrages", bei dem es sich der Rechtsnatur nach um einen Leihvertrag handelt, mit den Pflichten der Beteiligten auseinander. Da sowohl der Ver- als auch Entleiher die ihm jeweils obliegenden Pflichten verletzen kann, ist neben der Darstellung der jeweiligen Pflichten zu untersuchen,

17 Vgl. u.a. Chatelain, 16 FN 1; von Schorlemer, 388; Walter, 6.
18 Vgl. von Schorlemer, 350.
19 Von Schorlemer, 347ff; hier Überlegungen aus internationalem Blickwinkel.
20 Vgl. Kapitel 3 bzw. Kapitel 3, Abschnitt II.4. (zum ALR).

nach welchen Grundsätzen die Beteiligten haften. Aufgrund einer möglichen Haftungsverschiebung ist in diesem Zusammenhang die Haftungsprivilegierung des Verleihers gemäß §§ 599f BGB von besonderer Bedeutung. Den Abschluß des zweiten Kapitels bilden Erörterungen zur Anspruchsverjährung und zur Beendigung des Leihvertrages, da sich hierbei neben einem Rechtsproblem auch Besonderheiten beim Kulturgüteraustausch ergeben können.

Die Kapitel 3 bis 5 untersuchen einige sachenrechtliche Probleme, die sich im Zusammenhang mit dem Kulturgüteraustausch ergeben können. In Kapitel 3 wird ausgehend von der Rechtsproblematik des unfreiwilligen Besitzverlustes des bösgläubigen Eigenbesitzers auf den Problemkreis der Bösgläubigkeit beim Erwerb von Kulturgütern vom Nichtberechtigten eingegangen. Dies ist von großer rechtlicher Bedeutung, da gerade bei einem solchen Erwerb besondere Sorgfaltspflichten zu beachten sind. Bei den sich anschließenden Aspekten zur Vereitelung eines gutgläubigen Erwerbs von Kulturgütern nimmt die Untersuchung des bereits erwähnten "International Art & Antique Loss Register Ltd" eine besondere Stellung ein. Dies liegt einerseits daran, daß dieses Register eines der effizientesten Mittel im Kampf gegen den illegalen Kunsthandel beim gutgläubigen Erwerb ist; zum anderen handelt es sich bei dieser Einrichtung um eine Institution, die auch bei anderen Rechtsproblemen innerhalb des Kulturgüteraustausches herangezogen werden kann.

Weitere sachenrechtliche Probleme behandelt Kapitel 4. Da § 935 II (2. Alt.) BGB eine besondere Form des Eigentumserwerbes auch von Kulturgütern darstellen kann, stehen die öffentliche Versteigerung und die Bösgläubigkeit beim Kulturgüteraustausch im Mittelpunkt dieses Abschnittes. Ausgehend von einer Darstellung der Bedeutung von Versteigerungen für den Kunstmarkt und der Definition des Begriffes "öffentliche Versteigerung" im Sinne des § 935 II (2. Alt.) BGB wird hierbei das Rechtsproblem der Bösgläubigkeit des potentiellen Ersteigerers behandelt. Im Zusammenhang mit § 935 II (2. Alt.) BGB wird abschließend und ausführlich auf die besondere Funktion des Auktionators eingegangen, da dieser beim Handel mit Kulturgütern zwischen Veräußerer und Erwerber eine Schlüsselposition einnimmt.

In Kapitel 5 findet sich der dritte und letzte Teil der sachenrechtlichen Problemauswahl im Rahmen des Kulturgüteraustausches. Aufgrund des Umstandes, daß Kulturgüter und Kunstwerke oftmals über einen langen Zeitraum verborgen bleiben, wird in diesem Abschnitt auf der Basis der Darstellung ersitzungsfähiger Sachen, wobei auch die öffentlichen Gegenstände Berücksichtigung finden, zum Problemkreis des guten Glaubens bei der Ersitzung gemäß § 937 BGB und möglicher Ausgleichsansprüche des ursprünglichen Eigentümers

Stellung genommen. Den Abschluß des vierten Kapitels bilden die Ausführungen zu den Ersitzungsbesonderheiten "Eigenbesitz" und "Rechtsnachfolge".

Da Kunst- und Kulturgüter oftmals hochwertige Objekte darstellen, behandelt das letzte Kapitel den Versicherungsschutz von Objekten des Kulturgüteraustausches. Auf der Grundlage allgemeiner Betrachtungen zur Versicherung beim Kulturgüteraustausch werden die wichtigsten Versicherungsvertragsbestandteile im einzelnen vorgestellt. Bei den entsprechenden Bestandteilen wird zu den jeweils auftauchenden Rechtsproblemen Stellung genommen.

Kapitel 1:

Der Austausch von Kulturgütern unter besonderer Berücksichtigung der Museen

Bevor auf die rechtlichen Probleme, die der Kulturgüteraustausch mit sich bringen kann, eingegangen wird, sei, ausgehend vom Versuch einer Klärung des Begriffs "Kulturgut" (I.), im folgenden untersucht, aus welchen Gründen der Austausch von Kulturgütern gerade in unserer Zeit von großer Relevanz ist (II.) und welche bedeutende Rolle die Museen hierbei spielen (III.).

I. Versuch einer Definition des Begriffs "Kulturgut"

Schwierigkeiten treten bereits auf, wenn man den im Mittelpunkt der vorliegenden Untersuchung stehenden Begriff des "Kulturgutes" zu definieren versucht. Schon mit einem Blick in ein enzyklopädisches Lexikon erkennt man rasch, daß die dort mit Einschränkungen versehene Definition allein des Begriffs "Kultur" äußerst verschachtelt ist und damit inpraktikabel für den rechtlichen Umgang erscheint. So wäre nämlich "Kulturgut" zu bestimmen als Gut, das "von Menschen zu bestimmten Zeiten in abgrenzbaren Regionen aufgrund der ihnen vorgegebenen Fähigkeiten in Auseinandersetzung mit der Umwelt und ihrer Gestaltung in ihrem Handeln in Theorie und Praxis (Sprache, Religion (Mythos), Ethik, Institutionen, Staat, Politik, Recht, Handwerk, Technik, Kunst, Philosophie und Wissenschaft)"[21] geschaffen wurde. Eine zweckmäßige Definition des Begriffes "Kulturgut" konnte so auch im innerstaatlichen Bereich bis heute nicht gefunden werden. Auf europäischer Ebene ergaben sich ähnliche Probleme: Die Untersuchung von Schorlemers stellt fest, daß bereits 1983 mindestens sechs verschiedene Definitionen des Ausdrucks "Kulturgut" verwendet wurden[22]. Daneben bemühten sich zahlreiche Autoren in ihren Werken teils mehr[23], teils weniger[24] intensiv um eine Klärung des in Rede ste-

---

21 Vgl. das Stichwort "Kultur" aus Meyers Enzyklopädisches Lexikon (25 Bd.), Bd. 14: Ko-Les, S. 437, re. Sp. (9. Auflage, Mannheim 1980).

22 Vgl. von Schorlemer, 46.

23 So versucht von Schorlemer auf ca. 40 Seiten eine "Annäherung" an den Begriff des Kulturgutes, vgl. von Schorlemer, 46-86.

24 Knott versucht gar nicht erst, den terminus "Kulturgut" zu definieren, vgl. Knott, 21, FN 1.

henden Begriffs, dessen Wert nicht allein in Geld auszudrücken ist, sondern in der Bedeutung für das Selbstverständnis und die Identität eines Volkes liegt[25].

Zum besseren rechtlichen Umgang mit der Bezeichnung "Kulturgut" wurden teilweise Prinzipien[26] bzw. Systeme[27], teilweise die Differenzierung von Kulturgütern in res extra commercium und res in commercio[28] sowie Kombinationen von Abgrenzung, Differenzierung und Kriterien[29] entwickelt.

Festzuhalten ist damit, daß es trotz zahlreicher nationaler[30] und internationaler[31] Versuche bis heute nicht gelungen ist, eine einheitliche Definition für die Objekte zu finden[32], die Gegenstand der vorliegenden Arbeit sind.

Eine Erklärung für die Schwierigkeit einer einheitlichen Definition ist einerseits in dem Umstand zu finden, daß die einzelnen Staaten unterschiedlicher Auffassung darüber sind, was unter Kulturgut zu verstehen ist[33]. Andererseits spielt die Tatsache, daß es sich bei Kulturgütern um Objekte handelt, deren Qualifikation von zahlreichen Komponenten abhängig ist, etwa von künstlerischen, kultursoziologischen, materiellen etc.[34], eine große Rolle bei den Schwierigkeiten, eine praktikable Definition zu finden. Dies führt schnell zu der Erkenntnis, daß der Ausdruck "Kulturgut" schlechthin nicht einheitlich zu definieren ist[35].

Im Rahmen eines Klärungsversuches des hier diskutierten Begriffs kann dennoch grundsätzlich festgehalten werden, daß Kulturgüter in jedem Fall einen historischen, künstlerischen oder archäologischen Wertaspekt enthalten[36].

---

25 So zutreffend Walter, 177.
26 Vgl. Jaeger, 9ff.
27 Vgl. Schmeinck, 50ff.
28 Vgl. Reichelt, 15.
29 So von Schorlemer, 46ff.
30 Vgl. hierzu u.a. Schmeinck, 46f, Reichelt, 12ff.
31 Vgl. etwa Jaeger, 9; Schmeinck, 48ff. Siehe für eine internationale Definition von "Kulturgut" beispielsweise Art. 1 des UNESCO-Übereinkommens über Maßnahmen zum Verbot und zur Verhinderung der unerlaubten Einfuhr, Ausfuhr und Übereignung von Kulturgut v. 14.11.1970, abgedruckt in BT-Drs. VI/3511. Vgl. unter europarechtlichem Blickwinkel die Begriffsbestimmung in Art. 1 Nr. 1 der Richtlinie Nr. 93/7/EWG v. 15.03.1993 über die Rückgabe von unrechtmäßig aus dem Hoheitsgebiet eines Mitgliedstaates verbrachten Kulturgütern, abgedruckt in ABlEG Nr. 74 v. 27.03.1993, 74.
32 So auch Williams 1; Reichelt, 12.
33 Vgl. Walter, 186.
34 Vgl. Reichelt, 12.
35 So zutreffend Reichelt, 15.
36 Wobei dann aber dieses Werturteil die Definition problematisiert, vgl. Jaeger, 9.

Ebenso unstreitig ist, daß Kunstwerke eine Untergruppe von Kulturgütern darstellen[37].

Um angesichts der eben beschriebenen Schwierigkeiten dennoch eine praktikable Begriffsbestimmung festzulegen, sollte eine entsprechende Definition nicht zu eng, sondern eher weit gefaßt sein. Daher kann "Kulturgut" als "körperlicher Gegenstand von historischer, künstlerischer, geistiger, archäologischer oder anderer kultureller Bedeutung" qualifiziert werden[38]. Damit sind die Objekte, die in der vorliegenden Arbeit Erwähnung finden, fast alle als Kunstwerke, in jedem Fall aber als Kulturgüter zu betrachten.

II. Die Bedeutung des Kulturgüteraustausches

Trotz Medienvielfalt und wachsender internationaler Vernetzung erscheint derjenige, der sich als Ausländer in einem anderen Staat aufhält, der Bevölkerung dieses Landes fremd. Dies liegt unter anderem daran, daß der kulturelle - ganz zu schweigen vom politischen oder soziologischen - Hintergrund eines Staates der Bevölkerung eines anderen Landes oftmals weithin unbekannt ist. Aus dieser Fremdheit resultiert oft Abgrenzung, Isolierung sowie Aggression, Haß und Gewalt.

Es gibt zahlreiche Möglichkeiten, diese Fremdheit gegenüber einem anderen Staat und dessen Einwohnern in Verständnis und Interesse umzuwandeln. Man kann andere Länder besuchen und auf diese Weise vor Ort Menschen und Kulturen kennenlernen. Eine weitere Möglichkeit liegt im Studium entsprechender Informationen über fremde Völker und Kulturen, die über die verschiedenen Medien verfügbar sind. Eine andere Maßnahme ist der Besuch eines Museums, da an diesem Ort der beinahe unmittelbare Kontakt zwischen Betrachter und Objekt, welches durch die Medien höchstens abgebildet oder in beschriebener Form wiedergegeben werden kann, stattfindet.

Gleich, ob nun Auslandsreise, Informationsstudium oder Museumsbesuch; alle diese Aktivitäten laufen im Ergebnis darauf hinaus, daß man Einblick erhält in die Kulturen anderer Länder. Auf diese Weise erfährt man nicht nur Informatives über die geistige und künstlerische Vergangenheit und Gegenwart eines Volkes. Man beginnt auch, das bis zu diesem Zeitpunkt Fremdartige als jetzt

---

37 Vgl. Walter, 14; Jaeger 9.

38 In Anlehnung an die offene Definition des UNIDROIT-Entwurfes 1990, Art. 2; vgl. Jaeger, 143.

Andersartige zu tolerieren und zu verstehen. In manchen Fällen wird auf diese Weise vielleicht sogar die Neugier geweckt, noch mehr über dieses Andersartige kennenzulernen[39], womit die erste Grundlage geschaffen ist für eine bessere Verständigung der Völker untereinander[40]. Nicht zuletzt aus diesen Gründen ist es gerade in unserer Zeit notwendig, den Stellenwert des Kulturgüteraustausches zu betonen.

Sonderausstellungen[41], wie sie mit Hilfe von Leihgaben zusammengestellt werden können, üben nicht nur eine ganz besondere Anziehungskraft auf die Öffentlichkeit aus[42]; das leihweise Zurverfügungstellen von Exponaten durch den Verleiher[43] ist in vielen Fällen oftmals erst die Voraussetzung für den Erfolg einer Sonderausstellung[44]. Letzteres gilt gerade für die Häuser, die über keinen eigenen Bestand verfügen[45]. Diese Sonderausstellungen sind auch deswegen von besonderer Bedeutung, da sie wirtschaftliche Erfolge darstellen, den Tourismus fördern und auf diese Weise Geld in die Stadtkassen bringen können[46]. Ganz abgesehen davon haben oftmals auch Sammler ein Interesse am Zurverfügungstellen ihrer Objekte. Auf diese Weise können die Kunstgegenstände durch die sog. "Museumsweihe" bzw. "Katalogreife"[47] für einen eventuellen späteren Verkauf eine lukrative Wertsteigerung erfahren. Zu beachten ist aber auch das grundsätzliche Risiko, welches mit der Übernahme einer Sonderausstellung verbunden ist. Deren Erfolg kann nämlich nicht in je-

39 Vgl. Demski, FAZ v. 08.04.1994, 20 (24).
40 Vgl. von Schorlemer, 347.
41 Zur Organisation von Sonderausstellungen vgl. ausf. Schmitz, 99 (106ff).
42 Vgl. hierzu die unter Berücksichtigung der Besucherzahlen dargestellte Auflistung von Sonderausstellungen im Roemer- und Pelizaeus-Museum Hildesheim von Schmitz, 99 (111).
43 Hierbei kann es geschehen, daß eine Sonderausstellung von einer großen Zahl öffentlicher und privater Leihgeber bestritten wird. So stellten im Fall der Ausstellung "Codex Manesse" (12.06.1988 - 04.09.1988, Universitätsbibliothek Heidelberg; bei diesem 600.000 Strophen und 137 Dichterportraits umfassenden Codex handelt es sich um eine der bedeutendsten Originalhandschriften des Mittelalters) mehr als 100 Leihgeber Objekte der fraglichen Epoche zur Verfügung, etwa Wandteppiche, Steinreliefs, Münzen, Lithographien etc, um dem Betrachter einen umfassenden Einblick in die damalige Geschichte zu ermöglichen.
44 So beispielsweise im Fall der am 28.07.1994 aus der Kunsthalle Schirn (Frankfurt) geraubten Werke von J.M.W. Turner (zur Verfügung gestellt von der Londoner Tate-Gallery) und C.D. Friedrich (als Leihgabe der Kunsthalle Hamburg), die als Leihexponate im Rahmen der 300 Objekte umfassenden Ausstellung "Goethe und die Kunst" Beachtung fanden. Die Meisterwerke gehörten zu den Spitzen dieser Veranstaltung, die erst durch das großzügige Verhalten der o.a. Verleiher ermöglicht werden konnte (vgl. FAZ v. 30.07.1994, 21).
45 Vgl. Behrens/de Lazzer, 219.
46 So bspw. für das Roemer- und Pelizaeus-Museum Hildesheim Schmitz, 99 (101).
47 Vgl. Behrens/de Lazzer, 219.

dem Fall garantiert werden[48], da Schwierigkeiten vielfältiger Art den Kulturgüteraustausch erschweren können.

Weiterhin kann der Kulturgüteraustausch[49] auch einen vorläufigen Kompromiß in Auseinandersetzungen völker-, europa- oder internationalprivatrechtlicher Natur auf dem Gebiet des Kulturgüterschutzes darstellen. Nur zwei Beispiele sollen dies verdeutlichen:

Ende Oktober 1994 gelang es deutschen Wissenschaftlern nach 50 Jahren zum ersten Mal, den schon verschollen geglaubten legendären "Schatz des Priamos" in Moskau zu besichtigen und zu untersuchen[50]. Unabhängig von der völkerrechtlichen Auseinandersetzung um die Eigentumsfrage an diesem Kunstwerk ist einerseits festzustellen, daß erstmalig eine umfassende Dokumentation der Objekte möglich ist. Andererseits ist aber auch die Tatsache zu berücksichtigen, daß sich nun die Weltöffentlichkeit durch Ausstellungen[51] ein eigenes Bild dieses sagenhaften Schatzes machen kann. In diesem Zusammenhang ist nun aber auch zu bedenken, ob bis zur endgültigen Lösung der Eigentumsfrage[52] ein Zurverfügungstellen der Kunstwerke[53] im Rahmen des Kulturgüteraustausches an Länder, die ein besonderes Interesse an diesen bedeutenden Kulturgütern haben, möglich ist. Zwar kann ein solcher Austausch von Kulturgütern nicht als Lösung der eigentumsrechtlichen Kontroverse dienen[54]. Dennoch böte er die Möglichkeit, auf der Basis zwischenstaatlichen

48 Vgl. Schmitz, 99 (106). Siehe in dem Zusammenhang auch die Ausführungen von Schmitz zu negativen Erfahrungen mit einer Sonderausstellung Schmitz, 99 (111f).

49 Vgl. in diesem Zusammenhang auch die Hinweise von Fechner, DöV 1992, 609 (611f).

50 Vgl. hierzu i.e. Siebler, FAZ v. 27.10.1994, 37.

51 Eine erste russische Exposition ist für 1996 vorgesehen, vgl. FAZ v. 12.11.1994, 27. Vgl. zu den für 1995 und 1996 geplanten Ausstellungen von Beutekunst der St. Petersburger Eremitage und des Moskauer Puschkin-Museum ausf. Holm in: FAZ v. 10.02.1995, 37.

52 Soweit eine solche überhaupt möglich und durchsetzbar ist.

53 Neben dem Schatz des Priamos umfaßt die unter dem Stichwort "Beutekunst" diskutierte Kontroverse zwischen Rußland und Deutschland ca. 200.000 Kunstwerke und 1,5 Millionen wertvolle Bücher, vgl. AP-Meldung v. 08.02.1995.

54 Vgl. zu der "Beutekunst"-Auseinandersetzung neben der Untersuchung von Fiedler (Hrsg.) die aktuellen Beiträge von Fiedler, FAZ v. 04.11.1994, 42; von Gehren, FAZ v. 10.07.1992, 31; Wermusch, Die Zeit v. 04.03.1994, 67; Siegl, FAZ v. 07.05.1994, 27; Wermusch, Art 10/1993, 60ff; Siemes, Die Zeit v. 08.07.1994, 39; Holm, FAZ v. 07.05.1994, 1; Holm, FAZ v. 24.04.1995, 31; Dubatow, Focus 9/1994, 91; Holm, FAZ v. 29.03.1994, 35; Ingleright, Art 12/1993, 156; Poleschtschuk, FAZ v. 19.08.1994, 27; Eichwede in: Die Zeit v. 27.01.1995, 53, Holm in: FAZ v. 10.02.1995, 37 sowie FAZ v. 29.12.1994, 23; FAZ v. 07.12.1994, 37; FAZ v. 19.09.1994, 38; FAZ v. 05.01.1995, 23; FAZ v. 01.04.1992, 35; FAZ v. 29.03.1994, 33; FAZ v. 16.08.1994, 25; FAZ v. 09.06.1994, 37; FAZ v. 05.01.1995, 26; FAZ v. 28.10.1994, 41; FAZ v. 24.01.1995, 27; FAZ v.

Vertrauens an der beeindruckenden Schönheit etwa des Schatzes des Priamos zu partizipieren.

Ähnlich verhält es sich mit der nun schon über 180 Jahre währenden Auseinandersetzung zwischen Großbritannien und Griechenland um die sog. "Elgin Marbles": Der siebte Earl of Elgin[55] erlangte bei einem Aufenthalt in dem von Türken besetzten Konstantinopel die Erlaubnis, griechische Skulpturen zunächst zu untersuchen und dann teilweise mitzunehmen. Daher wurden zwischen 1803 und 1812 zahlreiche Hoch- und Flachreliefs - eben die "Elgin Marbles" - unter anderem auch vom Parthenon in Athen nach England verbracht. Die "Elgin Marbles" wurden schließlich auf Empfehlung eines britischen Parlamentsausschusses 1816 von Lord Elgin für 35.000 Pfund erworben. Seitdem befinden sich die 93 Marmorskulpturen im British Museum[56]. Bis heute wird zwischen England und Griechenland äußerst kontrovers diskutiert, ob einerseits diese Verbringung rechtmäßig war und andererseits Ansprüche auf Herausgabe an Griechenland bzw. ein Recht zum Besitz Englands besteht.

Dieser Auseinandersetzung könnte manches an Schärfe und Heftigkeit genommen werden, wenn sich die Beteiligten darauf verständigen würden, bis zu einer abschließenden Klärung[57] die umstrittenen Objekte oder wenigstens einen Teil von ihnen im Rahmen des Kulturgüteraustausches leihweise zur Verfügung zu stellen.

24.01.1995, 27; FAZ v. 25.01.1995, 31; Der Spiegel 3/1995, 164f und Focus 32/1994, 15.

Siehe in diesem Zusammenhang zu den im Frühjahr 1995 eröffneten und geplanten Beutekunst-Ausstellungen (so etwa im Puschkin Museum Moskau die Ausstellung "Zweimal gerettet" (Februar - Juli 1995), Sammlung Koenig (September 1995), Schatz von Troja (Januar - März 1996) bzw. in der St. Petersburger Eremitage die Exposition "Unbekannte Meisterwerke" (März - Oktober 1995) und Schliemann (Januar 1996)) u.a. die Beiträge von Lettau, Focus 12/1995, 126ff; Siemes, Die Zeit v. 07.04.1995, 65f; Schossig, Die Zeit v. 17.03.1995, 70; Riese, FAZ v. 31.03.1995, 41; Kipphoff, Die Zeit v. 10.03.1995, 1; Ingleright, Art 3/1995, 30ff; Günsche, Die Welt v. 01.03.1995, 1, 6; Holm, FAZ v. 28.02.1995, 27; Holm, FAZ v. 10.02.1995, 37; NZZ v. 02.03.1995, 31; Dubatow, Die Welt v. 28.02.1995, 10.

Vgl. weiterhin hierzu auch die Berichterstattung zur ersten internationalen Beutekunst-Konferenz "The Spoils Of War" v. 19.-21.01.1995 in New York von Fiedler, FAZ v. 27.01.1995, 38; Eichwede, Die Zeit v. 27.01.1995, 54 und Der Spiegel 5/1995, 155.

55 Thomas Bruce (20.07.1766-14.11.1841).

56 Vgl. zum Hintergrund dieser Kontroverse aus der zahlreichen Literatur nur Walter, 136ff; Williams, 9ff; Hugger, JuS 1992, 997ff, jeweils m.w.N.

57 Wobei auch hier fraglich ist, ob und wie eine solche möglich ist. Vgl. hierzu etwa die verschiedenen Lösungsversuche bei Hugger, JuS 1992, 997 (999ff) und Walter, 148ff.

Ein solches Verhalten wäre nicht nur ein Zeichen des Vertrauens und der Verhandlungsbereitschaft, sondern - gerade im zuletzt geschilderten Fall - auch ein Beitrag zur gesamteuropäischen Verständigung[58].

III. Die Bedeutung der Museen beim Kulturgüteraustausch

Bereits in ihrer Arbeit zum internationalen Kulturgüterschutz hob von Schorlemer zutreffend die Bedeutung der Museumskuratoren hervor, da jene für den Kulturgüteraustausch wegbereitend seien[59]. Um die Bedeutung dieses Kulturgüteraustausches zu verdeutlichen, ist im folgenden auf die Museen als die an diesem Austausch Hauptbeteiligten näher einzugehen. Dies nicht zuletzt auch aufgrund der Tatsache, daß es sich bei den Museen um diejenigen Institutionen handelt, die etwa bei dem Erwerb, der Darstellung und der Bewahrung von Kulturgütern eine zentrale Stellung einnehmen.

Deutlich wird, daß gerade durch die Objektvielfalt der Museen ein Einblick in die Kulturen anderer Länder und Völker möglich ist. Es gibt keinen anderen Platz, der wie ein Museum als "Zentrum des Kunstbetriebes"[60] Zeugnis ablegt für die Kultur, Tradition und Geschichte des eigenen Volkes oder anderer Staaten. Dies kommt besonders zum Ausdruck in der vom ICOM (International Council of Museums - Internationaler Museumsrat) geprägten Definition, die Museum versteht als "eine nicht-profitmachende ständige Einrichtung im Dienste der Gesellschaft und ihrer Entwicklung, frei zugänglich für die Öffentlichkeit. Das Museum erwirbt, bewahrt, erforscht, vermittelt und präsentiert die materiellen Zeugnisse des Menschen und seiner Umwelt zum Zwecke des Studiums, der Erziehung und des Vergnügens."[61]

Daß Museen und Kunstmessen eine hohe Anziehungskraft besitzen, zeigen die steigenden Besucherzahlen der letzten Jahre[62]. Waren es schon 1981 54 Millionen[63], 1992 bereits über 93 Millionen[64] Interessierte, die die deutschen

---

58 Hier kann auf die Äußerung von A. Renold, Art-Law-Center, Genf, verwiesen werden, der zutreffend darauf hingewiesen hat, daß der Gedanke des Schutzes nationalen Kulturgutes im Widerspruch zur Idee einer gesamteuropäischen Kultur steht (zit. nach Tessmar-Pfohl, FAZ v. 08.10.1994, 37).
59 Vgl. von Schorlemer, 348.
60 So Kemp, 185 (185).
61 Zit. nach Schmitz, 99 (99).
62 So z.B. Brückner, 336 (336).
63 Vgl. Kemp, 205 (207).
64 Vgl. FAZ v. 18.05.1994, S. 37.

Museen besuchten, so fanden 1993 sogar vier der weltweit sechs besucherstärksten Expositionen in Deutschland statt[65].

Hier ist auch interessant, daß durch entsprechende Investitionen Museen nicht nur für Arbeitsplätze sorgen[66] und somit einen wichtigen Wirtschaftsfaktor darstellen[67], sondern auch etwa mit Kunstprogrammen für Obdachlose[68] eine soziale Funktion erfüllen können.

Auch vor dem Hintergrund von Schwierigkeiten vielfältiger Art wie etwa sinnlose Terroranschläge[69], spektakuläre Diebstähle[70], Vandalismus[71], Feuer[72], einschneidende Kürzung von Ausstellungsetats[73] und drohendem Ver-

---

65 Die mit 572.000 Besuchern bisher erfolgreichste Ausstellung Deutschlands "Monet bis Picasso" (120 Meisterwerke aus dem Puschkin-Museum/Moskau und der Eremitage/St. Petersburg der russischen Sammler Morosow und Schtschukin) fand vom 26.06. - 31.10.1993 im Essener Museum Folkwang statt. Vgl. zu den juristischen Auseinandersetzungen im Vorfeld dieser Exposition, die diese fast zum Scheitern gebracht hätte, Kapitel 6, Abschnitt II.2. (Quelle: Focus 1/1994, 15). Zum Vergleich: Die Besucherzahl des französischen Louvre liegt zwischen fünf und sechs Millionen Interessierten jährlich.

66 Beispielsweise ist in New York das Geschäft mit der Kultur in einer Höhe von 9.8 Millionen US-$ am Wirtschaftsaufkommen beteiligt und gibt 41.000 Menschen direkt und 107.000 weiteren indirekt Arbeit. Im Jahr 1992 erwirtschafteten die dortigen 74 Museen mit 323 Millionen US-$ den größten Einzelbetrag aller Non-Profit-Unternehmen, vgl. Art 12/1993, 157.

67 So Schmitz am Beispiel des Roemer- und Pelizaeus Museums in Hildesheim, Schmitz, 99 (101).

68 So initiiert von der American Primitives Gallery, New York, vgl. Lingemann, Art 5/1994, 127f.

69 Erstmalig wurde im Mai 1993 ein Sprengstoffanschlag auf ein Museum verübt. Das Attentat richtete sich gegen die Uffizien in Florenz, wodurch nicht nur fünf Menschen getötet und die 1753 gegründete Accademia dei Georgofili (eine Akademie mit einer Bibliothek, die 40.000 Bände aufwies) vollkommen zerstört wurden, sondern auch in den diversen Uffizienflügeln selbst zahlreiche Exponate vernichtet bzw. beschädigt wurden; vgl. zu den Hintergründen u.a. Polaczek, FAZ v. 29.05.1993, 25. Siehe zu den aktuellen Fällen von Attentate auf Kunstwerke Picker, Fälscher, 31f, 127ff.

70 Hier sind unter deutschem Blickwinkel etwa zu nennen: Diebstahl von acht L. Cranach-Werken aus dem Schloßmuseum Weimar (1992 - der bis dato größte Kunstdiebstahl der deutschen Nachkriegsgeschichte), zweier J.M.W. Turner-Gemälde und eines Bildes von C.D. Friedrich aus der Kunsthalle Schirn, Frankfurt (1994), zahlreicher Gemälde, Silberobjekte und Waffen (Gesamtwert: ca. 2 Millionen DM) aus dem Wasserschloß Artelshofen bei Nürnberg im Februar 1995 (vgl. FAZ v. 15.02.1995, 11) sowie mehrerer äußerst wertvoller Uhren der Firma Blancpain im Gesamtwert von ca. 5 Millionen DM aus dem Deutschen Museum München in der Nacht vom 19. auf den 20. November 1994 (vgl. etwa FAZ v. 21.11.1994, 11).

71 So schnitt etwa im Januar 1995 im Louvre Paris ein Dieb das Werk "Dammwild in einer Landschaft" von Theodore de Crisse (1782-1859) aus dem Rahmen, in dem einige Fetzen hängen blieben, und flüchtete, dpa-Meldung v. 12.01.1995. Vgl. in diesem Zusammenhang auch das "Attentat auf das Gemälde einer Attentäterin", FAZ v. 19.11.1994, 31.

72 Vgl. etwa den Brand im Eisenbahnmuseum Hamburg-Wilhelmsburg vom 15.10.1994, bei dem zwei historische Lokomotiven und neun Waggons vernichtet wurden oder die

kauf von Kunstwerken zur Sanierung des städtischen Haushalts[74] erfreuen sich Museen einer wachsenden Beliebtheit. Bei der Frage nach den Ursachen für die Anziehungskraft dieser "heiklen und erklärungsbedürftigen Institution"[75] ist einerseits das Interesse an der Geschichte eine mögliche Antwort[76]. Anziehend kann auf einen Betrachter andererseits auch die exakte Reproduktion der Vergangenheit mit originalen Stücken wirken[77]. Ebenso ist denkbar, daß den Betrachter die Tatsache des Kunstsammelns[78] auf kleinstem[79] Raum mit der Möglichkeit der Besichtigung auch zu ungewöhnlichen Tageszeiten[80] begeistert. Vielleicht weckt aber auch das vielfältige Nebeneinander von Objekten wie einerseits Statuen, Büchern, Möbeln, Gefäßen und andererseits Bildern die Neugier, wobei gerade die Gemälde im vielfältigen Spektrum der Künste eine spezielle Geschicklichkeit demonstrieren[81].

Von Bedeutung ist auch der Umstand, daß stets neue Spezialitäten museumswürdig werden[82] oder auf Wanderausstellungen geschickt werden[83]. Vielleicht

---

Zerstörung eines Lucas-Cranach-Altars von 1565 durch Schwelbrand in der Stadtkirche von Kemberg bei Wittenberg im November 1994, vgl. FAZ v. 15.11.1994, 38.

73 So werden in Frankfurter Museen 1994 Ausstellungsetats in Höhe von insgesamt 7.5 Millionen DM eingespart, vgl. Focus 45/1993, 140.

74 Ein derartiger Ausverkauf wurde bezüglich des Von-der-Heydt-Museums in Lücken von SPD und FDP im Wuppertaler Stadtrat angeregt, was auf heftigen Protest der Museumsdirektorin stieß. In dem Zusammenhang ist zu bedenken, daß die Veräußerung wertvoller Meisterwerke im Ergebnis das Ende eines Museums bedeuten kann, vgl. FAZ v. 13.04.1994, 36. Vgl. zu den Vorwürfen gegenüber der Bremer Kunsthalle, unrechtmäßig Bilder aus städtischem Besitz veräußert zu haben, um auf diese Weise Schulden abzutragen, FAZ v. 22.7.1994, 29.

75 So Kemp, 185 (186).

76 Vgl. Brückner, 336 (336).

77 Vgl. gerade vor dem Hintergrund dieses Aspekts die detaillierte Darstellung von Brückner im Hinblick auf die Stube eines oberdeutschen Bauernhauses, Brückner, 336 (337ff).

78 Zur Geschichte dieses Kunstsammelns seit dem 16. Jahrhundert unter Berücksichtigung von Bildersturm und Reformation vgl. einerseits Kemp, 185 (187ff); siehe andererseits zum neuen Zentrum des Kunstsammeln im pazifischen Raum und Kalifornien Kemp, 205 (222); Knott, 126.

79 Vgl. aber auch Großausstellungen wie "La Biennale di Venezia"; siehe zu deren Vorbereitungen für 1995 (11.06. - 15.10.1995) Königer, Focus 34/1994, 76.

80 So gewährt das Münchner "Haus der Kunst" seinen Besuchern abends einen vergünstigten Eintrittspreis, vgl. Focus 27/1994, 98.

81 Vgl. Kemp, 185 (200).

82 Vgl. Kemp, 205 (207). Als Vertreter dieser sog. Spezialmuseen sei beispielhaft das Klingenmuseum Solingen, der Museumshafen Oevelgönne (vgl. Wolgast, FAZ v. 13.08.1994, 7), das Deutsche Filmmuseum in Frankfurt oder das Bergbau-Museum Bochum sowie das Imhoff-Stollwerck-Museum Köln genannt, wobei es sich bei letzterem um ein Museum handelt, welches ganz im Zeichen der Geschichte und Gegenwart der Schokolade steht. Vgl. in dem Zusammenhang auch die verwaltungsprozeßrechtliche Auseinandersetzung um die Rücknahme einer Baugenehmigung für ein sog. "Inquisitions-Museum" (Heidelberg), VG Karlsruhe, NJW 1994, 1977ff. Nicht uninteressant ist hier die Feststellung des Gerichts,

aber ist das Museum über die bisherigen Überlegungen hinaus, die mehr auf das Sichtbare abgestellt haben, auch als geheime Leitinstanz und Prägestätte unserer Kultur zu sehen, den Gegensatz bildend zur "flüchtigen Scheinkultur der massenmedial transportierten Bildchen"[84].

Bereits mit diesen Überlegungen wird deutlich, durch welche Faktoren das Interesse der Menschen am Museum geweckt werden kann.

Ebenso deutlich wird auch, daß das Museum als Bewahrer von Kulturgütern eine zentrale Stellung inne hat, sei es, um sie beispielsweise vor Beschädigung bzw. Zerstörung oder aufgrund ihrer Einzigartigkeit zu schützen. Um diese Kunst- und Kulturgüter einer möglichst großen Zahl von Interessierten zugänglich machen zu können, besteht neben dem in der Regel sehr kostspieligen und vom jeweiligen Anschaffungsetat abhängigen[85] Eigentumserwerb der Exponate durch die Museen auch die Möglichkeit der Leihe.

Eine Auswahl der im Rahmen eines solchen Austausches von Kulturgütern auftretenden zivilrechtlichen Rechtsprobleme sind Gegenstand der folgenden Ausführungen[86].

---

derzufolge sich die Nutzung eines Gebäudes als Museum für Folterwerkzeuge in der Innenstadt Heidelbergs im Hinblick auf den Stellplatz am ehesten mit einer Vergnügungsstätte vergleichen läßt, vgl. VG Karlsruhe, NJW 1994, 1977 (1978).

83 Vgl. unter diesem Aspekt die für 1995 geplante Wanderausstellung von ca. 2.600 Objekten, die vom Meeresgrund aus der Umgebung der 1912 gesunkenen "RMS TITANIC" geborgen worden sind. Von dieser auf 10 Jahre angelegte Wanderausstellung wird ein Profit in Höhe von ca. 100.000.000 DM erwartet, vgl. i.e. Sotschek, taz v. 01.08.1994, 20.

84 So zu Recht fragend Kemp, 205 (208).

85 So Schmitz, 99 (103).

86 Vgl. zu den hier nicht näher erörterten Aspekten der Behinderung des Kulturgüteraustausches durch innerstaatliche Exportkontrollgesetze etwa Knott, 133.

Kapitel 2:

Die Pflichten und die Haftung der am Kulturgüteraustausch Beteiligten

I. Der Kulturgüteraustauschvertrag

Die Grundlage für den Kulturgüteraustausch sind die zwischen den Parteien getroffenen Vereinbarungen. Da mit diesen Vereinbarungen in der Regel auch die Rechte und die Pflichten der Beteiligten geregelt werden und dies für den Problemfall von Bedeutung sein kann, wird in diesem Kapitel auf die einzelnen Bestandteile der Vereinbarungen sowie deren Rechtsprobleme eingegangen. Hierbei werden im folgenden die durch die Auswertung verschiedener Kulturgüteraustausch-Vereinbarungen gewonnenen tatsächlichen Bestimmungen in rechtlicher Hinsicht untersucht.

Nachdem von den zuständigen Stellen eines Museums der Entschluß gefaßt worden ist, mit Hilfe des Austausches von Kulturgütern etwa eine Ausstellung zu initiieren, wird ein entsprechender Vertrag abgeschlossen[87]. Ist in Deutschland der Verleiher ein Museum, so wird dieser Leihvertrag bzw. Leihschein[88] in der Regel zwischen der Stadt, wenn diese Trägerin des Museums ist[89] - vertreten durch z.B. den Magistrat oder den Oberstadtdirektor - mit dem Entleiher abgeschlossen[90]. Ansonsten kann das Museum auch selbst als Entleiher auftreten[91] oder eine entsprechende juristische Person, wie beispielsweise eine GmbH[92]. Rechtsprobleme hinsichtlich der Frage, wer Vertragspartei ist, können sich im Fall von Wanderausstellungen ergeben. Hier kann oftmals das Rechtsverhältnis der verschiedenen Veranstalter zueinander bzw. zum Entleiher ungeklärt sein[93]. Zweckmäßig ist hier die Bestimmung eines Entleihers bzw. Ansprechpartners für die Gesamtdauer der Wanderausstellung[94].

---

87 Vgl. Schmitz, 99 (108).
88 So etwa im Fall der Akademie der Künste / Bildende Kunst Berlin (Anhang Nr. 5).
89 Vgl. Leihvertrag Hamburger Kunsthalle (Anhang Nr. 6) - hier durch die Freie und Hansestadt Hamburg. Denkbar ist auch, daß etwa ein Land oder der Bund Träger eines Museums ist.
90 So etwa Museum Folkwang Essen (Anhang Nr. 3, 4); anders zum Beispiel bei der Akademie der Künste / Bildende Kunst Berlin (Anhang Nr. 5): Hier wird der Leihvertrag auf Seiten des Leihnehmers vom Verwaltungsdirektor und dem Abteilungssekretär unterschrieben.
91 So beispielsweise im Fall der Schirn Kunsthalle Frankfurt (Anhang Nr. 1).
92 So bei der documenta und Museum Fridericianum Verwaltungs-GmbH, Kassel (Anhang Nr. 2).
93 Vgl. Behrens/de Lazzer, 222.
94 So zutreffend Behrens/de Lazzer, 222.

In der deutschen Praxis handelt es sich bei diesem Vertrag zwischen demjenigen, der ein oder mehrere Exponate zur Verfügung stellt[95], und demjenigen, der dieses oder diese dann gebraucht, in der Regel um einen Leihvertrag[96]. Damit finden die §§ 598ff BGB Anwendung[97]. Der Leihvertrag wird in deutscher Sprache abgeschlossen. Spielt sich die Ausstellungstätigkeit im internationalen Rahmen ab, werden die entsprechenden Verträge in deutscher und englischer[98], manchmal zudem in französischer[99] Sprache abgefaßt. Beim Kulturgüteraustausch werden zwischen Entleiher und Verleiher keine genormten Verträge geschlossen. Vielmehr gibt es bei den einzelnen Vertragsformulierungen oftmals große Unterschiede. In jedem Leihvertrag finden sich allerdings eingangs die nahezu identischen Basisangaben; sie umfassen u.a. die Bezeichnung und den Ort der Ausstellung, Ausstellungsdauer, Dauer der Ausleihe sowie Veranstalter der Ausstellung[100]. Hinzu kommen oftmals Angaben zum Namen des Künstlers, Werktitel, dessen Entstehungsjahr und Maße sowie Material und Technik des Leihobjektes[101]. Auch Aspekte wie die Sicherheit und konservatorische Sicherung der Exponate werden in der Regel von allen Verleihern gleichermaßen verantwortungsvoll gehandhabt[102]. Vor allem größere Museen verfügen über Leihverträge, in denen das Museum entweder als Entleiher oder als Verleiher auftritt. Hierbei kann der Leihvertrag sowohl ausführlich[103] als auch überwiegend tabellarisch[104] abgefaßt werden.

Zu Sonderausstellungen bilden oftmals mehrere Veranstalter als Entleiher eine Gemeinschaft[105]. Dies hat den Vorteil, daß beispielsweise hohe Versicherungskosten aufgeteilt werden und damit auch von finanziell schwächeren Entleihern getragen werden können[106].

---

95 Vgl. zu den oftmals sehr voneinander differierenden Verleihermotivationen am Beispiel der Leihgeber Ägypten und China Schmitz, 99 (108).

96 Vgl. von Schorlemer, 368; Schmitz, 99 (108); OLG Düsseldorf, NJW 1990, 2000 (2001) - Expressionisten-Dauerleihgabe.

97 Hierauf wird in manchen Leihverträgen ausdrücklich hingewiesen, vgl. etwa § 11 Leihvertrag Schirn Kunsthalle Frankfurt (Anhang Nr. 1).

98 Vgl. Leihvertrag documenta und Museum Fridericianum Kassel (Anhang Nr. 2).

99 Vgl. Leihvertrag Schirn Kunsthalle Frankfurt (Anhang Nr. 1) bzw. Leihvertrag Akademie der Künste / Bildende Kunst Berlin (Anhang Nr. 5).

100 Vgl. hierzu beispielsweise § 1 Leihvertrag eines hessischen Museums (Anhang Nr. 7).

101 Vgl. etwa Leihvertrag Akademie der Künste / Bildende Kunst Berlin (Anhang Nr. 5); Leihvertrag documenta und Museum Fridericianum, Kassel (Anhang Nr. 2); § 1 (1) Leihvertrag Museum Folkwang Essen (Anhang Nr. 3, 4).

102 So Schmitz, 99 (108).

103 Vgl. etwa Leihvertrag Schirn Kunsthalle Frankfurt (Anhang Nr. 1).

104 Vgl. etwa Leihvertrag documenta und Museum Fridericianum, Kassel (Anhang Nr. 2) und Leihvertrag Akademie der Künste / Bildende Kunst Berlin (Anhang Nr. 5).

105 Bei einer solchen Gemeinschaft dürfte es sich, nicht zuletzt aus Praktikabilitätsgründen, rechtlich in der Regel um eine BGB-Gesellschaft handeln.

106 Vgl. Schmitz, 99 (107).

Wie bereits festgestellt, werden beim Kulturgüteraustausch vorwiegend Leihverträge abgeschlossen. Da es mit der Leihe eng verwandte Vertragstypen gibt, könnte im Einzelfall problematisch sein, welche Vertragsart die beteiligten Parteien gewählt haben. Daher ist im Rahmen der rechtlichen Abgrenzung von Vereinbarungen im Kulturgüteraustausch einerseits die Leihe von anderen in Frage kommenden Vertragsverhältnissen wie Miete, Verwahrung und Schenkung, andererseits von Gefälligkeitsverhältnissen ohne rechtlichen Bindungswillen zu unterscheiden.

Im Gegensatz zur Leihe liegt bei der Miete, §§ 535ff BGB, mit der Vereinbarung eines Mietzinses eine entgeltliche Gebrauchsüberlassung vor. In dem Zusammenhang ist die Höhe dieses Entgeltes irrelevant; auch bei einem niedrigen Entgelt ist Miete, dann unter Umständen in Form der Gefälligkeitsmiete[107], und nicht Leihe anzunehmen.

In Abgrenzung zur Verwahrung, §§ 688ff BGB, ist festzustellen, daß bei dieser der Verwahrer, im Gegensatz zum Entleiher, nicht das Recht hat, die hinterlegte Sache zu gebrauchen, da er gemäß § 688 BGB zur Aufbewahrung verpflichtet ist[108].

Problematisch ist, ob es sich bei einem dauernden Zurverfügungstellen von Exponaten noch um eine Leihe in Form einer Dauerleihgabe[109] oder schon um eine Schenkung handelt. Voraussetzung für eine Schenkung[110], die ebenso unentgeltlich ist wie die Leihe[111], ist eine Zuwendung, durch die jemand aus seinem Vermögen einen anderen bereichert. Diese Vermögensverschiebung bzw. Vermögensminderung[112] ist in der Regel endgültiger Natur[113], womit sich die Schenkung von der Leihe dahingehend unterscheidet, daß bei letzterer der verliehene Gegenstand nicht aus dem Vermögen des Verleihers ausscheidet[114]. Hierbei ist zu bedenken, daß der Verleiher nicht notwendigerweise auch Eigentümer der Leihsache sein muß[115].

---

107 Vgl. BGH LM Nr. 45 zu § 535 BGB.
108 Vgl. RGRK-Gelhaar, Vor § 598, RN 4; MünchKomm-Kollhosser, § 598, RN 18; Palandt-Putzo, Einf. v. § 598, RN 6; Erman-Werner, Vor § 598, RN 9.
109 Vgl. etwa hierzu die auf das Jahr 2000 hin angelegte, sich teilweise aus Dauerleihgaben zusammensetzenden, Fotoausstellung des Sprengel Museum Hannover, Art 8/1994, 126.
110 Für Medicus erscheint die Leihe als Spezialfall der Schenkung, vgl. Medicus, § 92.I.1.
111 Vgl. Larenz, § 50.
112 So Erman-Werner, Vor § 598, RN 7.
113 Vgl. MünchKomm-Kollhosser, § 598, RN 18.
114 Vgl. Larenz, § 50.
115 Vgl. etwa Palandt-Putzo, § 598, RN 1.

Auch die Tatsache, daß eine langfristige Leihe unter Umständen eine erhebliche Wertzuwendung bedeuten kann und insoweit Schenkungsrecht anwendbar sein könnte, ändert nichts an der Anwendung leihvertraglicher Normen[116]. Probleme bezüglich der Einordnung als Leihe oder Schenkung ergeben sich dann, wenn es sich um eine von vornherein für längere Zeit geplante unentgeltliche Gebrauchsüberlassung handelt[117]. Allerdings ist diese unentgeltliche Überlassung auch bei langer Dauer und wirtschaftlicher Bedeutung keine Schenkung[118]. Nicht zuletzt unter Berücksichtigung des eben erwähnten Merkmals der Endgültigkeit wird bei dem Austausch von Kulturgütern in Form von Dauerleihgaben in der Regel zugunsten der Vertragsart Leihe zu entscheiden sein.

In manchen Fällen kann umstritten sein, ob die Überlassung von Kunstobjekten noch als rechtlich unverbindlicher Gefälligkeitsakt oder schon rechtsverbindlicher Gefälligkeitsvertrag einzustufen ist.

Maßgebliches Kriterium für die Abgrenzung des Gefälligkeitsvertrages Leihe von einem Gefälligkeitsakt ist der Verpflichtungswille[119] bzw. Rechtsbindungswille[120]. Dieser ist zu ermitteln aus Faktoren wie u.a. den Interessen der Vertragsparteien sowie dem Wert der Sache und dem damit verbundenen Risiko[121]. Aufgrund der Hochwertigkeit[122] der beim Kulturgüteraustausch gehandelten Kunstobjekte, die in der Regel in einer Anlage[123], welche Vertragsbestandteil ist, aufgeführt werden, kann man den rechtlichen Bindungswillen und somit das Vorliegen eines Leihvertrages regelmäßig bejahen.

---

116 Vgl. Behrens/de Lazzer, 219.
117 Vgl. RGRK-Gelhaar, Vor § 598, RN 5.
118 So Jauernig-Vollkommer, § 598, Anm. 1. c. cc.
119 Vgl. Schlechtriem, RN 262; RGRK-Gelhaar, Vor § 598, RN 6.
120 Vgl. MünchKomm-Kollhosser, § 598, RN 15; Fikentscher, RN 841.
121 Vgl. BGHZ 21, 102 (107); MünchKomm-Kollhosser, § 598, RN 15; Palandt-Putzo, Einf. v. § 598, RN 7.
122 Exemplarisch sei in dem Zusammenhang auf die Ausstellung "Kunstschätze aus China" verwiesen, die 1981 in Hildesheim gastierte. Hier betrug allein die Gesamtversicherungssumme 240 Millionen DM, vgl. Schmitz, 99 (108); das wertvollste Einzelobjekt wurde damals mit 24 Millionen DM versichert (Schmitz, 99 (108)). Im Rahmen des Leihvertrages behält es sich der Verleiher oft vor, bei einer Änderung des Preisniveaus bezüglich der einzelnen Exponate auf dem Kunstmarkt auch während der Leihdauer den Wert der Leihgabe neu festzusetzen. Sollte es hierzu kommen, ist der Entleiher über diesen neuen Wert zu informieren.
123 In dieser Anlage wird dann unter der laufenden Nummer auch die Inventar-Nummer sowie die Bezeichnung des Kunstgegenstandes als auch dessen Material und Versicherungswert (in DM) aufgeführt, vgl. etwa § 1 (1) Leihvertrag Museum Folkwang Essen (Anhang Nr. 3, 4).

Zu beachten ist gerade beim Kulturgüteraustausch, daß der Umstand, daß es beispielsweise ein Museum als Entleiher übernommen hat, die Exponate des Verleihers aufzulisten und für die Ausstellung entsprechend vorzubereiten, der Annahme eines Leihvertrages nicht entgegensteht[124].

Nach dieser Standortbestimmung innerhalb der Vertragstypen des BGB ist vor der Untersuchung der Pflichten der Vertragsparteien im folgenden auf die Besonderheiten der Leihe einzugehen. Hierbei ist zunächst festzustellen, daß Vertragsgegenstand der Leihe nur Sachen sein können, § 598 BGB.

Hinsichtlich der Pflichten der Parteien ist zu konstatieren, daß der Leistung des Verleihers keine Leistung des Entleihers gegenübersteht[125]. Unter synallagmatischen Gesichtspunkten betrachtet, ist die Leihe damit kein gegenseitiger Vertrag[126], womit etwa eine Anwendung der §§ 320ff BGB bei in Frage kommenden Sekundäransprüchen entfällt[127]. Es liegt also ein ein sogenannter unvollkommen zweiseitiger Vertrag vor[128].

Abschließend ist festzustellen, daß der Leihvertrag als Konsensualvertrag schon mit der Vereinbarung zwischen den Parteien und nicht erst durch die Hingabe der Sache zustandekommt[129].

II. Die Pflichten der Parteien

Da beim Kulturgüteraustausch sowohl für den Verleiher als auch für den Entleiher zahlreiche zu beachtende Pflichten entstehen, werden im folgenden aus-

---

124 Vgl. OLG Düsseldorf, NJW 1990, 2000 (2001) - Expressionisten-Dauerleihgabe.
125 Vgl. Brox, RN 215.
126 Vgl. Medicus, § 50; Fikentscher, RN 841f.
127 Vgl. Schlechtriem, RN 262; Brox, RN 215; Fikentscher, RN 842.
128 Vgl. Staudinger-Reuter, Vorbem. zu §§ 598ff, RN 3 und § 598, RN 7; MünchKomm-Kollhosser, § 598, RN 2.
129 Vgl. u.a. Larenz, § 50; Schlechtriem, RN 263. Die ältere Lehre (vgl. als deren Vertreter u.a. Boehmer ArchBürgR 38, 314ff), die sich historisch aus der Entwicklung des römischen Obligationenrechts begreift (so Larenz, § 50), vertrat, nicht zuletzt auf Basis des terminus "gestatten" (vgl. Fikentscher, RN 842) in § 598 BGB die Auffassung, bei der Leihe handele es sich um einen Realvertrag, demgemäß der Vertrag nicht schon mit der Abrede, sondern erst mit der Hingabe der Sache zustandekommt. Diese Auffassung hat allerdings mit der Anerkennung einerseits der Verbindlichkeit der mit rechtlichem Bindungswillen getroffenen Abreden (vgl. Larenz, § 50; Fikentscher, RN 842), andererseits der aus §§ 305, 241 BGB fließenden schuldrechtlichen Vertragsfreiheit (vgl. Staudinger-Reuter, Vorbem. zu §§ 598ff, RN 4) ihre Bedeutung verloren. Vgl. hierzu auch MünchKomm-Kollhosser, § 598, RN 1; Jakobs/Schubert, Recht der Schuldverhältnisse II, 692, 696; Schubert, Schuldrecht 2, 485f.

gehend von den gesetzlichen Vorgaben des Leihvertrages die Pflichten des Verleihers (1.) und die des Entleihers (2.) sowie die dabei auftretenden Rechtsprobleme erörtert. Hierbei schließt sich den allgemeinen Rechtsproblemen der gesetzlichen Regelung der Leihe die Untersuchung konkreter Leihverträge[130] an.

1. Die Pflichten des Verleihers

Da der Verleiher gemäß § 598 BGB die Leihsache zu überlassen und den Gebrauch zu gestatten hat, bedeutet dies in der Regel die Verschaffung des Besitzes für den Entleiher[131]. In dem Zusammenhang verpflichtet sich der Verleiher oftmals, dem Entleiher bzw. dem beauftragten Transporteur ausführliche Verpackungshinweise zu geben[132]. Nicht zuletzt aufgrund der Unentgeltlichkeit der Überlassung[133] ist der Vertragsgegenstand allerdings vom Verleiher weder in einen gebrauchsfähigen Zustand zu versetzen, noch während der Leihzeit instand zu halten[134]. Allerdings hat der Verleiher eine Gebrauchsunfähigkeit zu offenbaren, vgl. § 600 BGB[135].

Werden vom Entleiher Verwendungen auf die Sache gemacht, die nicht nur der gewöhnlichen Erhaltung dienen, hat ihm der Verleiher hierfür gemäß § 601 II S. 1 BGB Ersatz nach den Vorschriften über die Geschäftsführung ohne Auftrag, §§ 683ff BGB, zu leisten. Dieser Verwendungsersatzanspruch des Entleihers gegen den Verleiher ist gerade beim Kulturgüteraustausch von großer Bedeutung. So ist es beispielsweise möglich, daß der Entleiher zur adäquaten Präsentation der Exponate die Räumlichkeiten entsprechend umgestalten muß[136]. Die dadurch entstandenen Kosten sind keine Erhaltungskosten im Sinne des § 601 I BGB mehr. Denn bei solchen Erhaltungskosten handelt es sich um Aufwendungen, die erforderlich sind, um die Leihsache in ihrem bisherigen Zustand zu erhalten und Verschlechterungen vorzubeugen[137]. Besteht damit eine Ersatzpflicht des Verleihers gemäß §§ 601 II, 683 BGB, kann dies aber - da die Geschäftsführung dem Wille und Interesse des Geschäftsherrn, somit des Verleihers, entsprechen muß - zu zufälligen und nicht angemessenen

130 Vgl. hierzu die im Anhang unter Nr. 1 bis Nr. 7 abgedruckten Leihverträge.
131 Vgl. Schlechtriem, RN 264; Brox, RN 216.
132 Vorgesehen etwa im Leihvertrag documenta und Museum Fridericianum Kassel (Anhang Nr. 2).
133 So Medicus, § 92 II.
134 Vgl. Brox, RN 216.
135 So Schlechtriem, RN 264.
136 Offengelassen im Fall OLG Düsseldorf, NJW 1990, 2000 (2001) - Expressionisten-Dauerleihgabe; vgl. zu den notwendigen und teilweise umfangreichen Vorbereitungen vor Ort Schmitz 99, (109).
137 Vgl. etwa MünchKomm-Kollhosser, § 601, RN 2.

Folgen führen[138]. Dem kann aber mit einer entsprechenden schriftlichen Vereinbarung entgegengetreten werden[139], mit deren Hilfe mögliche Ansprüche abbedungen werden können.

In diesem Zusammenhang kann sich im Streitfall aus prozessualer Sicht die Problematik des rechtlichen Zusammenhangs von Klageforderung und Gegenforderung im Sinne des § 302 I ZPO ergeben. Dies ist z.B. dann der Fall, wenn der Verleiher als Kläger Schadensersatzansprüche gegen den Entleiher geltend macht (Klageforderung) und der Entleiher als Beklagter einen Verwendungsersatzanspruch im obigen Sinne (Gegenforderung) entgegenhält[140]. Hier ist von Bedeutung, daß der Begriff des rechtlichen Zusammenhanges im Sinne des § 302 I ZPO sowohl von Rechtsprechung als auch in der rechtswissenschaftlichen Literatur sehr weit ausgelegt wird[141]. Für den rechtlichen Zusammenhang genügt nicht erst dasselbe Rechtsverhältnis, sondern schon ein innerer wirtschaftlicher Zusammenhang, wobei es treuwidrig wäre, einen Anspruch ohne Berücksichtigung der Gegenforderung des anderen durchzusetzen[142]. Genügend sind dafür bereits laufende Geschäftsverbindungen zwischen Vertragspartnern[143].

2. Die Pflichten des Entleihers

Abgesehen vom Vorteil der fehlenden Entgeltverpflichtung[144] trifft den Entleiher zunächst die Pflicht zur Nutzung der geliehenen Sache in den Grenzen des vertragsgemäßen Gebrauchs, § 603 I BGB. Im Rahmen des Kulturgüteraustausches ergibt sich dieser vertragsgemäße Gebrauch durch die Vereinbarung, daß die Leihgabe nur für den im Leihvertrag bezeichneten Zweck in Anspruch genommen werden darf[145]. Dieser bezeichnete Zweck ist mit Ausstellungsbezeichnung, -ort, -dauer, Leihdauer und Veranstalterbezeichnung hinreichend konkretisiert. Eine Veränderung des Verwahrungsortes der Exponate bedarf der schriftlichen Genehmigung des Verleihers[146].

---

138 Vgl. Behrens/de Lazzer, 220.
139 Vgl. Behrens/de Lazzer, 220.
140 So zwischen den Parteien str. im Fall OLG Düsseldorf, NJW 1990, 2000ff - Expressionisten-Dauerleihgabe.
141 Vgl. hierzu etwa BGHZ 25, 363.
142 Vgl. BGH NJW-RR 1990, 950; Zöller-Vollkommer, § 302, RN 2; Baumbach/Lauterbach/Albers/Hartmann, § 302, RN 2.
143 Vgl. OLG Düsseldorf, OLGZ 85, 76.
144 So Medicus, § 92 III.
145 Vgl. bspw. § 1 (2) Leihvertrag Museum Folkwang Essen (Anhang Nr. 3, 4).
146 Vgl. etwa § 1 Leihvertrag eines hessischen Museums (Anhang Nr. 7).

Der Entleiher darf die Sache nicht ohne entsprechende Erlaubnis des Verleihers einem Dritten zum Gebrauch überlassen, § 603 S. 2 BGB. Die gewöhnlichen Erhaltungskosten der Leihsache sind vom Entleiher zu tragen, § 601 I BGB. Dies liegt darin begründet, daß der Entleiher gegenüber dem Verleiher kein Entgelt für den Gebrauch leistet, aus dem letzterer dann diese Kosten bestreiten könnte[147]. Wie bereits bei den Pflichten des Verleihers erwähnt, kann der Entleiher den Ersatz anderer Verwendungen gemäß § 601 II 1 BGB nur nach den Vorschriften über die Geschäftsführung ohne Auftrag verlangen.

Wegen des besonders hohen Wertes der Kulturobjekte treffen den Entleiher während der Leihzeit besondere Obhuts- und Sorgfaltspflichten. So verpflichtet er sich im Rahmen des Leihvertrages in der Regel dazu, die Leihgabe "von Nagel zu Nagel"[148] mit größter Sorgfalt zu behandeln, sie vor Schaden zu bewahren und keiner Gefährdung auszusetzen[149]. Die Vertragsobjekte sind demzufolge umfassend materiell und konservatorisch zu sichern[150]. Diese Obhuts- und Sorgfaltspflichten können im Leihvertrag u.a. dahingehend konkretisiert werden, daß dem Entleiher die Pflicht auferlegt wird, Klimaaufzeichnungen[151] durch schreibende Meßgeräte vor und während der Leihdauer für den Verleiher zu fertigen[152]. Im Rahmen der Entleiherpflichten wird hinsichtlich dieser Behandlungsgrundsätze, insbesondere der Klima- und Beleuchtungsverhältnisse[153], auf die bei den Museen üblichen Grundsätze verwiesen[154]. Danach steht dem Verleiher das Recht zu, entweder für einzelne oder für alle Leihgaben besondere Anweisungen zu erteilen, die vom Entleiher zu befolgen sind. Auch hat der Entleiher die zum Schutz der Leihgaben notwendigen Vorsichts- und Sicherungsmaßnahmen zu veranlassen[155], wie beispielsweise die Beauftragung eines Wachdienstes zum Schutz der Exponate.

---

147 Vgl. Schlechtriem, RN 267.

148 Im Leihvertrag des Kulturgüteraustausches mehrfach verwendete termini, die das Exponat in seiner Vollständigkeit umschreiben.

149 Vgl. etwa § 4 I Leihvertrag eines hessischen Museums (Anhang Nr. 7); § 4 Leihvertrag Schirn Kunsthalle Frankfurt (Anhang Nr. 1).

150 Vgl. etwa Leihvertrag Hamburger Kunsthalle (Anhang Nr. 6). In dem Zusammenhang notwendige Einzelheiten können unter Umständen, in einer Anlage ausführlichst beschrieben, Bestandteil des Leihvertrages werden.

151 Vgl. in diesem Zusammenhnag zu der ersten vergleichenden Untersuchung von Klimasystemen im Rahmen des Projektes "Prevent" den Beitrag von Miller, Die Zeit v. 14.04.1995, 71.

152 Vgl. auch von Schorlemer, 368.

153 Hierbei kann die Einhaltung von Werten für Temperatur, relativer Luftfeuchtigkeit und Lichtstärke ausdrücklich im Leihvertrag festgehalten werden, vgl. Leihvertrag Hamburger Kunsthalle (Anhang Nr. 6).

154 Vgl. § 4 I Leihvertrag eines hessischen Museums (Anhang Nr. 7), § 4 Leihvertrag Schirn Kunsthalle Frankfurt (Anhang Nr. 1).

155 So wurde etwa das berühmte Rembrandt-Gemälde "Der Segen Jakobs" (1656) als Höhepunkt der Ausstellung "120 Meisterwerke" seit dem 27.11.1994 im Museum

Weitere Pflichten des Entleihers bei der Leihe von Kunstobjekten sind neben Übernahme von Verpackungs-, Übersende- und Rücksendekosten[156] auch die Kostentragung[157] für einen vom Verleiher zu bestimmenden wissenschaftlichen Mitarbeiter, der den Erhaltungszustand der Leihgaben überprüft[158]. Des weiteren verpflichtet sich der Entleiher, an der Leihgabe keine Veränderungen oder Eingriffe, beispielsweise zum Zweck der Befestigung, vorzunehmen[159]. Dies bezieht sich nicht nur auf das Kunstwerk selbst, sondern auch auf Rahmen, Passepartout, Sockel, Verglasung etc.

Wird im Leihvertrag vereinbart, daß der Entleiher Reinigungsarbeiten am Exponat durchzuführen hat[160], was aber keineswegs die Regel ist, so verpflichtet sich der Entleiher, solche mit aller Vorsicht vorzunehmen und sich hierbei auf die fachmännisch vorzunehmende Staubentfernung zu beschränken. Weiterhin hat der Entleiher die Leihgabe ausschließlich an dem im Vertrag bestimmten Ort und zu dem festgelegten Zweck auszustellen[161].

Aufgrund der großen Bedeutung und des hohen Wertes der Exponate werden in Leihverträgen auch dem ersten Anschein nach weniger relevante Bedingungen geregelt, die nicht nur generalklauselartig Vertragsinhalt werden. So ist im Umgang mit den Objekten etwa darauf zu achten, daß weder Federhalter, Kugelschreiber oder Filzstift verwendet werden dürfen, noch während des Hantierens durch den Entleiher geraucht werden darf[162]. Weiterhin wird vertraglich fixiert, daß die Leihgaben ausschließlich durch Museumsbeauftragte bewegt werden dürfen[163]. Sollte es zu einer Veränderung oder Beschädigung des objet d'art während der Leihzeit kommen, ist der Entleiher verpflichtet, dies dem Verleiher unverzüglich mitzuteilen. In diesem Fall hat der Entleiher die zur Klärung der Schadensursache und zur Erhaltung von Ersatzansprüchen notwendigen und unaufschiebbaren Maßnahmen sofort in die Wege zu leiten[164], so die Informierung der Polizei oder die Anforderung einer Schadensbescheinigung des Transportunternehmens. Der Verleiher hat dann das Recht,

---

Fridericianum Kassel durch eine Plexiglasscheibe geschützt, dpa-Meldung v. 25.11.1994.

156 Vgl. § 3 Leihvertrag eines hessischen Museums (Anhang Nr. 7).

157 In der Regel umfassen diese Kosten die Reise- und Aufenthaltskosten.

158 Vgl. in diesem Zusammenhang zu den Mißständen bei der Aufbewahrung und dem Transport von Kunstwerken den Beitrag von Preuss in FAZ v. 01.12.1994, S. 37.

159 Vgl. § 5 I Leihvertrag eines hessischen Museums (Anhang Nr. 7).

160 Vgl. § 2 (2) Leihvertrag Museum Folkwang Essen (Anhang Nr. 3, 4).

161 Vgl. § 5 I, II Leihvertrag eines hessischen Museums (Anhang Nr. 7).

162 Vgl. § 4 Leihvertrag Schirn Kunsthalle Frankfurt (Anhang Nr. 1).

163 Vgl. § 5 II Leihvertrag eines hessischen Museums (Anhang Nr. 7).

164 Vgl. etwa Bestimmung Nr. 3 III Leihvertrag Hamburger Kunsthalle (Anhang Nr. 6).

über eventuell in dem Zusammenhang notwendige Restaurierungsmaßnahmen am Objekt zu entscheiden.

Des weiteren ist der Entleiher vertraglich verpflichtet, die ihm anvertrauten Exponate - wiederum "von Nagel zu Nagel" - während der Leihdauer vor Beschlagnahme, Pfändung oder Besitzbeeinträchtigung von privater oder staatlicher Seite zu schützen[165]. Drohen dem Objekt Maßnahmen dieser Art, hat der Entleiher den Verleiher unverzüglich hiervon in Kenntnis zu setzen[166].

Unter dem Blickwinkel der Versicherung[167] eines Objekts wird in entsprechenden Verträgen geregelt, daß der Entleiher sich verpflichtet, diejenigen Kosten zu übernehmen, die dem Verleiher durch die Versicherung der Leihgabe "von Nagel zu Nagel" bzw. "Wand zu Wand"[168] gegen alle versicherbaren Risiken für die Dauer der Leihe entstehen[169]. Dabei wird oft vereinbart, daß der Entleiher damit einverstanden ist, die Exponate für die Leihdauer bei einer Versicherung[170] zu den "Allgemeinen Versicherungsbedingungen"[171], den "Besonderen Bedingungen für die Versicherung von Kunstgegenständen"[172], als auch den "Anweisungen für den Schadenfall" des Deutschen Transport-Versicherungs-Verbandes e.V. zu versichern. Oftmals wird auch der entsprechende Versicherer bereits im Leihvertrag benannt[173]. Hierbei gilt als Versicherungssumme der Wert der Leihgaben, wobei dieser unter Umständen im Laufe der Leihdauer der aktuellen Entwicklung des Preisniveaus auf dem Kunstmarkt angepaßt werden kann[174]. Der Verleiher behält sich die Genehmigung des Verzichts von eventuellen Regreßansprüchen des Entleihers gegen Dritte vor[175].

---

165 Vgl. § 6 II 2 Leihvertrag eines hessischen Museums (Anhang Nr. 7).

166 Vgl. § 6 II 3 Leihvertrag eines hessischen Museums (Anhang Nr. 7).

167 Vgl. hierzu ausführlich Kapitel 6.

168 Vgl. etwa Leihvertrag documenta und Museum Fridericianum Kassel (Anhang Nr. 2).

169 Vgl. § 7 Leihvertrag eines hessischen Museums (Anhang Nr. 7); Bestimmung Nr. 7 III Leihvertrag Hamburger Kunsthalle (Anhang Nr. 6).

170 In der Regel handelt es sich hierbei um einen Hausversicherer der Museen, der neben den jeweiligen, stets präsenten, Sammlungsbeständen auch Leihexponate und Wechselausstellungen versichert.

171 Bzw. "Allgemeine Bedingungen für die Ausstellungsversicherung (AVB Ausstellung 1988)". Vgl. hierzu ausführlich Kapitel 6, Abschnitt II.2.

172 Bzw. "Sonderbedingungen zu den AVB Ausstellung 1988 für Kunstausstellungs-Versicherungen". Siehe hierzu ausführlich Kapitel 6, Abschnitt II.2.

173 So etwa im Leihvertrag documenta und Museum Fridericianum Kassel (Anhang Nr. 2), im Leihvertrag Akademie der Künste / Bildende Kunst Berlin (Anhang Nr. 5) und im Leihvertrag Hamburger Kunsthalle (Bestimmung Nr. 7 II / Anhang Nr. 6).

174 Vgl. § 7 I iVm § 1 S. 2 Leihvertrag eines hessischen Museums (Anhang Nr. 7); § 7 Leihvertrag Schirn Kunsthalle Frankfurt (Anhang Nr. 1).

175 Vgl. § 7 III Leihvertrag eines hessischen Museums (Anhang Nr. 7).

Eine weitere Pflicht des Entleihers ist, die Bezeichnung des Verleihers sowohl an der Leihgabe als auch in entsprechenden Katalogen[176] sowie bei sonstigen Veröffentlichungen deutlich sichtbar anzubringen[177]. Hierbei ist darauf zu achten, daß die Namens-, Eigentümer-[178] bzw. Urhebernennung in der vom Verleiher gewünschten Form, die oftmals im Leihvertrag angegeben wird[179], erfolgt. Weiterhin verpflichtet sich der Entleiher, daß Fotografien, Reproduktionen, Kopien etc. der Leihgabe ausschließlich mit der Genehmigung des Verleihers hergestellt werden dürfen[180]. Bei Fernsehaufnahmen ist einerseits zu bedenken, daß diese nur zu informatorischen Zwecken[181] erlaubt sind; in diesem Zusammenhang wird oftmals zwischen einer Abbildung der Leihgabe für Presse und Fernsehen und für nichtkommerzielle Schulzwecke differenziert[182]. Andererseits ist vom Entleiher zu beachten, daß durch die Aufnahmearbeiten keine Gefährdung für die Kunstwerke entsteht, sei es durch Erwärmung derselben, Veränderung der Raumtemperatur, des Luftdrucks oder der Luftfeuchtigkeit.

Für alle diese aufgezählten Pflichten des Entleihers wird vertraglich stets die Überwachung durch den Verleiher vereinbart[183].

Mit Beendigung der Leihzeit ist der Entleiher verpflichtet, die Leihsache zurückzugeben, § 604 I BGB.

III. Die Haftung der Parteien

Rechtsprobleme können dann auftreten, wenn die eben dargestellten Pflichten der Parteien verletzt werden. Diese Vertragspflichtverletzungen können sich sowohl auf Seiten des Verleihers als auch des Entleihers ergeben. Sie können auf ein Tun oder Unterlassen der jeweiligen Partei zurückzuführen sein. So ist

176 Oftmals findet sich in entsprechenden Leihverträgen ein Passus, demzufolge der Entleiher dem Verleiher eine gewisse Anzahl dieser Kataloge kostenlos zu übersenden hat und die die Ausstellung begleitenden Werbemittel (so Pressemappen, Plakate, Einladungskarten etc.) zur Verfügung stellt, vgl. etwa Bestimmung Nr. 4 Leihvertrag Hamburger Kunsthalle (Anhang Nr. 6).

177 Vgl. § 10 Leihvertrag eines hessischen Museums (Anhang Nr. 7).

178 So etwa Bestimmung Nr. 3 IV Leihvertrag Hamburger Kunsthalle (Anhang Nr. 6).

179 Vgl. § 1 (3) Leihvertrag Museum Folkwang Essen (Anhang Nr. 3), Leihvertrag Akademie der Künste / Bildende Kunst Berlin (Anhang Nr. 5) sowie Leihvertrag Hamburger Kunsthalle (Anhang Nr. 6).

180 Vgl. § 11 Leihvertrag eines hessischen Museums (Anhang Nr. 7).

181 Zum Beispiel für Ausstellungsreportagen.

182 So etwa im Leihvertrag Akademie der Künste / Bildende Kunst Berlin (Anhang Nr. 5).

183 Vgl. § 12 Leihvertrag eines hessischen Museums (Anhang Nr. 7).

es etwa denkbar, daß der Verleiher die Exponate entweder gar nicht oder nicht rechtzeitig herausgibt oder Rechtsgüter des Entleihers bei der Abholung der Objekte verletzt werden. Damit ist zu klären, nach welchen Normen etwa der Verleiher haftet und welcher Haftungsmaßstab im jeweiligen Fall anzulegen ist, wobei gerade letzteres sehr umstritten ist.

Weiterhin ist zu prüfen, wie es sich mit der Haftung des Entleihers verhält. In dem Zusammenhang ist beispielsweise problematisch, daß in den Verträgen des Kulturgüteraustausches die Entleiherhaftung auch ohne Verschulden eintreten soll. Dies würde allerdings einer Gefährdungshaftung, die der Gesetzgeber aber nur auf wenige Fälle beschränkt hat, nahezu gleichstehen.

1. Die Haftung des Verleihers

Beim Kulturgüteraustausch können vielerlei Probleme auftreten. So kann es beispielsweise geschehen, daß der Entleiher die im Leihvertrag bezeichneten Objekte nicht oder nicht rechtzeitig vom Verleiher erhält. Ebenso ist denkbar, daß durch den Gebrauch der Gegenstände dem Entleiher ein Schaden entsteht: Eine Plastik kann zusammenbrechen und einen Teil des Ausstellungsraumes oder andere Exponate beschädigen. Möglich ist auch, daß sich der Entleiher bei Abholung oder Zurückbringen der Objekte verletzt, wenn er etwa auf der spiegelglatten Treppe des Verleihers stürzt. Hier stellt sich dann einerseits die Frage, nach welcher Norm der Verleiher zu haften hat. Andererseits ist zu untersuchen, ob und in welchen Fällen eine Beeinflussung des deliktischen durch den vertraglichen Haftungsmaßstab in Frage kommen kann.

Bei dem Rechtsproblem der Verleiherhaftung wird oftmals zwischen den vom Grundsatz des § 276 I 1 BGB abweichenden § 599 und § 600 BGB nicht ausreichend differenziert[184]. Durch eine solche Vermengung der Haftungsprivilegierungsnormen bleibt unklar, wie der Geltungsbereich des § 600 BGB exakt gegen denjenigen des § 599 BGB abzugrenzen ist[185]. Damit wird die vom Gesetzgeber geschaffene Unterscheidung unterlaufen. Im folgenden ist daher zunächst das Verhältnis der Normen zueinander zu klären; anschließend ist für jede Norm die Frage der Verleiherhaftung zu untersuchen, sowie ob und in-

184 So beispielsweise Larenz, der unter Hinweis auf u.a. Schlechtriem, Vertragsordnung, 346ff, generell eine teleologische Reduktion der "Bestimmungen" der §§ 599, 600 BGB fordert, vgl. Larenz, § 50, oder Fikentscher, der grundsätzlich von den Haftungsprivilegien der §§ 599, 600 BGB ausgeht, vgl. Fikentscher, RN 843. Differenzierend zwischen § 599 BGB und § 600 BGB hingegen u.a. Medicus, § 92 II.2., Schlechtriem, RN 268 und Staudinger-Reuter, § 600, RN 1.

185 Vgl. Staudinger-Reuter, § 600, RN 1.

wieweit eine Beeinflussung des deliktischen durch den vertraglichen Haftungsmaßstab zu bejahen ist.

Zur Frage des Verhältnisses von § 599 BGB zu § 600 BGB ist zunächst festzustellen, daß § 599 BGB grundsätzlich bestimmt, daß der Verleiher nur für vorsätzliches oder grob fahrlässiges Verhalten zu haften hat. Damit haftet er beispielsweise für Nichtleistung oder verzögerte Leistung auf Schadensersatz gemäß §§ 280, 284-286 BGB nur dann, wenn er diese Leistungsstörungen eben vorsätzlich oder grob fahrlässig zu vertreten hat[186]. Dadurch werden also die Fälle erfaßt, in denen der Entleiher aufgrund vorsätzlichen oder grobfahrlässigen Verhaltens des Verleihers die Exponate entweder gar nicht oder erst verspätet erhält und ihm dadurch ein Schaden[187] entsteht. Der Verleiher haftet aber etwa dann nicht, wenn er ein ihm gehöriges, zentrales Ausstellungsexponat fahrlässig zerstört und dadurch die gesamte Exposition zwecklos wird[188].

§ 600 BGB hingegen normiert den gegenüber § 599 BGB spezielleren Fall: Der Verleiher haftet gemäß § 600 BGB nur dann, wenn er arglistig verschweigt, daß die Untauglichkeit der Leihsache entweder auf nicht vertragsgemäße Beschaffenheit (Sachmangel) oder der Berechtigung eines Dritten (Rechtsmangel)[189] zurückzuführen ist. In diesem Fall greift § 599 BGB nicht ein[190], da diese Norm eben durch § 600 BGB eingeschränkt wird[191].

Vor dem Hintergrund dieser Abgrenzung ist im folgenden auf die Bestimmungen der §§ 599, 600 BGB im einzelnen einzugehen. Weiterhin ist notwendig, zwischen den einzelnen Anspruchsarten exakt zu differenzieren. Das wird in der Diskussion oft übersehen und führt zu Mißverständnissen und damit Unübersichtlichkeit. So hat man zu unterscheiden einerseits zwischen Schadensersatzansprüchen im vertraglichen Bereich unter direkter Anwendung der §§ 599, 600 BGB und Schadensersatzansprüchen im deliktischen Bereich andererseits.

Des weiteren ist zu differenzieren zwischen einer Anwendung der Grundsätze der positiven Forderungsverletzung und der culpa in contrahendo. In diesem Zusammenhang ist von Bedeutung, daß die Haftung für Mangelfolgeschäden weder unter § 599 BGB noch § 600 BGB subsumiert werden kann. Vielmehr erfolgt die Haftung aufgrund der Grundsätze der Haftung aus culpa in contra-

186 Vgl. Schlechtriem, RN 268.
187 Etwa in Form entgangener Eintrittsgelder aufgrund verspäteter Ausstellungseröffnung.
188 Vgl. Behrens/de Lazzer, 220.
189 Vgl. Schlechtriem, RN 268.
190 Vgl. Staudinger-Reuter, § 600, RN 1.
191 Vgl. Erman-Werner, § 599, RN 1.

hendo bzw. positiver Forderungsverletzung, hier nur[192] §§ 280, 286 BGB analog[193].

a) Die Haftungsprivilegierung des § 599 BGB

Bei § 599 BGB ist zunächst festzustellen, daß diese Haftungsprivilegierung gegenüber § 276 BGB, ähnlich wie §§ 521, 680, 968 BGB, im vertraglichen Bereich an die Uneigennützigkeit des Verleihers anknüpft[194]. Denkbar ist nun der Fall, daß dem Entleiher gegen den Verleiher neben vertraglichen auch deliktische Schadensersatzansprüche zustehen. Wird beispielsweise durch die Mangelhaftigkeit eines Ausstellungsobjektes ein Schaden an einem der Rechtsgüter des Entleihers verursacht - eine in sich zusammenfallende Skulptur beschädigt die Bodenoberfläche des Ausstellungsraumes -, stellt sich die Frage, ob eine Beeinflussung der deliktischen Haftungsansprüche durch die vertraglichen Regelung denkbar ist.

In diesem Zusammenhang ist umstritten, ob der Haftungsmaßstab des § 599 BGB auch im deliktischen Bereich gilt.

Nach einer Auffassung ist die Haftungsmilderung des § 599 BGB nur in den Fällen der vertraglichen Haftung anzuwenden, nicht aber bei außervertraglichen Haftungsordnungen[195]. Die Gegenauffassung geht davon aus, daß auch die deliktischen Schadensersatzansprüche des Entleihers der Privilegierung des § 599 BGB unterliegen sollen, also dann scheitern, wenn der Verleiher nicht vorsätzlich oder grob fahrlässig handelte[196].

Die erstgennante Ansicht argumentiert, daß die Bestimmungen der §§ 599, 600 BGB einer teleologischen Reduktion bedürfen[197], da die Haftungsbeschränkung nur auf das Interesse des Entleihers an der vertraglichen Leistung, nicht aber auf sein Interesse an der Erhaltung sonstiger Rechtsgüter zu beziehen sei. So solle die Haftungsbeschränkung nicht bei der

192 Da die §§ 320ff BGB, somit §§ 325, 326, 339 BGB, eben keine Anwendung im Rahmen der Sekundäransprüche bei der Leihe finden, s.o., dieses Kapitel, Abschnitt I.
193 So auch MünchKomm-Vollkommer, § 599, RN 5. Zum Haftungsmaßstab innerhalb dieser Ansprüche vgl. die im Anschluß an §§ 599, 600 BGB folgenden Ausführungen.
194 Vgl. Staudinger-Reuter, § 599, RN 1.
195 Vgl. u.a. Schlechtriem, RN 268; Jauernig-Vollkommer § 599, Anm. 1.b.; Larenz, § 50; Palandt-Putzo § 599, RN 3.
196 So u.a. RGZ 66, 363 (Miete); RGZ 88, 317 (318) - Beförderungsvertrag; BGHZ 46, 140 (145); BGHZ 55, 392 (396); BGHZ 93, 23 (29) - Schenkung; Staudinger-Reuter, § 599, RN 3; RGRK-Gelhaar, § 599 RN 1; Medicus, § 92 II.2.; Soergel-Kummer, § 599, RN 1; MünchKomm-Kollhosser, § 599, RN 4.
197 So bspw. Larenz, § 50.

Verletzung einer Verkehrssicherungspflicht gelten[198]. Ähnlich auch im Fall des Begleitschadens: Hier würde der Verleiher, wenn er etwa seine Statue persönlich ablädt und hierbei einen Schaden hervorruft, für jedwedes, also auch leichtes, Verschulden haften[199]. Bei der näheren Betrachtung dieser Überlegung ist zunächst positiv anzumerken, daß sie über den vertraglichen Haftungsbereich hinausgehend versucht, den Entleiher dadurch zu schützen, indem sie ihm deliktische Schadensersatzansprüche gegen den Verleiher an die Hand gibt, die nicht den vertraglichen Haftungsprivilegierungen unterworfen sind.

Allerdings ist einer solchen Argumentation entgegenzuhalten, daß sie nicht nur zwischen § 599 BGB und § 600 BGB sowie der Problematik des Mangelfolgeschadens und der Verletzung von Verkehrssicherungspflichten nicht ausreichend differenziert und somit im Ergebnis die vom Gesetzgeber vorgenommenen Unterscheidungen übergeht. Sie negiert zudem pauschal Privilegierungen in der deliktischen Haftungsordnung. Damit ist zu klären, ob einerseits diese Auffassung speziell auf die Milderung des § 599 BGB zurückgeführt werden kann, andererseits, ob der Entleiher bei Ablehnung dieser Auffassung tatsächlich schutzlos ist.

Dabei ist festzustellen, daß abgesehen von diesen allgemeinen Erwägungen nur von einem Vertreter der erstgenannten Auffassung expressis verbis vor dem Hintergrund des § 599 BGB eine deliktische Privilegierung ausgeschlossen wird[200]; dies unter Bezugnahme auf eine Entscheidung des BGH[201] und dem damit verbundenen Hinweis, daß § 599 BGB nicht für deliktische Ansprüche gelte, da dies auch für den Fall der außervertraglichen Leihe so sei[202].

Dem kann, gerade unter Zugrundelegung der o.a. Entscheidung, nicht gefolgt werden. Grundsätzlich ist in der Rechtsprechung anerkannt, daß die Haftungsbeschränkung des § 599 BGB auf Vorsatz und grobe Fahrlässigkeit auch auf deliktische Ansprüche durchschlägt[203]. Dies gilt allerdings nur für die Konstellationen, in denen vertragliche und deliktische Ansprüche konkurrieren[204]. Bei der außervertraglichen Gefälligkeitsleihe ist diese Haftungsbeschränkung aber zu verneinen, da in diesem Fall schon die leihvertraglichen Haftungspri-

198 Vgl. Larenz, § 50.
199 Vgl. Behrens/de Lazzer, 220.
200 Nämlich von Jauernig-Vollkommer, § 599, Anm. 1.b.
201 Vgl. BGH NJW 1992, 2474 (2475).
202 Vgl. Jauernig-Vollkommer, § 599, Anm. 1.b.
203 Vgl. bspw. RGZ 66, 363 (Miete); BGHZ 46, 140 (145); 93, 23 (29) - Schenkung.
204 Vgl. eben BGH NJW 1992, 2474 (2475).

vilegierungen nicht eingreifen. Damit fehlt es bereits an einem die Haftungsbeschränkung regelnden Anknüpfungspunkt.

Daher ist eine Transferierung der Haftung im deliktischen Bereich bei außervertraglichen Verhältnissen auf vertragliche Konstellationen nicht zuletzt deshalb unzulässig, da hierdurch grundsätzliche Unterschiede zwischen vertraglichen und außervertraglichen Grundsätzen übergangen werden. Einer dieser Grundsätze im Rahmen der Leihe ist eben die Tatsache, daß, wie oben bereits erwähnt, die Haftungsmilderung ihren Grund in der Unentgeltlichkeit dieser Vertragsart findet. Dies nun aber auf die außervertragliche Ebene zu übertragen, würde eine Mißachtung nicht nur der vom Gesetzgeber im konkreten Fall der Leihe getroffenen Wertung, sondern auch eine Nichtwürdigung der fundamentalen Unterschiede zwischen Vertragsverhältnis und Gefälligkeitsverhältnis bedeuten. Demgemäß ist es, übrigens nicht nur vor dem Hintergrund der Vertragsart "Leihe", nicht möglich, den außervertraglichen mit dem vertraglichen Bereich zu vergleichen. Damit kann zwar zugestimmt werden, daß § 599 BGB nicht für die deliktische Haftung bei außervertraglicher Gefälligkeitsleihe gilt; aber es muß bestritten werden, daß dann für die vertragliche Leihe nichts anderes gelten könne.

Zutreffend ist vielmehr, daß der Verleiher angesichts der Unentgeltlichkeit der Leihe dann mit einem unangemessen hohen Risiko belastet wird, wenn die Haftungsprivilegierung des § 599 BGB bei deliktischen Ansprüchen entfällt[205]. Daher muß die Privilegierung auch für die deliktisch begründeten Begleitschäden gelten[206], wobei auch zu beachten ist, daß diese bei einer Schädigung des Entleihers betragsmäßig für den Verleiher in unvorhersehbarer Höhe ausfallen können[207].

Zusammenfassend ist somit festzustellen, daß die Haftungsprivilegierung speziell des § 599 BGB auch im deliktischen Bereich zu berücksichtigen ist.

b) Die Haftungsmilderung des § 600 BGB

Fraglich ist, ob im Rahmen der Untersuchung des § 600 BGB bei der Frage der Haftungsmilderung auch im deliktischen Bereich ebenso wie im Fall des § 599 BGB zu entscheiden ist.

---

205 So Medicus, § 92 II.2.
206 Vgl. OLG Stuttgart, VersR 1993, 192.
207 Vgl. Medicus, § 92 II.2. und Fikentscher, RN 843, der exemplarisch eine Querschnittslähmung des Entleihers nennt.

Wie bereits oben[208] erwähnt, ist unter vertraglichen Haftungsgesichtspunkten zunächst festzustellen, daß § 600 BGB gegenüber § 599 BGB eine noch weitergehendere Einschränkung der Verleiherhaftung enthält[209], da § 600 BGB ausschließlich die Haftung von Sach- und Rechtsmängeln zum Gegenstand hat. Die Haftung auf Schadensersatz bei arglistigem Verschweigen gemäß § 600 BGB entsteht mit dem Vertragsschluß als maßgeblichem Zeitpunkt[210]. Wird der Mangel allerdings erst nach diesem Vertragsschluß pflichtwidrig durch den Verleiher verursacht, haftet dieser nach den Grundsätzen der positiven Forderungsverletzung[211].

Zu klären ist nun, ob und inwieweit die Haftungsprivilegierung des § 600 BGB auf deliktische Ansprüche des Entleihers gegen den Verleiher übertragbar ist. Vielfach findet sich in der rechtswissenschaftlichen Literatur zu dieser Frage kein den § 600 BGB ausdrücklich erwähnender Hinweis[212]. Oftmals wird in dem Zusammenhang nur auf die Ausführungen zu § 599 BGB verwiesen[213] bzw. werden die §§ 599, 600 BGB ohne Differenzierung untersucht[214]. Sofern auf diese Weise Stellung zu der hier diskutierten Problematik genommen wird, ist auf die oben im Zusammenhang mit § 599 BGB gemachten Ausführungen zu verweisen.

Erfolgt allerdings eine zwischen § 599 BGB und § 600 BGB differenzierende Auseinandersetzung mit der Problematik der Haftungsmilderung auch im deliktischen Bereich, wird kontrovers argumentiert und entschieden.

Eine Ansicht lehnt mit Verweis auf die Ausführungen zu § 599 BGB auch bei § 600 BGB eine Haftungsprivilegierung im deliktischen Bereich ab[215]. Innerhalb des dieser Auffassung entgegengesetzten Standpunktes haben sich zwei Lager gebildet. Einerseits soll neben der vertraglichen Haftung eine Haftung aus unerlaubter Handlung gemäß §§ 823ff BGB begründet sein, allerdings un-

208 Vgl. dieses Kapitel, Abschnitt III.1.
209 So MünchKomm-Kollhosser, § 600, RN 1.
210 Vgl. MünchKomm-Kollhosser, § 600, RN 2.
211 Vgl. MünchKomm-Kollhosser, § 600, RN 2 in Verbindung mit § 599, RN 3.
212 So MünchKomm-Kollhosser, der in § 600, RN 3 nur zur Relation von culpa in contrahendo zu positiver Forderungsverletzung und Mangelfolgeschaden Stellung nimmt und hierzu auf MünchKomm-Kollhosser, § 599, RN 5 verweist.
213 So beispielsweise Jauernig-Vollkommer, § 600, Anm. 1 mit Verweis auf Jauernig-Vollkommer, § 599, Anm. 1.b.; Palandt-Putzo, § 600, RN 3 mit Verweis auf Palandt-Putzo, § 599, RN 2.
214 So u.a. Fikentscher, RN 843; Larenz, § 50.
215 Vgl. Palandt-Putzo, § 600, RN mit Verweis auf Palandt-Putzo, § 599, RN 2; Jauernig-Vollkommer, § 600, Anm. 1 mit Verweis auf Jauernig-Vollkommer, § 599, Anm. 1.b.; Schlechtriem, RN 268; Larenz, § 50.

ter der Voraussetzung, daß "keine Arglist, aber mindestens grobe Fahrlässigkeit"[216] vorliege.

Andererseits wird vertreten, daß die Haftungsprivilegierung des § 600 BGB auf deliktische Ansprüche des Entleihers gegen den Verleiher übertragen werden kann[217].

Erstgenannter Ansicht, derzufolge eine Haftungsprivilegierung des Verleihers im deliktischen Bereich abzulehnen ist und hierbei auf § 599 BGB verwiesen wird, ist die bereits unter der Auseinandersetzung zu § 599 BGB aufgeführte Kritik entgegenzuhalten.

Innerhalb der Gegenauffassung ist zu erstgenanntem Standpunkt zunächst kritisch anzumerken, daß dieser gerade bei dem auf die Arglist abstellenden § 600 BGB eine Haftungsmilderung am Maßstab des § 599 BGB orientiert. Damit setzt man sich über die vom Gesetzgeber geschaffene Differenzierung hinweg, die, wie schon dargelegt, unter anderem dadurch zum Ausdruck kommt, daß § 600 BGB gegenüber § 599 BGB eine noch weitergehende Einschränkung der Verleiherhaftung enthält[218].

Daran ändert auch nichts der in Verbindung mit § 600 BGB angebrachte Hinweis, durch §§ 599, 600 BGB würde allgemein die Verleiherhaftung eingeschränkt[219]. Bei einer solchen Anmerkung handelt es sich im Ergebnis nur um eine generelle Feststellung und nicht um ein spezielles Argument, welches für eine Übertragung der Haftungsprivilegierung des § 600 BGB auf die deliktische Haftung herangezogen werden kann.

Zutreffend ist vielmehr - auch aus dem Blickwinkel des § 600 BGB - die auf den Begleitschaden abstellende Argumentation[220]. Diese schon für § 599 BGB erfolgreich angeführte Überlegung gilt erst recht bei dem enger gefaßten § 600 BGB.

---

216 Erman-Werner, § 600, RN 1; RGRK-Gelhaar, § 600, RN 1.
217 So bspw. Staudinger-Reuter, § 600, RN 1; Medicus, § 92 II. 2.; Fikentscher, RN 843.
218 Vgl. MünchKomm-Kollhosser, § 600, RN 1; Staudinger-Reuter, § 600, RN 1.
219 So Erman-Werner § 600, RN 1.
220 Vgl. Fikentscher, RN 843.

c) Die Haftungsprivilegierung beim Mangelfolgeschaden

Von den bisherigen Überlegungen zu §§ 599, 600 BGB in Verbindung mit vertraglichen und deliktischen Haftungsbeschränkungen ist die Frage nach der Haftung des Verleihers für Mangelfolgeschäden strikt zu trennen. Wie oben dargestellt, gilt § 600 BGB im Rahmen der Haftung für Sachmängel[221]. Mangelfolgeschäden wie etwa die Beschädigung des Ausstellungsraumes durch eine zusammenfallende Skulptur werden von dieser Norm nicht erfaßt. Vielmehr erfolgt beim Vorliegen eines Mangelfolgeschadens eine Haftung nach den Grundsätzen der positiven Forderungsverletzung, im Fall der Leihe aus §§ 280, 286 BGB analog oder culpa in contrahendo, §§ 122, 307 BGB analog[222]. Auch bei diesen vertragsähnlichen Ansprüchen ist der Haftungsmaßstab umstritten.

Nach einer Auffassung haftet der Verleiher im Rahmen von Mangelfolgeschäden ohne jede Haftungsprivilegierung nach den allgemeinen Grundsätzen des § 276 BGB[223]. Dem entgegengesetzten Standpunkt zufolge haftet der Verleiher auch vor dem Hintergrund des Mangelfolgeschadens nach der Begrenzung des § 599 BGB, also nur bei mindestens grobem Verschulden[224]. Derjenigen Auffassung, die den Verleiher nach § 276 haften lassen will, ist entgegenzuhalten, daß auf diese Weise der Verleiher auch für die dem Entleiher entstandenen Begleitschäden, die im Zusammenhang mit dem Mangelschaden entstanden sind, zu haften hätte - wie bereits oben dargestellt. Damit wäre der Verleiher wiederum mit einem unangemessen hohen Risiko belastet[225]. Um eben diesem zu entgehen, muß die Haftungsmilderung auch für die Begleitschäden gelten[226].

d) Die Haftungsprivilegierung bei Nichtbeachtung von Verkehrssicherungspflichten

Von der Haftung für Mangelfolgeschäden ist die deliktische Verleiherhaftung für die Nichtbeachtung von Verkehrssicherungspflichten abzugrenzen. Hier handelt es sich um Schäden, die in keinem Zusammenhang mit der verliehenen

221 Vgl. MünchKomm-Kollhosser, § 600, RN 5.
222 So MünchKomm-Kollhosser, § 600, RN 5.
223 Vgl. Jauernig-Vollkommer, § 599, Anm. 1.b.; Palandt-Putzo, § 600 RN 3; Larenz, § 50.
224 Vgl. Erman-Werner, § 600, RN 1; RGRK-Gelhaar, § 600, RN 1; Staudinger-Reuter, § 600, RN 1.
225 Vgl. Medicus, § 92 II.2.
226 So auch OLG Stuttgart VersR 1993, 192.

Sache stehen, so beispielsweise Verletzungen infolge eines Sturzes des Entleihers bei der Abholung der Leihsache auf der eisglatten Treppe des Verleihers[227]. Beim Eintritt derartiger Schäden an den Rechtsgütern anderer ist der Verleiher im Vergleich zu den vorhergehenden Konstellationen nicht mehr schutzwürdig, da die Mißachtung der ihm obliegenden Verkehrssicherungspflichten nicht mit der Leihe einer Sache zusammenhängt. Demzufolge trifft den Verleiher in diesen Fällen die am Maßstab des § 276 BGB orientierte Haftung[228] ohne jede Privilegierung.

Zusammenfassend ist somit festzustellen, daß der Verleiher in den Fällen, wo der Schaden im Zusammenhang mit der Leihsache auftritt, der Haftungsmilderung teils des § 599 BGB, teils des § 600 BGB - auch im deliktischen Bereich - unterliegt. In anderen Fällen, z.B. der Verletzung einer Verkehrssicherungspflicht, kann der Verleiher gegenüber den Schadensersatzansprüchen des Entleihers keine Haftungsprivilegierung geltend machen.

2. Die Haftung des Entleihers

Beim Kulturgüteraustausch kann auch die Haftung des Entleihers zu Rechtsproblemen führen. So ist etwa denkbar, daß das Leihobjekt während der Leihzeit beschädigt wird, wobei diese Beschädigung durch einen Gehilfen des Entleihers verursacht worden sein kann. Möglich ist hier etwa der Fall, daß ein Museumsmitarbeiter das Objekt beim Transport beschädigt. Zu berücksichtigen ist aber auch die Möglichkeit, daß die Leihsache während der Leihdauer abhanden kommt. Hier ist fraglich, ob den Entleiher selbst dann eine Haftung trifft, wenn er bzw. dessen Erfüllungsgehilfe alle notwendigen Sicherheitsmaßnahmen getroffen hat und somit dieses Abhandenkommen nicht zu vertreten hat.

Problematisch kann aber schon im Vorfeld der eigentlichen Haftungsauseinandersetzung die Frage sein, ob überhaupt ein Schaden entstanden ist. Angesichts der Tatsache, daß im heutigen Ausstellungswesen stets mit Schäden gerechnet werden muß, erscheint hier zumindest bei wertvolleren Exponaten eine Anfangsdokumentation des Objekts sinnvoll[229]. Bei einer solchen kann dann der Zustand des Leihgegenstandes vor der Abholung detailliert festgehalten werden. Diesem Aspekt wird in zahlreichen Leihverträgen relativ wenig Beachtung geschenkt.

---

227 Beispiel nach Medicus, § 92 II. 2.
228 Vgl. Medicus, § 92 II. 2.
229 Vgl. Behrens/de Lazzer, 221.

Der Entleiher haftet für die Dauer der Leihzeit grundsätzlich für jedes Verschulden[230], § 276 BGB. Dies gilt für alle Arten von Schadensersatzansprüchen, also für solche aus positiver Forderungsverletzung[231] wie auch aus Delikt. Von diesem Grundsatz ist auch dann auszugehen, wenn sich im Leihvertrag eine Haftung ohne jede Konkretisierung der Verschuldensform[232] findet.

Von dieser Haftung des Entleihers scharf zu trennen ist der Fall des Ausstellungsausfalles ohne Schäden am Exponat. Vielmehr handelt es sich dabei um Konstellationen des Ausfalls, verspäteten Beginnes oder Abbruches einer Ausstellung. Mußte der Schaden in solchen Fällen bisher vom Entleiher bzw. Veranstalter selbst getragen werden, so besteht neuerdings die Möglichkeit der Versicherung durch eine sog. "Kunst-Veranstaltungs-Ausfallversicherung": Tritt einer der oben genannten Fälle ein, erstattet die Versicherung unter anderem Reisespesen, Druck- und Transportkosten, Mitarbeiterhonorare sowie die Mehrkosten für Ersatzobjekte[233].

Im Rahmen des oben erwähnten Anspruches aus positiver Forderungsverletzung ist in dem Zusammenhang auch zu prüfen, ob der Entleiher bei Gebrauch der Sache die verkehrserforderliche Sorgfalt außer acht gelassen hat[234]. Eine entsprechende Zurechnung des Verhaltens Dritter erfolgt dann bei vertraglichen bzw. vertragsähnlichen Ansprüchen über § 278 BGB, bei deliktischen Ansprüchen über die eigene Anspruchsgrundlage § 831 BGB[235]. Zu bedenken ist hierbei, daß die Beklagtenseite bei gerichtlicher Auseinandersetzung im Rahmen dieses deliktischen Anspruches den Ausschluß ihrer Ersatzpflicht darzulegen hätte. So könnte sie etwa vortragen, welche Museumsmitarbeiter die Beschädigungen verursacht haben, daß die Beklagte bei deren Auswahl die im Verkehr erforderliche Sorgfalt beachtet hat bzw. daß der Schaden auch bei Anwendung dieser Sorgfalt entstanden wäre[236].

Zur Höhe eines Schadensersatzanspruches des Verleihers gegen den Entleiher ist beim Kulturgüteraustausch vertraglich oftmals zweierlei festgelegt: Im Fall

---

230 Vgl. Schlechtriem, RN 269; Larenz, § 50; Behrens/de Lazzer, 221.
231 Vgl. MünchKomm-Kollhosser, § 603, RN 3.
232 Vgl. etwa § 8 Leihvertrag Schirn Kunsthalle Frankfurt (Anhang Nr. 1), bzw. Leihvertrag Akademie der Künste / Bildende Kunst Berlin (Anhang Nr. 5).
233 Vgl. zu den Einzelheiten und der Kritik an einer solchen Versicherung durch Museumsleiter den Beitrag von Händler, Art 8/1994, 120.
234 Vgl. OLG Augsburg, OLGZ 39, 149 (150).
235 So bspw. im Fall OLG Düsseldorf NJW 1990, 2000 (2001) - Expressionisten-Dauerleihgabe, in dem Mitarbeiter des als Entleiher beklagten Museums in Ausführung der Vorbereitung der Bilder für die Ausstellung und Aufbewahrung nach der Ausstellung den Exponaten Schäden zufügten.
236 All dies ist im Fall OLG Düsseldorf, NJW 1990, 2000 - Expressionisten-Leihgabe - seitens der Beklagten nicht dargelegt worden.

des Totalschadens hat der Entleiher den festgesetzten Wert der Leihsache zu ersetzen[237], wobei dieser Wert unter Umständen den Veränderungen des Preisniveaus auf dem Kunstmarkt auch während der Leihdauer entsprechend angepaßt werden kann. Bei allen anderen Schäden, die nicht Totalschäden sind, wird die Höhe des Schadens durch den Verleiher bzw. einen neutralen Sachverständigen[238] festgesetzt, wobei auch etwaige Versicherungsleistungen Berücksichtigung finden können[239]. Bei diesen "anderen" Schäden kann sich allerdings die Frage ergeben, wie die im Fall einer Restaurierung verbleibende Wertminderung zu bemessen ist. Hier ist es wohl am zweckmäßigsten, unter Berücksichtigung des § 1025 ZPO auf einem gesonderten Schriftstück eine Schiedsgutachtervereinbarung abzuschließen[240].

Eine Ausnahme in dem Zusammenhang bildet § 602 BGB, demzufolge der Entleiher die durch vertragsgemäßen Gebrauch herbeigeführten Veränderungen oder Verschlechterungen der Leihsache nicht zu vertreten hat. Bei dieser, allerdings abdingbaren[241], Regelung kann unter tatsächlichen Gesichtspunkten das schwierige Problem auftauchen, wann eine Veränderung oder Verschlechterung vom vertragsgemäßen Gebrauch herrührt[242].

Während der Leihdauer ist der Entleiher gegenüber dem Verleiher zum Besitz berechtigt; weiterhin trifft ihn in diesem Zeitraum eine Obhutspflicht[243].

Im Gegensatz zu den die Haftung begründenden Umständen wie vertragswidriger Gebrauch, Verletzung der Obhutspflicht sowie Unmöglichkeit oder Verzögerung der Rückgabe[244] hat der Entleiher nach den Maßgaben des Gesetzgebers weder den zufälligen Untergang der Leihsache noch deren zufällige Verschlechterung während der Besitzzeit bzw. auf dem Rücktransport zu vertreten[245]. Damit ist die Haftung in derartigen Fällen ausgeschlossen[246]. Zwar könnte hier eingewandt werden, daß der historische Gesetzgeber bei der Entleiherhaftung ausschließlich die oben genannten Ausnahmetatbestände vorge-

237 Vgl. § 9 Leihvertrag Schirn Kunsthalle Frankfurt (Anhang Nr. 1).
238 Vgl. § 9 Leihvertrag Schirn Kunsthalle Frankfurt (Anhang Nr. 1).
239 Vgl. § 9 Leihvertrag eines hessischen Museums (Anhang Nr. 7).
240 Vgl. Behrens/de Lazzer, 221.
241 Vgl. u.a. Palandt-Putzo, § 601, RN 1.
242 Vgl. Behrens/de Lazzer, 221 mit dem Hinweis auf die in diesem Zusammenhang am häufigsten auftretenden Beschädigungen, nämlich den vom Publikum herrührenden Finger- und Manipulationsspuren.
243 Vgl. Larenz, § 50.
244 Vgl. Brox, RN 219; Schlechtriem, RN 269; Staudinger-Reuter, § 602, RN 3.
245 Vgl. Larenz, § 50.
246 Vgl. RGRK-Gelhaar, § 602, RN 1; a.A.: Reichel, LZ 1922, 543f.

sehen hat[247]. Demgegenüber steht allerdings die den speziellen Fall der Leihe überlagernde Tatsache, daß Hintergrund dieses Haftungsausschlusses die grundsätzliche Entscheidung des Gesetzgebers ist, eine Zufallshaftung nur für bestimmte Fälle, wie beispielsweise §§ 287 S. 2, 848 BGB, explizit anzuordnen.

Allenfalls für einen vom Entleiher geschaffenen "Dauerzustand des Unrechts" - der Entleiher überläßt entgegen § 603 S. 2 BGB einem Dritten den Vertragsgegenstand, bei dem dieser dann zufällig zerstört wird - erscheint eine Haftung des Entleihers durch analoge Anwendung des § 287 S. 2 BGB interessengerecht[248].

Im konkreten Fall des Kulturgüteraustausches können sich in diesem Zusammenhang dann Rechtsprobleme ergeben, wenn in einem entsprechenden Leihvertrag - wie dies oftmals geschieht - eine Haftung des Entleihers für alle Schäden vereinbart wird, die dadurch entstehen, daß die Leihgabe während der Leihdauer zerstört, beschädigt oder verändert wird bzw. abhanden kommt. Diese Haftung soll auch dann eintreten, wenn der Schaden auf Umständen beruht, die der Entleiher nicht zu vertreten hat[249]. Auch durch den Abschluß einer entsprechenden Versicherung soll die Haftung des Entleihers nicht gemindert werden. So hätte der Entleiher auch dann zu haften, wenn Leihgaben gestohlen werden und dieser Diebstahl weder auf ein schuldhaftes Verhalten des Entleihers noch seines Erfüllungsgehilfen zurückgeführt werden könnte[250].

---

247 Vgl. hierzu Jakobs/Schubert, Recht der Schuldverhältnisse II, 764; ausf. Schubert, Schuldrecht 2, 487ff.

248 So bspw. BGHZ 37, 306 (310); Staudinger-Reuter, § 602, RN 3; Palandt-Putzo, § 603, RN 2; Brox, RN 219. Vgl. auch Schubert, Schuldrecht 2, 493f.

249 Vgl. etwa § 3 I Leihvertrag Museum Folkwang Essen (Anhang Nr. 3); § 8 II Leihvertrag eines hessischen Museums (Anhang Nr. 7); Bestimmung Nr. 5 I Leihvertrag Hamburger Kunsthalle (Anhang Nr. 6). Dies wird allerdings in den Verträgen, in denen große Museen als Entleiher auftreten, wiederum abbedungen und auf eine Verschuldenshaftung des Entleihers reduziert, wie etwa im Fall des § 3 Leihvertrag Museum Folkwang Essen (Anhang Nr. 4).

250 In dem Zusammenhang sei auf den spektakulären Raub von drei Gemälden (J.M.W. Turners "Schatten und Dunkelheit - der Abend der Sintflut", "Licht und Farbe (Goethes Theorie) - der Morgen nach der Sintflut - Mose schreibt das Buch Genesis" und C.D. Friedrichs "Nebelschwaden") am 28.07.1994 aus der Kunsthalle Schirn, Frankfurt, hingewiesen. Die beiden Werke von Turner, die im übrigen als "Summe des gesamten Entwicklungsweges von Turner" (Bockemühl, 88) angesehen werden können und deswegen einen besonders großen Verlust darstellen, waren Leihgaben der Londoner Tate-Gallery, das Friedrich-Werk wurde leihweise von der Kunsthalle Hamburg zur Verfügung gestellt (vgl. FAZ v. 30.07.1994, 21). Alle Gemälde zusammen haben entgegen anderslautenden ersten Meldungen einen Versicherungswert von ca. 60 Millionen DM (FAZ v. 02.08.1994, 25). Derartige Taten könnten zur Folge haben, daß Verleiher künftig zurückhaltender werden, da fraglich ist, ob es sich lohnt, das Verlustrisiko durch, auch gründlich durchdachte, Sicherungssysteme an verschiedenen Ausstellungsorten in Kauf zu nehmen, vgl. Bartetzko, FAZ v.

Eine derartig weitgehende Haftung erscheint gerade vor dem Hintergrund o.a. Ausführungen zur Zufallshaftung nicht unbedenklich. Zwar sind die Normen der §§ 276ff BGB grundsätzlich abdingbar, womit eine Haftung des Entleihers auch für Schäden durch vertragsgemäßen Gebrauch oder sonstige Zufallsschäden vereinbart werden kann[251]. Dies darf aber nicht dazu führen, die Wertungen des Gesetzgebers, die dieser mit der Begrenzung von Zufalls- bzw. Gefährdungshaftung auf bestimmte Fälle festgelegt hat, vollständig aus dem Blick zu verlieren. Denn zumindest einer Inhaltskontrolle gemäß § 9 II Nr. 1 AGBG dürfte eine solche verschuldensunabhängige Haftung nicht standhalten, da das haftungsrechtliche Verschuldensprinzip als wesentlicher Grundgedanke im Sinne dieser Norm zu sehen ist[252].

Ein weiteres Rechtsproblem wirft die Frage auf, worin ein Verzicht auf die Geltendmachung von Schadensersatzansprüchen bestehen kann. So sind bestehende Schadensersatzansprüche des Verleihers gegen den Entleiher von Exponaten nicht insoweit ausgeschlossen, als der Verleiher realiter beschädigte Objekte nach Beendigung der Ausstellung im Rückgabeprotokoll als "unbeanstandet" zurückgenommen hat, da die Substanzbeeinträchtigung nicht von ihm erkannt worden ist. Eine solche Bestätigung zeigt in der Regel nur, daß vom Verleiher insoweit keine Beanstandungen erhoben wurden. Sie läßt sich aber nicht dahingehend deuten, daß der Verleiher auf die Geltendmachung von Schadensersatzansprüchen verzichtet hat[253]. Denn ein entsprechender Verzicht auf Schadensersatzansprüche würde voraussetzen, daß der Verleiher einerseits die Schäden an den Kunstobjekten erkannt hat und andererseits, in Kenntnis dieser Schäden, rechtsverbindlich erklärt hat, er wolle aus diesen Beschädigungen keine Rechte gegen den Entleiher herleiten[254].

01.08.1994, 23 und Kipphoff, Die Zeit v. 05.08.1994, 35. Siehe zum Tatablauf i. e. FAZ v. 30.07.1994, 1 und FAZ v. 30.07.1994, 7. Gerade unter dem Blickwinkel der Verbringung gestohlener Kunstwerke ins Ausland ist an diesem Raub interessant, daß nahezu zwei Wochen danach noch keine Anhaltspunkte für ein solches Wegschaffen der Exponate gefunden werden konnten, vgl. dpa-Meldung v. 09.08.1994. Damit bleiben völkerrechtliche, europarechtliche und internationalprivatrechtliche Überlegungen, wie sie sonst im Rahmen des internationalen Kulturgüterschutzes angestellt werden, zunächst unberücksichtigt. Vgl. zu diesem letztgenannten Aspekt auch Siehr, SJZ 81, 189 (190).

251 Vgl. MünchKomm-Kollhosser, § 603, RN 4.

252 Vgl. etwa BGHZ 115, 42.

253 Vgl. OLG Düsseldorf, NJW 1990, 2000 (2001) - Expressionisten-Dauerleihgabe.

254 Vgl. OLG Düsseldorf, NJW 1990, 2000 (2001) - Expressionisten-Dauerleihgabe; in diesem Fall kam nicht nur hinzu, daß die Rückgabe von 613 Exponaten in einem Zeitraum von 8.5 Stunden durchgeführt wurde und somit für eine adäquate Überprüfung zu kurz war. Zu berücksichtigen war auch die Erkennbarkeit der Schäden: Im konkreten Fall sind auf den ersten Blick verborgen gebliebene Schäden erst bei einer zweiten Untersuchung sichtbar geworden.

IV. Die Verjährung der Ansprüche aus dem Leihvertrag

Wie oben[255] gesehen, können sich für den Verleiher gegen den Entleiher vertragliche bzw. deliktische Haftungsansprüche ergeben. Problematisch ist nun, innerhalb welchen Zeitraumes der Verleiher diese Ansprüche geltend zu machen hat, oder - anders formuliert - wann eine Verjährung droht.

Für die aus dem Leihvertrag entstandenen Ansprüche gilt eine Verjährungsfrist von sechs Monaten, vgl. § 606 S. 1 BGB unter Berücksichtigung der Vorgaben des § 558 II, III BGB, vgl. § 606 S. 2 BGB. Dies gilt unumstritten für die Ansprüche des Entleihers gegen den Verleiher[256]. Während auch noch Einigkeit darüber herrscht, daß sich die Verjährung für Ersatzansprüche des Verleihers wegen Veränderung oder Verschlechterung nach § 606 BGB richtet[257], ist umstritten, ob § 606 BGB auch für die konkurrierenden deliktischen Ansprüche wegen Eigentumsverletzung gelten soll[258].

Nach einer Auffassung ist die Anwendung des § 606 BGB in diesem Fall abzulehnen, da sonst der Verleiher schlechter gestellt wäre als jemand ohne Vertrag, dessen Deliktsanspruch erst nach drei Jahren verjähren würde, vgl. § 852 I BGB[259]. Der Gegenauffassung zufolge unterliegen auch die deliktischen Ansprüche des Verleihers gegen den Entleiher der kurzen Verjährungsfrist des § 606 BGB[260].

Letztgenanntem Standpunkt ist zu folgen. Zwar erscheint aus der Perspektive des Verleihers die Frist des § 852 I BGB günstiger. Abzustellen ist aber, neben den Interessen des Entleihers, primär auf die ratio des § 606 BGB. Diesem Normzweck zufolge dient, auf Basis des aus §§ 558, 581 II, 1057 BGB fließenden Rechtsgedankens[261], die kurze Verjährungsfrist des § 606 BGB der möglichst "raschen Auseinandersetzung der Betheiligten"[262]. Diese kurze Frist

---

255 Vgl. dieses Kapitel, Abschnitt III.
256 Vgl. Medicus, § 92 II.4.
257 Vgl. Medicus, § 92 II.4.
258 Vgl. hierzu Staudinger-Reuter, § 606, RN 8f.
259 So Medicus, § 92 III.; vgl. auch Behrens/de Lazzer, 222.
260 So bspw. RGZ 66, 363 (364) - Miete; BGHZ 47, 53 (55f); BGHZ 54, 264 (267); BGH NJW 1964, 545; BGH NJW 1964, 1225; BGH NJW 1985, 798 - Miete; BGH NJW 1987, 2072 - Miete; OLG Düsseldorf NJW 1990, 2000 (2001) - Expressionisten-Dauerleihgabe; MünchKomm-Kollhosser, § 606, RN 4; RGRK-Gelhaar, § 606, RN 1; Erman-Werner, § 606, RN 1; Palandt-Putzo, § 606, RN 1; Jauernig-Vollkommer, § 606, Anm. 1. b. aa.; Staudinger-Reuter, § 606, RN 9; Schlechtriem, RN 270; Larenz, § 50.
261 Vgl. MünchKomm-Kollhosser, § 606, RN 1.
262 Vgl. Prot. II, 177, 194. Vgl. in diesem Zusammenhang auch Jakobs/Schubert, Recht der Schuldverhältnisse II, 717f.

des § 606 BGB ist deswegen zur Sicherung des Rechtsfriedens und der Vermeidung von Beweisnot wünschenswert[263]. Jene ratio des § 606 BGB würde dann unterlaufen, wenn nach Verjährung des vertraglichen Schadensersatzanspruches ein deliktischer Schadensersatzanspruch aus demselben Sachverhalt durchgesetzt werden könnte[264]. Damit würde der Zweck der kurzen Verjährung verfehlt, der auch im Zwang zur schnellen Auseinandersetzung im Interesse sachgerechter Entscheidbarkeit liegt[265]. Zusammenfassend ist somit festzustellen, daß die kurze Verjährungsfrist, die - auch im Fall von Wanderausstellungen - mit der Rückgabe des Objekts beginnt[266], des § 606 BGB auch Anwendung auf deliktische Ansprüche des Verleihers gegen den Entleiher findet.

V. Die Beendigung des Leihvertrages

Da im Rahmen des Kulturgüteraustausches sowohl befristete als auch unbefristete Leihen (Dauerleihgaben) vereinbart werden können, kann sich die Problematik der Beendigung des Leihvertrages und damit des entsprechenden Beendigungsgrundes ergeben. Dies ist besonders im Fall der Dauerleihgaben von Bedeutung.

Die Beendigung des Leihvertrages beurteilt sich danach, ob es sich um eine befristete oder unbefristete[267] Leihe handelt. Ungeachtet dessen wird in Leihverträgen, die dem Kulturgüteraustausch zugrundeliegen, oftmals vereinbart, daß der Entleiher die Leihgabe jederzeit zurückgeben kann.

Bei befristeter Leihe - im Rahmen des Kulturgüteraustausches die Regel - endet diese mit Ablauf der vereinbarten Leihzeit, § 604 II 1 BGB. Hierbei ist oftmals vertraglich festgelegt, daß diese Leihzeit nicht unbedingt mit der Ausstellungsdauer identisch sein muß. Aufgrund der notwendigen Vor- und Nachbereitung einer Sonderausstellung umfaßt die Leihdauer in der Regel einen längeren Zeitraum. Dabei ist irrelevant, ob die zeitliche Begrenzung mit Vertragsschluß oder später durch Aufhebungsvertrag geschlossen wurde[268].

---

263 So MünchKomm-Kollhosser, § 606, RN 11.
264 Vgl. MünchKomm-Kollhosser, § 606, RN 4.
265 So Staudinger-Reuter, § 606, RN 9.
266 Vgl. Behrens/de Lazzer, 222.
267 Eine solche unbefristete Leihe liegt bei der Vereinbarung von Dauerleihgaben vor. Vgl. in dem Zusammenhang die auf das Jahr 2000 angelegte Werk-Kollektion von Fotokünstlern des Sprengel Museum, Hannover, die sich teilweise aus Dauerleihgaben rekrutiert (vgl. Art 8/1994, 126).
268 Vgl. Fikentscher, RN 843.

Liegt eine unbefristete Leihe vor, ist zu differenzieren zwischen den Beendigungsgründen des § 604 II, III BGB und den Kündigungsgründen des § 605 Nr. 1-3 BGB. So kann der Verleiher die Sache einerseits im Rahmen des § 604 BGB nach Gebrauchsbeendigung zurückfordern, andererseits gemäß § 604 III BGB ohne Kündigung und ohne Gebrauchsbeendigung durch einfache Rückforderung, wenn der Zweck der Leihe über deren Dauer nichts aussagt. Davon zu unterscheiden ist das Recht des Verleihers zur fristlosen[269] Kündigung unter den Voraussetzungen des § 605 Nr. 1-3 BGB. Vor dem Hintergrund des Kulturgüteraustausches ist davon auszugehen, daß - wenn keine rechtliche Befristung vorgenommen wurde - die aufgeführten Exponate des Leihgebers solange dem Entleiher zur Verfügung stehen, bis sie der Verleiher zurückruft[270]. Dieser Fall stellt aber eher die Ausnahme dar.

Aufgrund der Tatsache, daß dem Entleiher von Kunstwerken zahlreiche Pflichten zu deren Erhaltung und ordnungsgemäßer Pflege auferlegt sind, ist beim Austausch von Kulturgütern vor allem § 605 Nr. 2 BGB von Bedeutung. Diese Norm räumt dem Verleiher nicht nur ein Kündigungsrecht ein, wenn dieser die Leihsache vertragswidrig gebraucht, § 603 S. 1 BGB, oder gemäß § 603 S. 2 BGB einem Dritten überläßt. Der Verleiher hat auch dann ein Kündigungsrecht auf Basis des § 605 Nr. 2 BGB, wenn der Entleiher in sonstiger Weise seine Obhutspflicht verletzt und dadurch die Leihsache erheblichen Gefährdungen aussetzt[271]. Als eine solche Obhutspflicht des Entleihers, die "in sonstiger Weise" verletzt werden kann, kommt die Vornahme regelmäßiger Klimaaufzeichnungen in Betracht. Werden die geforderten Bedingungen nicht eingehalten, hat der Verleiher das Recht, die Leihgabe vorzeitig zurückzuziehen[272]. In dem Zusammenhang ist eine vorherige Abmahnung des Verleihers gegenüber dem Entleiher nicht erforderlich[273].

Denkbar ist beim Kulturgüteraustausch auch die Beendigung des Leihvertrages durch Kündigung aus wichtigem Grund. Dieser aus § 242 BGB fließende und für alle Dauerschuldverhältnisse geltende Kündigungsgrund[274] wird bei der Leihe von Kunstobjekten häufig dahingehend konkretisiert, daß als wichtiger Grund entweder der eigene Bedarf des Verleihers oder die Verletzung der

---

269 Vgl. Jauernig-Vollkommer, § 605, Anm. 1; Schlechtriem, RN 271.
270 Vgl. von Schorlemer, 368.
271 Vgl. MünchKomm-Kollhosser, § 605, RN 6.
272 Vgl. von Schorlemer, 368.
273 Vgl. Mot. II, 452.
274 Vgl. MünchKomm-Kollhosser, § 605, RN 1.

vertraglichen Bestimmungen durch den Entleiher angesehen wird[275]. Letzterer wird aber in der Regel schon durch die speziellere Norm des § 605 Nr. 2 BGB erfaßt sein.

275 Vgl. etwa § 2 Leihvertrag Schirn Kunsthalle Frankfurt (Anhang Nr. 1) und Bestimmung Nr. 9 Leihvertrag Kunsthalle Hamburg (Anhang Nr. 6).

Kapitel 3:

Das Abhandenkommen und die Bösgläubigkeit beim Kulturgüteraustausch

I. Das Abhandenkommen von Kulturgütern

Ein dingliches Rechtsproblem beim Kulturgüteraustausch stellt die Frage dar, ob ein Abhandenkommen im Sinne des § 935 I S. 1 BGB anzunehmen ist, wenn ein bösgläubiger Eigenbesitzer unfreiwillig den Besitz an einem Kunstgegenstand an einen Dritten verliert. Lehnt man ein Abhandenkommen in diesem Fall ab, wäre weiterhin zu prüfen, ob ein gutgläubiger Eigentumserwerb gemäß §§ 929, 932 BGB an dem fraglichen Objekt in Betracht kommt, was dann auf die im Mittelpunkt stehende Frage der Bösgläubigkeit hinausläuft.

Nach einer zusammenfassenden Erörterung der allgemein geltenden Grundsätze des gutgläubigen Erwerbs abhandengekommener Sachen (1.) wird auf die eben angedeutete besondere Konstellation eingegangen (2.). Es folgt die Darlegung der kontroversen Ansichten in Rechtsprechung und Literatur (3.). Abschließend und unter Berücksichtigung der Funktion des gutgläubigen Erwerbs speziell von Kulturgütern finden sich Überlegungen, wie man dem Kulturgüterschutz in solchen Fällen gerecht werden kann (4.).

1. Grundsätze des gutgläubigen Erwerbs abhandengekommener Sachen

Der gutgläubige Erwerb vom Nichtberechtigten gemäß §§ 932-934 BGB wird dann ausgeschlossen, wenn die Sache abhandengekommen ist, § 935 I BGB.

Unter Berücksichtigung des Umstandes, daß der Gesetzgeber mit den Beispielen des "gestohlen worden" und "verlorengegangen" zwei Unterfälle des Abhandenkommens nennt, ist eine Sache dann abhandengekommen, wenn sie "dem unmittelbaren Besitzer ohne seinen Willen aus dem Besitz gekommen ist."[276] Somit besteht das Abhandenkommen einerseits aus dem objektiven Element des Besitzverlustes, andererseits dem Willensmoment der Unfreiwilligkeit des Verlustes.

---

276 Vgl. Wolff/Raiser, § 69 I 1; nicht notwendig ist, daß die Sache dem unmittelbaren Besitzer gegen dessen Willen aus dem Besitz gekommen ist (Baur, § 52 V 2 b).

Anknüpfend an den Besitz interessiert im hier vorliegenden Zusammenhang nur das objektive Element des Besitzverlustes. Hier sind folgende Varianten denkbar: Grundsätzlich kann die Sache dem Eigentümer abhandenkommen, wenn er den unmittelbaren Besitz an ihr hatte, wobei auch Mitbesitz ausreicht. In diesem Fall ist die Sache dann dem mitbesitzenden Eigentümer abhandengekommen, wenn der andere Mitbesitzer sie ohne dessen Willen an einen Dritten veräußert[277]. Weiterhin ist die Sache abhandengekommen, wenn ein Besitzdiener, § 855 BGB, des Eigentümers[278] die Sache veräußert hat[279]. Die Sache ist auch dann abhandengekommen und ein gutgläubiger Erwerb damit ausgeschlossen, wenn gemäß § 935 I S. 2 BGB der Eigentümer nur mittelbarer Besitzer war und sein Besitzmittler den unmittelbaren Besitz ohne dessen Willen verliert[280].

2. Der unfreiwillige Besitzverlust des bösgläubigen Eigenbesitzers

Umstritten ist in diesem Zusammenhang nun die Konstellation, innerhalb derer der unmittelbare Besitzer, der ohne seinen Willen die Sache verliert, nicht Besitzmittler des Eigentümers ist. Zur besseren Veranschaulichung dieser Problematik folgendes Beispiel:

Der Eigentümer E leiht dem Direktor des Museums M eines seiner Aquarelle. Dieser veräußert das Gemälde an den bösgläubigen B, da ihm der B eine hohe Summe dafür versprochen hat. Jenem wird schließlich das Bild vom Dieb D gestohlen, der es sogleich an den gutgläubigen Sammler S verkauft.

Hier tauchen zwei Rechtsprobleme auf: Die Betrachtung des zweiten Problems des gutgläubigen Erwerbs von Kunstwerken gem. §§ 929, 932 BGB hängt von der Beantwortung des ersten Rechtsproblemes ab. Bei diesem stellt sich die Frage, ob bei der vorliegenden Konstellation dann ein Abhandenkommen zu bejahen ist, wenn der bösgläubige Eigenbesitzer unfreiwillig seinen Besitz verliert. Nur bei Verneinung eines Abhandenkommens wäre anschließend auf die Problematik des gutgläubigen Erwerbs einzugehen. Im Mittelpunkt der fol-

---

277 Vgl. Tiedtke, 39.

278 Vgl. etwa zur Problematik von Soldaten als Besitzdienern von Dienstgegenständen OLG München, NJW 1987, 1830 (Degen des Helmuth-James Graf Moltke).

279 Der Besitzdiener hat keinen unmittelbaren Besitz; bricht er also den unmittelbaren Besitz des Besitzherrn, so kommt die Sache ohne dessen Willen aus seinem Besitz.

280 Gibt der Besitzmittler allerdings den unmittelbaren Besitz freiwillig weg, so ist ein Abhandenkommen zu verneinen, da der Eigentümer selbst mittelbar den Rechtsschein veranlaßt hat, durch den sich ein Dritter bei der Verfügung ausweist, vgl. Schapp, II 4 a.

genden Ausführungen stehen somit einerseits der bösgläubige Eigenbesitzer, der unfreiwillig das Eigentum verliert, und andererseits ein Erwerber, bei dem zu prüfen ist, ob er gutgläubig Eigentum an dem Kunstobjekt erwerben kann.

3. Die Ansichten in Rechtsprechung und Literatur

Die Frage[281], ob § 935 I BGB auch Anwendung findet, wenn der bösgläubige Eigenbesitzer, der unfreiwillig die Sache verliert, nicht Besitzmittler des Eigentümers ist[282], kann allein durch den Wortlaut des § 935 I S. 2 BGB nicht geklärt werden. Damit scheidet eine direkte Anwendung der Norm aus. Vor dem Hintergrund des § 935 I S. 2 BGB entwickelte sich nun die Kontroverse um die Frage, ob möglicherweise eine analoge Anwendung dieser Norm in Betracht kommt.

Einer Auffassung zufolge liegt eine Regelungslücke vor, da der Wortlaut unmittelbar nicht weiterhelfe. Nach Sinn und Zweck des § 935 I BGB müsse aber ein Abhandenkommen immer dann bejaht werden, wenn auf Seite des Eigentümers ein unfreiwilliger Besitzverlust eingetreten sei[283]. Damit sei im Fall dieses Besitzverlustes eines bösgläubigen Eigenbesitzers § 935 I S. 2 BGB analog anzuwenden[284]. Danach wäre ein Abhandenkommen zu bejahen und, daraus resultierend, ein gutgläubiger Erwerb nicht möglich.

Von der Gegenansicht wird vertreten, daß eine Analogie bei vorliegender Konstellation nicht in Frage kommt[285]. Nach dieser Meinung würde ein Abhandenkommen ausscheiden und die Möglichkeit eines gutgläubigen Erwerbs wäre zu prüfen. Es wird darauf hingewiesen, daß schon angesichts der abschließenden Regelung des § 935 BGB eine Analogie unzulässig sei; der

281 Von Wolff (10. Aufl., § 69 I 2 FN 2) als mehr grundsätzliche denn praktische Frage qualifiziert, was allerdings nicht zuletzt angesichts des hier gebildeten Beispiels wohl nicht (mehr) der Fall sein dürfte.

282 Damit kommt im Fallbeispiel nur B in Frage; die Figur des Entleihers M scheidet aus, da es sich bei der Leihe um ein den in § 868 BGB aufgezählten Besitzmittlungsverhältnissen ähnliches Verhältnis handelt, vgl. Palandt-Bassenge, § 868, RN 14.

283 So Baur, § 52 V 2 a aa.

284 Vgl. Baur, § 52 V 2 a aa; Erman-Westermann, § 935, RN 5; Westermann (5. Aufl.) § 49 I 5; Musielak JuS 92, 713 zu II 5; M. Wolff (9. Aufl.), § 69 I 2; Planck-Brodmann, § 935, Erl. 4; Schapp, § 12 II 4 a.

285 Vgl. OLG Düsseldorf, JZ 1951, 269; Anm. L. Raiser zu OLG Düsseldorf, JZ 1951, 260; RGRK-Pikart, § 935, RN 29; Jauernig-Jauernig, § 935, Anm. 2 b dd; Heck, 255; Staudinger-Wiegand, § 935, RN 6; Palandt-Bassenge, § 935, RN 1; MünchKomm-Quack, § 935, RN 7; Westermann (6. Auflage), I § 49 I 5; Müller, RN 2415b; E. Wolf, 237f; M. Wolff (10. Aufl.), § 69 I 2; Warneyer § 935, Anm. 2; Düringer-Hachenburg, § 366, Vor § 366/7 Anm. 40. Unentschieden: Lent, 102.

Wortlaut der Norm sei insoweit ebenso eindeutig wie ihr Zweck[286]. Abzustellen sei auf den Schutz gerade des Eigentümers vor den Folgen des unfreiwilligen Besitzverlustes. Befinde sich aber die Sache, ohne dem Eigentümer abhanden gekommen zu sein, im Besitz eines anderen Eigenbesitzers, so sei gerade der wesentliche Anknüpfungspunkt der Regelung des § 935 I BGB schon weggefallen[287].

4. Die Funktion des § 935 I BGB

Ein denkbarer Ansatz zur Klärung der Frage, ob der unfreiwillige Besitzverlust eines bösgläubigen Eigenbesitzers ein Abhandenkommen durch analoge Anwendung des § 935 I BGB begründet, liegt in einer Untersuchung der Funktion des § 935 I BGB. Bei einer solchen Betrachtung wird deutlich, daß der Erwerb vom Nichtberechtigten nur dann möglich sein soll, wenn der Eigentümer einen Rechtsschein, hier kommt der des Besitzes in Betracht, veranlaßt hat. Liegt aber eine derartige Besitzüberlassung nicht vor, läßt das Gesetz mit § 935 I BGB die Interessen des Rechtsverkehrs hinter dem Bestandsschutz des Eigentümers zurücktreten[288], womit an abhandengekommenen Sachen deshalb der Erwerb vom Nichtberechtigten in der Regel[289] ausgeschlossen ist.

Neben dem Wortlaut des § 935 I BGB zeigt diese grundsätzliche Überlegung, daß der Person des Eigentümers im Zusammenhang mit der Frage des Abhandenkommens große Bedeutung zukommt. Die zentrale Stellung des Eigentümers steht auch über den verschiedenen "Erklärungsversuchen"[290] zu § 935 BGB: Gleich, ob man in § 935 BGB eine Korrektur des Rechtsscheinprinzips durch den Veranlassungsgedanken sieht, wonach der Eigentumsverlust dem Eigentümer nur zuzurechnen ist, wenn er das Auseinanderfallen von Eigentum und Besitz veranlaßt hat und damit die Grundlage des Rechtsscheins geschaffen hat[291], oder mit den Vertretern des Risikoprinzips davon ausgeht, daß sich der Eigentümer das durch Besitzüberlassung an Dritte geschaffene Risiko zurechnen lassen muß[292] - in beiden Fällen steht grundsätzlich der Schutz des Eigentümers im Vordergrund.

286 So MünchKomm-Quack, § 935, RN 7.
287 Vgl. MünchKomm-Quack, § 935, RN 7.
288 So u.a. RGRK-Pikart, § 935, RN 1; MünchKomm-Quack, § 935, RN 1; zum historischen Hintergrund dieser Begrenzung des Rechtsscheinprinzips vgl. Staudinger-Wiegand, § 935, RN 2.
289 Die Ausnahme hierzu ist § 935 II BGB, auf den in Kapitel 5 ausführlich eingegangen wird.
290 So Staudinger in: Staudinger-Wiegand, Vor §§ 932ff, RN 21.
291 So Westermann, JuS 1963, 7; Westermann, §§ 45 III, 49.
292 So etwa Rebe, AcP 173, 190 (200f).

Nur derjenige Eigentümer ist nicht schutzwürdig, der das Auseinanderfallen von rechtsscheinbegründender Besitzlage und Verfügungsmacht veranlaßt hat, während unfreiwilliger Besitzverlust nicht den endgültigen Rechtsverlust nach sich ziehen soll[293]. So könnte man also auch im vorliegenden Fall zunächst dazu neigen, die Interessen des Eigentümers als stets überwiegend zu werten und eine entsprechende Gesetzesanalogie zu § 935 BGB bejahen. Dies könnte dann allerdings dazu führen, daß die vom Gesetzgeber festgelegten Grenzen des Eigentümerschutzes aufgeweicht und unterlaufen würden.

Vielmehr ist zu fragen, ob auch ein Eigentümer, dessen Verhältnis zur Sache derart gelockert ist, daß ihm auch kein mittelbarer Besitz mehr zuerkannt werden kann, schützenswert im Sinne des § 935 I BGB ist[294]. Bei Konstellationen wie hier ist somit auch auf die Bedeutung der Besitzposition, also die Nähe des Eigentümers zu der Sache, abzustellen. Der Eigentümer soll nämlich vor dem Verlust dieser Besitzposition geschützt werden. Im Fall des unfreiwilligen Besitzverlustes eines bösgläubigen Eigenbesitzers besteht eine solche schützenswerte Position aber nicht mehr[295]. Bei dieser Besitzposition ist also der Wortlaut des § 935 BGB ebenso eindeutig wie dessen Zweck[296]. Befindet sich nämlich die Sache im Besitz eines anderen Eigenbesitzers, so ist der Eigentümer nicht mehr im vom Gesetzgeber vorgesehenen Rahmen des § 935 I BGB geschützt[297].

Hier hilft auch eine analoge Anwendung des § 935 I BGB nicht weiter. Denn eine solche Gesetzesanalogie scheitert bereits an der mangelnden Ähnlichkeit des vom Gesetzgeber festgesetzten Tatbestandes des § 935 I BGB mit dem hier in Frage stehenden Tatbestand. Eine Analogie würde in diesem Fall gegen das Gerechtigkeitsprinzip, Gleiches gleich zu behandeln, verstoßen, wie die folgende Auseinandersetzung mit den Gegnern und Befürwortern einer derartigen Gesetzesanalogie zeigt.

So wird etwa die Auffassung vertreten, daß zwar für diejenigen, die ein Abhandenkommen negieren, der Wortlaut des § 935 I 2 BGB spreche, dieser aber angesichts der Tendenz des Gesetzes, bei unfreiwilligem Besitzverlust redlichen Erwerb auszuschließen, zu eng und somit eine Analogie notwendig sei[298]. An dieser Überlegung ist zwar zutreffend, daß das Gesetz bei unfreiwilligem

293 Vgl. Staudinger-Wiegand, § 935, RN 2.
294 Vgl. L. Raiser, Anm. zu OLG Düsseldorf, JZ 1951, 270.
295 So auch Staudinger-Wiegand, § 935, RN 6.
296 Vgl. auch Müller, RN 2415b.
297 Vgl. MünchKomm-Quack, § 935, RN 7.
298 Baur, § 52 V 2 a aa.

Besitzverlust den redlichen Erwerb ausschließt. Allerdings macht das Gesetz selbst diesen Besitzverlust von der Nähe des Eigentümers zu dessen Sache, der Besitzposition, abhängig. Wie bereits dargestellt, fehlt es aber an einer solchen bei der hier diskutierten Konstellation.

In dieselbe Richtung einer analogen Anwendung des § 935 BGB zielt das Argument, demzufolge die Nichtberücksichtigung des hier in Rede stehenden Falles im Wortlaut des § 935 I 2 BGB ein rein "sprachliches Versehen"[299] sei. Dem kann unter Hinzuziehung der Motive zum Sachenrecht nicht gefolgt werden: Danach ist nämlich festzustellen, daß der Gesetzgeber sehr wohl gesehen hat, daß sich der Eigentümer gegen die Veräußerung einer Sache dadurch genügend schützen kann, indem er die "Inhabung nicht aus der Hand giebt[300]." In dem Sinne ist weiter zu konstatieren, daß es der Regelfall sei, daß dem "Inhaber die Inhabung vom Eigenthümer überlassen ist[301]." Demgegenüber sei bei abhandengekommenen Sachen der gutgläubige Rechtserwerb auszuschließen. Der Grund: "Die prinzipielle Voraussetzung für die gemachte Ausnahme liegt in dem Verluste der Inhabung ohne den Willen des Inhabers (...)[302]."

Diese letzten Ausführungen, die auch einer in dem Zusammenhang geforderten "teleologischen Extension"[303] entgegenstehen, zeigen, daß sich der Gesetzgeber bei der von ihm zu regelnden Problematik sehr wohl der Aspekte "Eigentümerschutz" und "Besitzposition" bewußt war, was somit der Möglichkeit eines "sprachlichen Versehens" entgegensteht. Wenn dies anders wäre, hätte sich der Gesetzgeber nämlich in § 935 I BGB auf die einfache Aussage beschränken können, daß ein Abhandenkommen der Sache den gutgläubigen Erwerb ausschließe[304].

Im Ergebnis ist somit der Auffassung den Vorzug zu geben, dergemäß eine Analogie unter Berücksichtigung des eindeutigen Zwecks und Wortlauts des § 935 I BGB nicht in Frage kommt. Damit ist ein Abhandenkommen bei unfreiwilligem Besitzverlust des bösgläubigen Eigenbesitzers zu verneinen.

Konsequenterweise ist im folgenden zu klären, ob ein Dritter im Anschluß an den Besitzverlust des Eigenbesitzers gutgläubig Eigentum an der fraglichen Sache erwerben kann.

---

299 So in Planck-Brodmann (5. Aufl.), § 935, Erl. 4, letzter Absatz.
300 Vgl. Mot. III, 344.
301 Vgl. Mot. III, 348.
302 Vgl. Mot. III, 348.
303 Musielak, JuS 1992, 713 (723).
304 So Westermann (6. Aufl.), § 49 I 5.

II. Die Bösgläubigkeit beim Erwerb von Kulturgütern vom Nichtberechtigten

In zahlreichen Fällen des Verlustes von Kunstwerken wird der Besitzer versuchen, diese weiterzuveräußern. Hieraus ergibt sich die Rechtsproblematik, ob unter Berücksichtigung sowohl von Eigentümerschutz als auch Verkehrsinteressen ein gutgläubiger Erwerb an solchen Objekten möglich ist.

Ausgegangen wird im folgenden von den allgemeinen Grundsätzen des gutgläubigen Erwerbs an Sachen (1.), gefolgt von einer Untersuchung unter Umständen zu berücksichtigender Besonderheiten für Kulturgüter (2.). Die Erörterung besonderer Aspekte beim gutgläubigen Erwerb gerade von Kunstwerken schließen sich an (3.); den Abschluß bildet eine ausführliche Betrachtung des britischen "International Art & Antique Loss Register Ltd" (4.).

1. Der gutgläubige Erwerb

Im Rahmen des gutgläubigen Erwerbs beweglicher Sachen ist es zunächst der Rechtsschein des Besitzes[305], der dem Erwerber zeigt, daß der Veräußerer auch Eigentümer der Sache ist[306]. Das Vertrauen des Erwerbers auf diesen Rechtsscheinträger ist aber nur dann gerechtfertigt, wenn der Erwerber nicht bösgläubig ist[307]. Der Gesetzgeber hat aus diesem Grund festgelegt, daß der Erwerb dann ausgeschlossen sein soll, wenn der Erwerber bösgläubig ist, also entweder positiv weiß, daß der Veräußerer nicht der Eigentümer ist oder ihm dies infolge grober Fahrlässigkeit unbekannt geblieben ist, § 932 II BGB[308]. Hierauf ist im folgenden näher einzugehen.

Hinsichtlich des positiven Wissens ist der potentielle Erwerber dann bösgläubig, wenn er die fehlende Eigentümerstellung des Veräußerers kennt, er also positiv weiß, daß dieser nicht Eigentümer ist[309]. Die Kenntnis in diesem Sinn

---

305 Vgl. BGHZ 56, 123 (128).

306 Vgl. hierzu auch Schubert/Jakobs, Sachenrecht I, 599 ("Inhabung und der Besitz des Veräußerers"), 602.

307 Die in dem Zusammenhang oft bemühte "Gutgläubigkeit" des Erwerbers ist keine Voraussetzung, vielmehr ist böser Glaube schädlich (vgl. Staudinger-Wiegand, § 932, RN 36). Aufgrund dieses, nach MünchKomm-Quack, § 935, RN 20, nicht nur äußerlich-terminologischen Unterschiedes, der auch von der Rechtsprechung nicht immer durchgehalten wird (vgl. beispielsweise BGH BB 1961, 1300), wird im folgenden die Frage der Bösgläubigkeit des potentiellen Erwerbers im Mittelpunkt der Erörterungen stehen.

308 Vgl. zu den Überlegungen des historischen Gesetzgebers hinsichtlich dieser Definition beispielsweise Schubert/Jakobs, Sachenrecht I, 608, 617.

309 So Staudinger-Wiegand, § 932, RN 41.

erfordert also Bewußtsein von der fehlenden Rechtsstellung des Veräußeres[310]. In dem Zusammenhang bleibt weiterhin, als "eigentliche Schlüsselfrage (...) bei nahezu allen Fällen des § 932"[311], zu prüfen, ob nicht grobe Fahrlässigkeit zu bejahen ist.

Im Laufe der Zeit haben sich zahlreiche Varianten für die Definition der "groben Fahrlässigkeit" entwickelt. So kann "fahrlässig" im Sinne des § 932 BGB einerseits als von der Eigentümerstellung des Veräußerers ausgehend und hierbei die im Verkehr erforderliche Sorgfalt verletzend definiert werden[312]. Nach einer anderen Auffassung ist grobe Fahrlässigkeit immer dann zu bejahen, wenn der an sich von der Übergabe ausgehende Rechtsschein durch andere Elemente zerstört oder überlagert wird[313], während wieder andere[314] von der durch die Rechtsprechung entwickelten Formel ausgehen, wonach grob fahrlässig derjenige handelt, der die erforderliche Sorgfalt in ungewöhnlich grobem Maße verletzt und dasjenige unbeachtet gelassen hat, was im gegebenen Fall jedem hätte einleuchten müssen[315]. Auch wenn die im allgemeinen verwendeten Formeln "mehr oder weniger tautologisch"[316] erscheinen, wird im folgenden aus Praktikabilitätsgründen die vom BGH entwickelte, mittlerweile "gängige"[317] Definition zugrundegelegt.

Die grobfahrlässige Unkenntnis des potentiellen Erwerbers setzt damit voraus, daß dieser die im Verkehr erforderliche Sorgfalt in ungewöhnlich hohem Maße verletzt hat und Nachforschungen unterläßt, die jedem hätten einleuchten müssen[318]. Anders formuliert ergibt sich die grobe Fahrlässigkeit im Sinne des § 932 BGB also aus einem vorwerfbar unsorgfältigen Urteil des potentiellen Erwerbers über die Eigentumslage, wobei diese Beurteilung dann unsorgfältig war, wenn der Fehler zu vermeiden gewesen wäre[319].

2. Die Bösgläubigkeit beim Erwerb von Kulturgütern

Da oftmals versucht wird, den Kunstgegenstand an einen gutgläubigen Dritten zu veräußern, sind im folgenden die Kriterien und konkreten Umstände, die

310 Vgl. BGH NJW 1961, 777.
311 So Staudinger-Wiegand, § 932, RN 42.
312 MünchKomm-Quack, § 932, RN 27.
313 So Staudinger-Wiegand, § 932, RN 54.
314 Etwa Baur, § 52 III 1 b; Schapp, § 12 II 3.
315 Erstmals BGHZ 10, 14 (16).
316 So MünchKomm-Quack, § 932, RN 27.
317 Baur, § 52 III 1 b.
318 So BGH NJW 1981, 1271 (1272); BGH NJW 1990, 899 (900).
319 So MünchKomm-Quack, § 932, RN 27.

bei der Beurteilung der Bösgläubigkeit zu berücksichtigen sind, beim Erwerb eines Kulturgutes zu erörtern.

Allerdings setzt ein - nicht nur gutgläubiger - Erwerb voraus, daß das fragliche Objekt überhaupt den sachenrechtlichen Grundsätzen der Eigentumsübertragung unterworfen ist. Dies wäre dann nicht der Fall, wenn es sich bei Kunstwerken um res extra commercium[320] handeln würde[321]. Eine solche Qualifizierung, wie sie u.a. im italienischen oder französischem Recht vorgenommen wird[322], hat zur Folge, daß das fragliche Objekt nicht den zivilrechtlichen Übertragungsformen unterworfen ist und somit ein wie auch immer gearteter Eigentumserwerb von vornherein unmöglich ist. Im deutschen Zivilrecht erfolgt eine derartige Qualifizierung nicht, mit der Folge, daß Kunst- und Kulturgüter denselben Veräußerungsregeln wie alle anderen beweglichen Sachen unterliegen[323].

In diesem Zusammenhang ist allerdings weiterhin zu bedenken, daß - im Gegensatz zu angelsächsischen Museen und Kunstsammlungen[324] - der größte Teil der deutschen Museen öffentliche Sammlungen darstellen, d.h. sie stehen etwa im Eigentum des Bundes, eines Landes oder einer Stadt[325]. Damit einher geht oftmals die Widmung der Museen und somit auch der darin befindlichen Kunstwerke für einen bestimmten Zweck[326]. Eine Widmung belastet zwar einerseits das privatrechtliche Eigentum[327]. Andererseits kann sie aber nicht die Eigentumsverhältnisse an einem Objekt ändern[328] oder beeinflussen und somit den Eigentumserwerb eines Nichtberechtigten verhindern. Daher kann etwa nach §§ 929 S. 1, 932 BGB gutgläubig Eigentum auch an einem aus einer öffentlichen Sammlung stammenden und damit gewidmeten Objekt erlangt werden[329] oder eine Ersteigerung gemäß § 935 II BGB zum Eigentumserwerb füh-

---

320 Vgl. zu den res extra commercium etwa Mot. III, 25ff, 352.
321 Vgl. hierzu etwa Mußgnug in: Kunst und Recht, 15 (22 iVm FN 15).
322 Vgl. Schmeinck, 108; Knott, 60.
323 Vgl. u.a. Schmeinck, 109.
324 Vgl. Knott, 152.
325 Anders im Fall der Privatsammlungen wie etwa der beeindruckenden Gräflichen Sammlung zu Schloß Erbach (Hessen), die von Graf Franz I. (1754-1823) zusammengetragen wurde, oder der Fürstlichen Sammlung des 1246 erstmals urkundlich erwähnten Schloß Braunfels (Hessen), die sowohl über einen Grundbestand verfügt, als auch Sonderausstellungen veranstaltet.
326 Ein solches Objekt mit öffentlich-rechtlicher Widmung war auch das der Entscheidung BGH NJW 1990, 899 zugrundeliegende Hamburger Stadtsiegel; es trägt die Inschrift "SIEGILVM + BVRGINSVM.DE.HAMMENBVRCH" (vgl. hierzu u.a. Picker, Fälscher, 143).
327 Vgl. Erichsen/Martens, § 45 II.
328 Vgl. Knott, 69.
329 In diesem Sinne schon RGZ 31, 217 (220). Vgl. hierzu auch Soergel-Mühl, Bd. Sachenrecht, RN 54 und Picker, Fälscher, 143.

ren. Aus diesem Grund konnte auch im Fall des Hamburger Stadtsiegels[330] Eigentum durch öffentliche Versteigerung erlangt werden. Bereits das Berufungsgericht war der Auffassung, daß das Siegeltypar keine res extra commercium darstelle, sondern es sich vielmehr um eine öffentliche Sache im Verwaltungsgebrauch handele, an der bürgerlichrechtliches Eigentum erlangt werden könne[331]. Der BGH schloß sich dieser Rechtsauffassung an und konstatierte, daß "eine körperliche Sache, die durch Widmung für einen öffentlichen Zweck zur öffentlichen Sache geworden ist", damit nicht zur res extra commercium werde[332].

Im folgenden wird auf die Besonderheiten eingegangen, die beim Erwerb von Kunstwerken vom Nichtberechtigten zu beachten sind. Bezüglich der Kriterien[333] zur Beurteilung der Bösgläubigkeit vor dem Hintergrund der groben Fahrlässigkeit ist zum einen der Art und Gestaltung des Erwerbsgeschäftes, zum anderen der Veräußerungssituation Beachtung zu schenken. Zu berücksichtigen sind weiterhin die Person des Erwerbers sowie die Erklärungen des Veräußerers und von ihm in dem Zusammenhang vorgelegte Urkunden. Abschließend kann auch die Vermögenslage des Veräußerers ein Indiz für die Bösgläubigkeit darstellen.

Im Rahmen der Art und Gestaltung[334] des Erwerbsgeschäftes können der Preis[335] und die Marktlage[336] das Geschäft als normal oder ungewöhnlich erscheinen lassen. So ist es hier beispielsweise nicht möglich, einen Anwalt noch als gutgläubig zu bezeichnen, der 1946 von einem aus dem besetzten Deutschland zurückgekehrten Soldaten zwei Dürer-Gemälde zum Preis von 450 US-$ erwirbt[337].

---

330 Vgl. BGH NJW 1990, 899.
331 Vgl. BGH NJW 1990, 899 (900).
332 Vgl. BGH NJW 1990, 899 (900).
333 Vgl. in dem Zusammenhang die von Quack entwickelte Aufstellung in MünchKomm-Quack, § 932, RN 32ff. Wiegand kritisiert zwar die Zusammenstellung Quacks (vgl. Staudinger-Wiegand, § 932, RN 54, FN *); zu beachten ist aber, daß Quack mit seiner Aufzählung im Ergebnis nichts anderes als eine systematische Darstellung der von Wiegand genannten, den Rechtsschein zerstörenden oder überlagernden Elemente (vgl. Staudinger-Wiegand, § 932, RN 54) gefertigt hat, der nicht zuletzt aus Praktikabilitätsgründen gefolgt werden kann.
334 Vgl. hierzu BGH BB 1966, 720.
335 So BGH BB 1967, 10; BGH BB 1969, 1455; BGH Warn 73 Nr. 3 (Erwerb eines Kunstobjekts im Wert von 80.000 DM für 7.000 DM).
336 Vgl. BGH BB 1966, 720.
337 Siehe zu der Entscheidung Kunstsammlungen zu Weimar v Elicofon, 678 F.2d 1150 (1982) auch die Beiträge von Drobnig, IPrax 1984, 61ff und Richard/Junker, Jura 1985, 415ff sowie Killelea, 23 Harv. Int. L.J. (1983) 466ff und Knott, 26ff.

Von großer Bedeutung ist daneben auch die Abwicklungsart des Erwerbsvorganges[338]. Demgemäß muß dem Erwerber derjenige verdächtig vorkommen, der erkennbar eine wertvolle Sache, statt sie sinnvoll zu nutzen, kurzfristig wieder veräußert[339]. Die kurze Dauer des Vorbesitzes stellt damit ein Verdachtsmoment dar, das der potentielle Erwerber nicht übersehen darf[340].

Im Rahmen der Veräußerungssituation ist auch die Solidität der betreffenden Branche zu beachten[341]. Gerade diese ist im Fall des Kunstmarktes eine ganz besondere: Es gibt nicht viele Branchen, die derart heftigen Schwankungen und Unberechenbarkeiten unterworfen sind wie der Kunstmarkt. Exemplarisch seien in diesem Zusammenhang die bis heute unüberbotenen Spitzenpreise für Werke Vincent van Goghs genannt. So erzielten dessen "Sonnenblumen" 24.7 Millionen US-$, gefolgt von den "Irisblüten" für 53.6 Millionen US-$ bis hin zu dem - bis jetzt - teuersten Werk, dem "Portrait des Dr. Gachet" für 82.5 Millionen US-$[342], verkauft am 15. Mai 1990 an Ryoei Saito[343]. Zum Vergleich: Das teuerste Bild 1993 war P. Cezannes "Les Grosses Pommes" (um 1890) mit 26 Millionen US-$[344], 1992 das Werk "The Old Horse Guards" von Canaletto mit 9.2 Millionen Pfund (ca. 26.9 Millionen DM)[345]. Diese für den Kunstmarkt äußerst lukrative Phase währte bis ca. 1990. Dann brach das gesamte Preisgefüge zunächst des Impressionistenmarktes und in dessen Folge weiterer Bereiche des internationalen Kunstmarktes in sich zusammen[346]. Auch wenn sich mittlerweile wieder positive Trends abzeichnen[347], so bedeutet dies noch lange nicht, daß darauf Verlaß ist und der Kunstmarkt so solide ist

338 Vgl. BGH JZ 1970, 187
339 Vgl. BGH BB 1967, 10.
340 Vgl. MünchKomm-Quack, § 932, RN 34.
341 Vgl. MünchKomm-Quack, § 932, RN 34.
342 Ca. 123,7 Millionen DM.
343 Vgl. FAZ v. 18.05.1990.
344 Vgl. FAZ v. 31.12.1993, 33.
345 Vgl. FAZ v. 02.01.1993, 27.
346 Die "Schuldfrage" kann nicht eindeutig beantwortet werden (vgl. Schumacher, Focus 9/1994, 158 (158); wahrscheinlich tragen unverantwortlich handelnde Spekulanten und Versteigerungskonzerne zu gleichen Teilen die Verantwortung. Zu den Hintergründen vgl. u.a. Odrich, FAZ v. 02.01.1993, 27; Der Spiegel 41/1993, 254ff.
347 So steigerte das weltweit führende Auktionshaus Sotheby's seinen Umsatz im Geschäftsjahr 1993/1994 um 19% auf 2.3 Milliarden DM, Christie's seinerseits um 14% auf 1.9 Millarden DM, vgl. Focus 32/1994, 139; vgl. ausf. zu den Bilanzen 1993 der großen Auktionshäuser Kap. 5, Abschnitt I. Im einzelnen kann u.a. auf den Impressionistenmarkt verwiesen werden (vgl. Schumacher, Focus 9/1994, 158 (160)), sowie auf diejenigen für Fotografien und Plastiken (vgl. Schumacher, Focus 9/1994, 158 (161) sowie Möbel, Antiquitäten und Uhren (vgl. Schumacher, Focus 9/1994, 158 (162)). Vgl. in dem Zusammenhang auch den Beitrag Fischers, FAZ v. 31.12.1993, 33, über die Auktionsbilanzen ("Tendenz: aufheiternd") des Jahres 1993, sowie - zum Vergleich - Fischer, FAZ v. 02.01.1993, 27, über die Bilanzen des Vorjahres; weiterhin Czöppan, Focus 45/1993, 138.

wie angenommen. Indikatoren hierfür sind Auktionen, in denen vollkommen unerwartet die entsprechenden Gebote ausbleiben[348] und zahlreiche Werke mit dem Vermerk "b.i."[349] versehen werden mußten. Gerade vor diesem Hintergrund ist einerseits zu berücksichtigen, daß bei einer Branche, bei der Unregelmäßigkeiten an der Tagesordnung sind, strenge Maßstäbe in Bezug auf die Bösgläubigkeit zu setzen sind[350]. Zu beachten ist aber auch auf der anderen Seite, daß eine schlechtere Wirtschaftslage allgemein oder auch des betreffenden Wirtschaftszweiges noch nicht für die Bejahung der Bösgläubigkeit hinreichend ist[351].

Auch die soziale Gruppe, der der Erwerber angehört, ist ein wichtiges Kriterium zur Vermeidbarkeit einer Fehleinschätzung der Situation[352]. So sind bei der Beurteilung der Kaufsituation an einen Kaufmann oder Rechtsanwalt[353] strengere Anforderungen zu stellen als an einen Arbeiter[354]. Diese Differenzierung findet ihren Ursprung in der Überlegung, daß für denjenigen, der geschäftlich erfahren ist, ein Irrtum über die Eigentumslage leichter zu vermeiden und daher schwerwiegender vorwerfbar ist als bei geschäftlicher Unerfahrenheit des Erwerbers[355].

Im Rahmen einer möglichen Bösgläubigkeit sind des weiteren Erklärungen des Veräußerers zum Geschäft durch den potentiellen Erwerber kritisch zu würdigen[356]. In dem Zusammenhang sind vom Veräußerer vorgelegte Urkunden unbefangen und genau zu prüfen. Problematisch ist in dem Zusammenhang allerdings, welche Anforderungen an derartige Urkunden gerade im Kunstverkehr gestellt werden sollen und - unter Berücksichtigung von Praktikabilitätsgesichtspunkten - können.

So wird angeregt, daß für jeden Kunstgegenstand von Bedeutung ein "Kunstobjekt-Brief" eingeführt werden sollte, auf dem neben der Herkunft des Werks auch alle Erwerbsvorgänge authentisch bezeugt sind[357]. Da im deutschen Recht schon bei Erwerb eines gebrauchten Kraftwagens derjenige grob-

---

348 Eben für den Markt der Impressionisten bedeutete die New Yorker Impressionisten-Auktion vom 10.05.1994 für Christie's eine "unerwartet schwere Niederlage" (so Stephan, ausführlich auch zu der am 11.05.1994 statt gefundenen Sotheby's-Auktion in: FAZ v. 14.05.1994, 33).
349 "bought in", unverkauft.
350 Vgl. BGH BB 1967, 10.
351 Vgl. BGHZ 86, 300.
352 Vgl. Müller, RN 2396.
353 Wie im Fall der Kunstsammlungen zu Weimar v Elicofon, 678 F.2d 1150 (1982).
354 Vgl. Staudinger-Wiegand, § 932, RN 23.
355 Vgl. Staudinger-Wiegand, § 932, RN 49.
356 Siehe BGH MDR 1973, 44.
357 Vgl. Hanisch in FS Müller-Freienfels, 193 (223).

fahrlässig sei, der sich nicht den KFZ-Brief vorlegen läßt[358], handele derjenige grob fahrlässig, der sich bei Erwerb eines Kunstobjekts eben jenen Kunstobjekt-Brief nicht vorlegen läßt[359].

Dieser Gedanke verdient grundsätzlich Zustimmung. Allerdings ist er unter Berücksichtigung von Praktikabilitätsgesichtspunkten und so etwa der Tatsache, daß es allein in Deutschland 2.351 öffentliche und private Archive bzw. 3.615 Museen[360] mit umfassenden Exponatbeständen gibt, nur schwer umsetzbar. Um einen grob fahrlässigen Erwerb von Kunstgegenständen auszuschließen, ist somit zu fragen, ob es nicht eine ähnlich effiziente Maßnahme gibt. Zu berücksichtigen ist hierbei, daß in der Regel die Provenienz[361] des Objekts geklärt werden soll. Ausreichend ist also das Einholen von Informationen, so daß der Erwerber bzw. Veräußerer von einer rechtmäßigen Herkunft ausgehen kann. Auch unter diesem Aspekt erscheint die generelle Einführung eines Briefes für jedes Kunstobjekt weit über das Ziel hinausgehend.

Vielmehr ist zwischen zwei Aspekten zu differenzieren; zum einen kann von der rechtmäßigen Herkunft eines Objekts nur dann ausgegangen werden, wenn dessen Eigentümer überhaupt zu ermitteln ist[362]. Zum anderen müßte die Ermittlung für den potentiellen Erwerber ohne allzu große Anforderungen möglich sein.

Somit ist zunächst von besonderer Bedeutung, daß für ein Kunstwerk die prinzipielle Möglichkeit der Identifikation geschaffen wird. Maßnahmen sind hier die Anfertigung von Fotos, insbesondere auch Detailaufnahmen[363] oder das Versehen des Objekts mit einem unauffälligen Kennzeichen[364]. Was beim Er-

358 Vgl. hierzu u.a. OLG Hamburg BB 1962, 657 sowie die Rechtsprechungszusammenstellung von Wiegand in Staudinger-Wiegand, § 932, RN 145.
359 Vgl. Hanisch in FS Müller-Freienfels, 193 (224).
360 So nach einer AP-Meldung, FAZ v. 18.05.1994, 37 mit Bezug auf die vom Bundesinnenministerium erstmalig herausgegebene Publikation "Kultur in Deutschland - Zahlen und Fakten".
361 Vgl. zur Bedeutung der Herkunft eines Kunstwerkes auch die Entwicklungen des Getty Museum: Seit 1983 arbeitet das "Getty Art History Information Program" an entsprechenden Inventaren, mit deren Hilfe die Herkunft eines Werkes exakt rekonstruiert werden kann. Anläßlich einer britischen Konferenz über den Kunstmarkt in Europa stellte man die bisher auf CD-Rom zusammengetragenen Daten etwa hinsichtlich der Damenportraits Rembrandts erstmalig vor, vgl. Illies, FAZ v. 07.01.1995, 29.
362 Vgl. als einen der ersten, die sich zu der Inventarisierung von Kunst- und Kulturgütern, auch unter europäischem Blickwinkel, geäußert haben, Chatelain, 44ff.
363 Vgl. Picker, VI.1.
364 Vgl. Picker, VI.1.

werb von Kunstwerken oftmals vernachlässigt wird[365], ist in der Museumspraxis alltäglich. So werden dort die neuerworbenen Exponate einerseits dokumentiert[366], andererseits sowohl im Inventarbuch als auch in der Inventarkartei, hier dann ausführlicher, mit entsprechender Inventarnummer eingetragen[367]. Dieses Vorgehen dient nicht zuletzt dazu, die Eigentumsverhältnisse an einem Kunstobjekt im Diebstahlsfall nachweisen zu können. Tritt ein solcher ein, wird die entsprechende Dokumentation der Polizei übergeben, womit die Aussichten auf Auffindung und Rückführung des Objekts stark erhöht werden[368].

Nicht zuletzt vor dem Hintergrund eines möglichen Rechtsstreites sind derartige Maßnahmen von großer Bedeutung. Demjenigen, der den Gegenstand zurückfordert, obliegt im Fall des Bestreitens durch die Gegenseite die Beweislast dafür, daß das Objekt mit seinem abhandengekommenen Gegenstand identisch ist. In Ermangelung entsprechender Maßnahmen scheitern zahlreiche Auseinandersetzungen zu Ungunsten des Klägers bereits an diesem Identitätsnachweis[369].

Weiterhin müßte es dem potentiellen Erwerber möglich sein, den rechtmäßigen Eigentümer eines Kunstwerkes ermitteln zu können bzw. zu klären, ob das Objekt etwa abhandengekommen ist. In Frage käme hier eine - entweder auf Anfrage des Erwerbers oder selbständig vom Veräußerer anzufordernde - Information bezüglich des zum Verkauf stehenden Objekts durch das "International Art & Antique Loss Register Ltd"[370] in London[371]. Auf diese Weise hätten Veräußerer und Erwerber die von einem kompetenten und unabhängigen Dritten stammende positiv oder negativ ausfallende Erklärung über die Provenienz des Objekts. Hier ist anzumerken, daß bereits von der US-Rechtsprechung das Einholen entsprechender Auskünfte bei dem ALR als der Sorgfaltspflicht des potentiellen Erwerbers genügendes Verhalten angesehen wird[372].

---

365 Vgl. auch Chatelain, 44.
366 In der Regel erfolgt dies durch Fotografieren und / oder Zeichnen, vgl. Schmitz, 99 (104).
367 Vgl. Schmitz, 99 (104); siehe in dem Zusammenhang auch die Übersicht "Ist-Stand der Inventare von Kunstwerken und Kulturdenkmälern" bei Chatelain, 53ff.
368 So Schmitz, 99 (104); vgl. auch Chatelain, 50.
369 Vgl. Picker, VI.1.
370 Im folgenden "ALR" genannt.
371 Ausführlich zum ALR siehe unten, Abschnitt II.4.
372 Vgl. den von Biddulph, Country Life v. 26.11.1992 geschilderten Fall, auf den im Zusammenhang mit dem Art Loss Register, dieses Kapitel, Abschnitt II.4., noch eingegangen wird.

Des weiteren ist als bedeutendes Indiz für eine Bösgläubigkeit des potentiellen Erwerbers die Vermögenslage und das geschäftliche Verhalten des Veräußerers zu berücksichtigen[373]. Diese aber festzustellen, dürfte zwar gerade auf dem Kunstmarkt mit erheblichen Schwierigkeiten verbunden sein. Dennoch ist zu beachten, daß auch früheres unkorrektes kaufmännisches Verhalten ein für den Erwerber zu beachtendes Merkmal im Rahmen der Bösgläubigkeit sein kann[374]. Vor dem Hintergrund dieses letztgenannten Aspekts erscheinen zweifelhafte Verhaltensweisen sowohl auf Seite des Veräußerers wie auch des Erwerbers in einem ganz anderen Licht. So erscheint es paradox, wenn ein großes englisches Auktionshaus angesichts einer Versteigerungseinlieferung feststellt - obwohl Anhaltspunkte vorlagen, daß es sich um illegal exportierte Objekte handeln könnte -, daß man niemals wissen könne, wo Antiquitäten herstammen und zudem davon auszugehen sei, daß der Kunde Besitzrechte für alles habe[375]. Solche Äußerungen resultieren im Ergebnis nicht erst aus der weitverbreiteten Praxis im Kunsthandel, Herkunftsangaben von Kunstwerken im Verhältnis Käufer - Erwerber zu verschweigen[376]. Schon die Frage, ob ein Objekt überhaupt einen Käufer gefunden hat, bleibt oftmals unbeantwortet[377]. Vor dem Hintergrund der Erwerbsgeschichte mancher Exponate durch Museen[378] führte dieses Verhalten bereits zu manchen imageschädigenden Vorfällen[379].

---

373 Vgl. MünchKomm-Quack § 932, RN 39; OLG München, Urt. v. 22.05.1985 - 15 U 5370 / 84.

374 Siehe BGH NJW 1981, 227 (228).

375 So nach FAZ v. 5.12.1985, 27.

376 Ausführlich hierzu Knott, 143.

377 So z.B. die Meldung über die erste Fine Art Fair in der New Yorker Armory im Mai 1994, FAZ v. 21.05.1994, 33.

378 Neben Museen - vgl. etwa zu den dubiosen Kunstankäufen der Münchner Pinakotheken Bode, Art 6/1994, 109; vgl. auch Knott, 145 zum MoMA - fallen auch Auktionshäuser durch unseriöse Praktiken auf: So wurde berichtet, daß im Rahmen von Hausdurchsuchungen bei Christie's und Sotheby's in New York im letzteren Fall ein gestohlenes französisches Kunstwerk aus dem 16. Jahrhundert gefunden wurde (so Cronin, TIME v. 25.11.1991, 44 (51)). Vgl. hierzu auch den Bericht von Schweighöfer, Art 11/1992, 152 über kriminelle Aktivitäten der Mitarbeiter von Sotheby's Amsterdam.

379 Vgl. in dem Zusammenhang beispielsweise die zweifelhaften Umstände, die dazu geführt haben, daß das kalifornische J.-Paul-Getty-Museum 1977 eine Statue (die vom griechischen Bildhauer Lysippos stammen soll), welche 1964 angeblich italienischen Fischern in die Netze geriet, in München restauriert und dann nach London verbracht wurde, für 3.9 Millionen US-$ kaufte (nach Siehr, SJZ 1981, 189 (190), der ob dieses mysteriösen Hintergrundes wohl zu recht einen Fall der Raubarchäologie annimmt; siehe auch Siehr, SJZ 1981, 207 (209)). Zum Modigliani-Fund von Livorno im Sommer 1984 und den nun erhobenen Vorwürfen gegen die Museumsdirektorin V. Durbe vgl. Rossem, Art 7/1993, 139; zu unrechtmäßigen Aktivitäten des Metropolitan Museum und des Getty-Museums siehe auch Cronin, TIME v. 25.11.1991, 44 (46, 51).

Gerade unter Berücksichtigung solcher Vorgänge[380] erscheint bei der Frage der Bösgläubigkeit das Anlegen sehr viel strengerer Maßstäbe als bisher notwendig.

Im Unterschied zu den bisher behandelten Kriterien kann die Bösgläubigkeit auch aufgrund unterlassener Nachforschungen zu bejahen sein. Hier ist zu differenzieren zwischen dem Verhalten in einer konkreten Verdachtssituation[381] und einer Überprüfungspflicht ohne konkreten Verdacht[382]:

Im Rahmen der Fälle mit konkreter Verdachtssituation werden von der Rechtsprechung geeignete Erkundigungen gefordert. Diese Geeignetheit ist dann zu bejahen, wenn sie die (Nicht-)Berechtigung des Veräußerers ergibt[383]. So ist beim Erwerb von Kunstgütern festzustellen, daß sich die Erkundigungspflicht eines potentiellen Erwerbers erst aus der Kenntnis konkreter Anhaltspunkte, die gegen die Seriösität des Verkäufers sprechen, ergibt und nicht aus den Usancen des Kunsthandels abgeleitet werden kann[384]. In diesem Zusammenhang könnte eine entsprechende Anfrage beim "International Art & Antique Loss Register Ltd" London sehr hilfreich sein, da auf diese Weise adäquat überprüft werden kann, ob ein Kunstobjekt verschwunden ist.

Bei Fällen einer Überprüfungspflicht ohne konkreten Verdacht sind Erkundigungs- und Nachforschungspflichten nur ausnahmsweise geboten, da eine allgemeine Nachforschungspflicht für den Erwerber nicht besteht[385]. Allerdings existieren sogenannte verkehrstypische Situationen, in denen auch ohne konkrete Verdachtssituation Nachforschungspflichten angebracht sind. Hierzu gehören neben der Veräußerung von Kraftfahrzeugen auch diejenige besonders wertvoller Gegenstände[386], vor allem von Kunstgegenständen jeder Art[387].

Rechtlich problematisch ist hier, ob und in welchem Umfang eine Nachforschungspflicht besteht, wenn ein objektiv wertvoller Gegenstand zu einem relativ geringen Preis veräußert werden soll. In diesem Zusammenhang beschäf-

---

380 Die freilich Ausnahmen darstellen; vgl. einerseits beispielsweise zum Aufwand Sotheby's, die Echtheit eines Matisse vor der Versteigerung zu überprüfen Stephan, FAZ v. 23.04.1994, 33; siehe andererseits zu den vom kalifornischen J.-Paul-Getty Museum angestellten Überprüfungen vor Erwerb einer griechischen Statue aus dem 5. Jahrhundert v. Chr. Knott, 144.

381 Vgl. MünchKomm-Quack, § 932, RN 42.

382 Vgl. MünchKomm-Quack, § 932, RN 45.

383 So BGHZ 18, 226 (233).

384 So OLG München, Urt. v. 22.05.1985 - 15 U 5370/84.

385 Vgl. BGH NJW 1966, 1959 (1960); Palandt-Bassenge, § 932, RN 10.

386 Siehe BGH WM 1968, 54.

387 Vgl. BGH Warn 73, Nr. 3; MünchKomm-Quack, § 932, RN 48; Staudinger-Wiegand, § 932, RN 154; Picker, VI.6.

tigte sich die höchstrichterliche deutsche Rechtsprechung ausführlich mit dem Fall, der den gutgläubigen Erwerb eines Kykladenidols[388] betrifft. Da die Entscheidung von Bedeutung für die Nachforschungspflicht ist, wird im folgenden näher auf sie eingegangen.

Der Kläger überließ die Figur, die 70.000 bis 80.000 DM wert ist, einem G., der sich im Kunsthandel betätigte. Dieser G. übergab den Gegenstand in Gegenwart des P., einem griechischen Studenten, der von G. als Eigentümer des Idols vorgestellt wurde, dem Beklagten, um die Figur zu Eigentum oder Sicherungseigentum zu übertragen. Der Beklagte zahlte dafür 7.000 DM an den P, die dieser dem G. aushändigte. Der Kläger hatte mit seiner Behauptung, Eigentümer des Idols zu sein und der Klage auf Herausgabe Erfolg.

Der als möglicherweise gutgläubige Erwerber im Mittelpunkt der Auseinandersetzung stehende Beklagte hatte nach Auffassung des Gerichts die Figur nicht gutgläubig erworben. Hierzu führt das Gericht aus: "Das Berufungsgericht ist mit Recht der Auffassung, daß an die Nachforschungspflicht des Beklagten hohe Anforderungen zu stellen sind, weil eine Sache von bedeutendem Wert unter ungewöhnlichen Umständen übergeben wurde."[389] Bemerkenswert ist an dieser Feststellung, daß das Gericht eine Bösgläubigkeit nicht von der Tatsache des hohen Wertes der Sache oder dem Vorliegen ungewöhnlicher Umstände in einer kumulativen Betrachtungsweise abhängig zu machen scheint. Vielmehr könnte jeder Gesichtspunkt für sich genommen ausreichen, die Bösgläubigkeit zu negieren oder zu bejahen.

Das Revisionsgericht führt allerdings weiter aus, daß "schon das grobe Mißverhältnis zwischen dem Wert des Idols und dem dafür verlangten Betrag das Mißtrauen des Beklagten erwecken und Anlaß zu Nachforschungen geben sollte".[390] Damit geht das Gericht also davon aus, daß dem Beklagten der tatsächliche Wert des Idols bekannt sein muß - sonst wäre logischerweise das Vorliegen eines groben Mißverhältnisses zu verneinen. Diese Annahme des Gerichtes erscheint gerade unter Berücksichtigung eines Erwerbers, der in

---

388 Bei einem Idol (gr. eidolon, "Bild") handelt es sich im hier vorliegenden Zusammenhang um ein aus Stein, Marmor oder Holz gefertigtes Götzenbild, welches in der Regel eine menschliche Gestalt von verzerrten Proportionen abbildet. Im Rahmen der Kykladenkunst, einer Untergruppe der Ägäischen Kunst, als Kunst des östlichen Mittelmeers vor Einwanderung der Griechen, sind Idole bis zu einer Höhe von 1,5 m erhalten geblieben. Im hier vorliegenden Fall handelte es sich um eine weibliche Figur aus dem 3. Jahrtausend vor Christus.

389 Vgl. BGH Warn 73, 9 (10).

390 Vgl. BGH Warn 73, 9 (10).

Ermangelung entsprechender Fach- und Sachkenntnis nicht in der Lage ist, den Wert eines Kunstobjekts zu erkennen, nicht ganz unproblematisch.

Mit dem zweiten Merkmal, den hier vorliegenden ungewöhnlichen Umständen, baut das Revisionsgericht nun aber indirekt auf dem ersten Merkmal des hohen Wertes auf, indem es feststellt: "Das Berufungsgericht (...) hat für dessen (des Beklagten, der Verf.) Bösgläubigkeit weitere Umstände angeführt. Es hat darauf hingewiesen, daß derart wertvolle Kunstwerke nur im Fachhandel, auf Versteigerungen oder von privaten Sammlern verkauft werden. Bei P. habe es sich aber um einen dem Beklagten bis dahin völlig unbekannten jungen griechischen Studenten gehandelt."[391] Weiterhin geht das Gericht darauf ein, daß der Beklagte die Herkunft des Idols hätte klären müssen. Dies geschieht unter Berücksichtigung des Umstandes, daß allgemein bekannt sei, daß wertvolle Antiquitäten strengen Ausfuhrbestimmungen unterliegen und zudem dem Beklagten mitgeteilt worden sei, daß sich die Figur erst seit kurzer Zeit in Deutschland befinde.

Zusammenfassend kann festgestellt werden, daß im vorliegenden Fall das Kriterium des hohen Wertes des Kunstgegenstandes für die Beurteilung der Bösgläubigkeit von zentraler Bedeutung ist - und daß der potentielle Erwerber Kenntnis vom tatsächlichen Wert des Objekts haben sollte.

Es fragt sich aber, ob von jedem potentiellen Erwerber Kenntnis des tatsächlichen Werts eines auch weniger bekannten, aber dennoch vielleicht objektiv wertvollen Objekts zu verlangen ist. Diese Frage stellt sich umso mehr, als es sich in jüngerer Zeit bei Kunstinteressenten um ein häufig wenig kunsterfahrenes Publikum handelt[392]. Um Zweifelsfragen nachzugehen und damit der Nachforschungspflicht gerecht zu werden, könnte auf die Auskünfte des englischen "International Art & Antique Loss Register Ltd", auf das im folgenden detailliert eingegangen wird, zurückgegriffen werden.

3. Besondere Aspekte zur Vereitelung des gutgläubigen Erwerbs von Kulturgütern

Die bisherigen Ausführungen zeigen, daß auch bei einer zivilrechtlichen Regelung, nach der der gutgläubige Erwerb abhandengekommener Sachen nicht möglich ist, in speziellen Konstellationen wieder auf die Frage der Bösgläubigkeit eingegangen werden muß, um zu klären, ob ein gutgläubiger Eigen-

391 Vgl. BGH Warn 73, 9 (10).
392 So etwa Thomsen, 97.

tumserwerb vorliegt oder nicht. Um ein Kulturgut, aus der Perspektive des Kulturgüterschutzes betrachtet, vor einem gutgläubigen Erwerb zu schützen, ist es somit notwendig, dem potentiellen Erwerber den guten Glauben zu nehmen.

Dies könnte zum einen dadurch geschehen, daß der Interessent über die fraglichen Umstände, die letztlich zum bevorstehenden Erwerb oder Veräußerung geführt haben, in Kenntnis gesetzt wird[393]. Dabei wird es sich auf dem Gebiet des illegalen Kunsthandels zumeist um unrechtmäßig erworbene bzw. gestohlene Objekte handeln.

Problematisch ist allerdings, in welcher Form eine effiziente Aufklärung erfolgen kann.

Hier ist zu differenzieren: Abgesehen von sog. "Jahrhundertdiebstählen", die in entsprechender Form durch die Medien publiziert werden[394], und bei denen nicht davon auszugehen ist, daß die fraglichen Objekte gutgläubig erworben werden, bleiben die Fälle, in denen es sich bei den abhandengekommenen Objekten um weitestgehend unbekannte, aber wertvolle Kunst- und Kulturgegenstände handelt[395].

In der Regel werden Diebstahlsobjekte in Fachpublikationen[396] beschrieben. So gibt beispielsweise Interpol jährlich eine zwölf Objekte umfassende Liste der meistgesuchten Kunstwerke heraus. Weiterhin wird in fachspezifischen Veröffentlichungen in Form von Printmedien wie etwa dem "Stolen Art Alert" oder "IFAR report"[397], "Museum"[398], in der deutschen "Art" oder der

---

393 Vgl. Walter, 198; Schmeinck, 150.

394 Vgl. in dem Zusammenhang beispielsweise schon den Diebstahl der Mona Lisa v. 21.08.1911, DJZ 1911, Sp. 1199; weitere, aktuelle, Beispiele: Diebstahl einiger Faberge-Eier (FAZ v. 16.05.1994, 9), Diebstahl von P. Picassos "Der Maler" (Art 1/1994, 106), sowie der aufsehenerregende Diebstahl des Werkes "Der Schrei" von E. Munch (vgl. FAZ v. 14.02.1994, 27; Berger, Die Woche v. 17.2.1994, 31; FAZ v. 18.02.1994, 48; FAZ v. 04.03.1994, 35; Heller, Die Zeit v. 25.03.1994, 100; Art 4/1994, 127), der Raub von Werken der Künstler J.M.W. Turner und C.D. Friedrich aus der Kunsthalle Schirn Frankfurt am 28.07.1994 oder der Diebstahl von Vermeers "The Concert" im Rahmen des spektakulären Überfalls auf das Bostoner Isabella-Stewart-Gardner-Museum 1990 mit einem Gesamtbeutewert von 200 Millionen US-$ (vgl. zum aktuellen Ermittlungsstand dieses Raubes Lingemann, Art 12/1992, 149). Siehe auch in diesem Zusammenhang die "Top 10 Stolen Works of Art, 1990" von Cronin in TIME v. 25.11.1992, 44 (53).

395 Vgl. hierzu auch Ellison, The Guardian v. 29.12.1994.

396 Vgl. zu einem - aufgegebenen - Kennblattsystem der EG in diesem Zusammenhang Fechner DöV 92 (609), 616.

397 Beide herausgegeben von der IFAR.

398 Herausgeber ist hier die UNESCO.

"Weltkunst", der französischen "La Gazette de l'hotel Drouot", dem "International Guide of Missing Treasures" oder "Trace" regelmäßig auf größere und kleinere Diebstähle hingewiesen[399].

Diese Publikationen haben zweifelsohne für Fachkreise einen gewissen Nutzen. Ihr Informationswert zur Rückführung gestohlener Objekte wird aber im Laufe der Zeit immer geringer. Dies liegt zum einen daran, daß sich die Suche nach einem Objekt möglicherweise zweifelhafter Herkunft mit Hilfe solcher Fachzeitschriften äußerst zeitaufwendig und mühevoll gestaltet, da zahlreiche verschiedenartige Publikationen über einen Zeitraum von unter Umständen mehreren Jahren abgeglichen werden müssen[400].

Zum anderen ist ein zentraler Zugriff nicht möglich, da keine Zeitschrift auf die von einer anderen Publikation beschriebenen gestohlenen Objekte ein zweites Mal eingeht[401]. Dies ist unnötig, was aber wiederum heißt, daß bei der Suche nach einem Kunstgegenstand grundsätzlich mehrere Periodika abgeglichen werden müssen.

Ein weiterer Nachteil der Printmedien besteht darin, daß über Diebstähle in der Regel nur in beschreibender Form und ohne eine Abbildung des betreffenden Objekts berichtet wird[402]. Dies kann gerade im Bereich abhandengekommener Kulturgüter zu großen Schwierigkeiten führen, da der visuelle Aspekt auch bei weniger bekannten Gemälden von großer Bedeutung ist[403].

---

399 Weitere, in dem Zusammenhang zu nennende Fachzeitschriften sind: "Antique Trade Gazette", "Antique Collector", "Annuaire international des oeuvres et objets d'art voles", ein entsprechendes Verzeichnis der "Art Dealers Association of America", sowie spezielle Fahndungsbücher des BKA und der italienischen Carabinieri; letztere bezeichnen ihr Fahndungsbuch auch als "Imaginäres Museum".

400 Vgl. in diesem Zusammenhang auch ALR Annual Review 1993/1994, 17.

401 Abgesehen von den Fällen der "Jahrhundertdiebstähle".

402 Vgl. etwa die Berichterstattung über den Diebstahl des 12 Millionen DM wertvollen Werkes "Rast auf der Flucht nach Ägypten" (1515) von Tizian (um 1477-1576) in FAZ v. 09.01.1995, 7.

403 Siehe Siehr, SJZ 1981, 189 (191); in dem Zusammenhang sei auch auf den Einzug neuer Medien in den Kunstmarkt zur visuellen Aufbereitung hingewiesen: so speichert und versendet beispielsweise die römische "Galleria Corsini" als platzsparendes Arbeitsinstrument für z.B. Kunsthistoriker entsprechende Farbfotos auf Disketten - die Firma Olivetti plant ein entsprechendes Verfahren für den Heimcomputerbenutzer (vgl. Art 7/1993, 142); weiterhin hat die Londoner National Gallery ihren gesamten Bestand (ca. 2.000 Werke) durch die Firma Microsoft für eine "Art Gallery" auf CD-ROM pressen lassen (vgl. Focus 13/1994, 118). Hierbei wurde größter Wert auf Authentizität gelegt: so können die Objekte über die Farbpalette von 256 Farben hinaus auch auf entsprechenden Geräten mit mehreren tausend Farbnuancen betrachtet werden - dennoch: "Of course viewing paintings on a computer screen can never beat seeing the real thing (...)." (Fisher, The Mac, Januar 1994, 23.).

Zusammenfassend erscheinen die Printmedien somit für einen potentiellen Interessenten zur Informierung über die Provenienz eines Kunstobjekts wenig effizient.

Im Gegensatz zu diesen gedruckten Publikationen könnten datenverarbeitungsgestützte Recherchesysteme zur Fahndung nach abhandengekommenen Kunstgegenständen gerade im Hinblick auf die Schwächen der Printmedien auf lange Sicht hin sinnvoller sein.

Allerdings war schon vor Einführung der ersten EDV-Register, auf die im folgenden näher eingegangen wird, die Idee, elektronische Register zum Schutz von Kulturgütern im allgemeinen und, als Unterfall, Kunstwerken im besonderen einzusetzen, nicht unumstritten.

Obwohl das Londoner "International Art & Antique Loss Register Ltd"[404] bereits von der US-Rechtsprechung als adäquates Instrument des Kulturgüterschutzes angesehen wird[405], finden sich trotzdem in der Literatur zahlreiche Stimmen, die der Einführung eines computerisierten Registers äußerst kritisch gegenüberstehen:

Anläßlich des 13. Kolloquium zum Europäischen Recht 1983 sprach man sich zum ersten Mal[406] für die Einrichtung eines internationalen computerisierten Registers gestohlener Kunstwerke aus[407]. Ausgehend von dieser Initiative wurde aber die Verwirklichung eines Konzepts, demgemäß gestohlene Objekte registriert und entsprechend abgefragt werden können, schon allein auf Europa bezogen als "utopisch"[408] charakterisiert. Als völlig ungeeignet wurde es für ein weltweites Abkommen gewertet, da es etwa den Entwicklungsländern bereits an den technischen Voraussetzungen fehle[409]. Es wurde schon für "schwierig, wenn nicht gar unmöglich"[410] gehalten, ein entsprechendes Verzeichnis zu erstellen, da sichergestellt werden müßte, daß tatsächlich jedes gestohlene Gut verzeichnet wird und keine falschen Angaben gemacht werden[411].

---

404 Dazu ausführlicher unter 4.
405 Vgl. Biddulph, Country Life v. 26.11.1992.
406 Vgl. aber schon zum Hinweis auf datenverarbeitungsfähige Inventarisierungsmethoden Chatelain, 46, sowie in dem Zusammenhang dessen Ausführungen zu einer Aufstellung gestohlener oder abhandengekommener Gegenstände mit Hilfe der Informatik (Chatelain, 49).
407 Vgl. W.R. Crewdson, An International Register of Stolen Valuables, in: Council of Europe, International Protection of Cultural Property, Proceedings of the Thirteenth Colloquy on European Law, Delphi, 20. - 22.09.1983 (1984), 112f.
408 Walter, 199.
409 Walter, 199.
410 Knott, 181.
411 Knott, 181.

Zur Untermauerung könne auf das deutsche Steuersystem verwiesen werden, welches keinen Anreiz zur Offenlegung entsprechender Eigentumsverhältnisse darstelle[412]; die Einrichtung eines Registers aber, welches keinen Anspruch auf Vollständigkeit erhebe, sei sinnlos[413].

Demgegenüber wurde die Registeridee, im Zusammenhang mit Art. 4 UNIDROIT-Entwurf 1990, positiv gewertet[414]. Es sei darauf zu verweisen, daß das Prinzip der Einsichtnahme in Register vor dem Tätigen eines Rechtsgeschäftes in Verbindung mit dem Risiko, daß derjenige trägt, der dies eben nicht macht, obwohl es ihm möglich gewesen wäre, Bestandteil vieler Jurisdiktionen sei[415].

Vor dem Hintergrund dieser Auseinandersetzung ist zunächst auf die Funktion eines solchen Registers einzugehen. Dies geschieht im folgenden am Beispiel des britischen "The International Art & Antique Loss Register Ltd". Zur Verschaffung eines Überblicks sei aber zuvor auf die neben diesem Londoner Register eingerichteten datenbankgestützten Recherchesysteme eingegangen, bei deren näherer Betrachtung sich allerdings - ganz abgesehen von Kompatibilitätsschwierigkeiten - manche Nachteile herausstellen.

Das vom "Art Sales Index" geführte System "Stopics" wurde nur für einen kurzen Zeitraum eingesetzt und war mehr als Nebenprodukt dieses Preisregistrierungssystems zu sehen. Das "Art Sales Index" unterhält momentan die Datenbank "Art Quest", die auf Basis von Angaben aus Auktionskatalogen ca. 1,5 Millionen Eintragungen hinsichtlich Versteigerungsergebnissen etc. enthält[416]. Allerdings mußte Stopics - gerade im hier diskutierten Bereich besonders bedauerlich - ohne Graphikunterstützung auskommen[417].

Von Scotland Yard wurde mit "ACIS" eine Computerdatenbank zur Erfassung gestohlener Kunstwerke installiert[418]. In Ermangelung einer entsprechend umfangreichen Datenmenge in Relation zum britischen "International Art & Antiques Loss Register Ltd" können Recherchen aber hier logischerweise nur bedingt effizient ausfallen.

412 Knott, 181.
413 Obwohl - wahrscheinlich nur ein Versehen - Knotts Formulierung im Wortlaut, 181, das exakte Gegenteil ausdrückt, ist die Aussage im Kontext mit seinen bisherigen Ausführungen wie hier dargelegt zu verstehen.
414 Jaeger, 147.
415 Jaeger, 147.
416 Vgl. Die Welt v. 31.12.1994, S. G7.
417 Vgl. Thibaut, 1.
418 Vgl. Thibaut, Handelsblatt v. 19.11.1993.

Weiterhin wurde durch die Metropolitan Police London ein System eingerichtet[419], bei dem alle ihr bekanntgewordenen Kunstdiebstähle in einem Computer registriert werden und Polizeistationen auf entsprechende Anfrage hin Auskunft gegeben werden kann[420]. Die Nachteile dieses Systems bestehen aber zum einen darin, daß es keinen Anspruch auf Vollständigkeit erhebt[421] und nur die Delikte gespeichert werden, die der Metropolitan Police bekannt werden. Dadurch bleiben die Informationen derer, die ebenfalls Kenntnis von entsprechenden Delikten haben könnten, wie z.B. Versicherungen, Zollbehörden und Eigentümern etc. zunächst unberücksichtigt. Zum anderen gibt das System nur Polizeistationen Auskunft. Somit bleibt es allen anderen öffentlichen oder privaten Institutionen, juristischen oder natürlichen Personen verschlossen. Und gerade diese sind es, die als potentielle Erwerber Interesse an der Herkunftsklärung eines Kunstgegenstandes haben.

Das im folgenden zu untersuchende "International Art & Antique Loss Register Ltd" wurde im Hinblick auf die Tatsache gegründet, daß einerseits die Zahl der Kunstdiebstähle weltweit kontinuierlich ansteigt[422] und dadurch mittlerweile auf der weltweiten Verbrechensskala an zweiter Stelle hinter der Drogenkriminalität rangiert[423], andererseits aber nur 5 - 10 % der Kunstdelikte aufgeklärt werden[424].

4. The International Art & Antique Loss Register Ltd.

Das "International Art & Antique Loss Register Ltd"[425] wurde von Julian Radcliffe mit dem Hauptziel der Identifizierung und Rückführung gestohlener

419 Vgl. Schmeinck, 150.
420 Walter, 199.
421 Vgl. Schmeinck, 150.
422 Zutreffend Watson: "Criminals made almost as much money as the auctioneers" (The Observer v. 16.01.1994). Beispielsweise stieg die Zahl der Kunstdiebstähle allein in New York von 1988 bis 1990 um über 300 % an (vgl. Cronin, TIME v. 25.11.1991, 44 (45)).
423 Weltweit wird Kunst im Wert von jährlich ungefähr 15 Milliarden DM gestohlen, Walter 5; die Fachpublikation "Trace" geht sogar von jährlich 6 Billionen US-$ aus (vgl. Cronin, TIME v. 25.11.1991, 44 (45)). Ostwald, Der Tagesspiegel v. 23.01.1995 und NZZ v. 11./12.03.1995, 33 geht von Expertenschätzungen aus, denenzufolge der Handel mit gestohlener Kunst pro Jahr 7 Milliarden DM erwirtschaftet.
424 Thibaut, 4.
425 In der rechtswissenschaftlichen Fachliteratur ist bisher nur von Schorlemer, 555, FN 667, am Rand auf das ALR eingegangen. Kurz erwähnt auch Picker, Fälscher, 26, das ALR.

Kunstgegenstände gegründet. Beabsichtigt war damit auch eine Verringerung des Handels mit gestohlener Kunst[426].

Getragen wird das privatrechtlich organisierte ALR von dessen Teilhabern; in erster Linie sind dies Kunsthandelsfirmen und -verbände sowie nahezu 250 Versicherungsgesellschaften[427]. Bislang verfügt das ALR neben dem Stammsitz in London[428] über eine Geschäftsstelle in Perth (Westaustralien)[429] sowie - im Gebäude der 1976 gegründeten Zentrale der IFAR[430] - ein Büro in New York[431]. Für Ende 1995 ist die Einrichtung eines vierten ALR-Büro in Paris geplant[432]; weiterhin sind Geschäftsstellen in Genf und Tokyo vorgesehen[433].

a) Die Arbeitsweise des ALR

Um einen Kunstdiebstahl registrieren zu lassen, hat der Bestohlene einen sogenannten "Art Theft Report"[434] auszufüllen und an das ALR zurückzusenden. Einzige Bedingung für die Registrierung ist, daß das gesuchte Objekt mehr als 500 Pfund (ca. 1250 DM) wert ist[435]. Eingegeben wird bei z.B. Gemälden nicht nur der Künstler, der Titel und die Maße des Werkes, sondern auch Hinweise auf den kunsthistorischen Hintergrund des jeweiligen Objektes.

Ein Foto des jeweiligen Gegenstandes ist von großem Vorteil, da das ALR im Rahmen seiner Recherchen neben der Beschreibung auch die Wiedergabe vor-

426 Im März 1990 wurde das ALR auf einer Pressekonferenz im Auktionshaus Sotheby's avisiert, um am 1. Januar 1991 den Betrieb aufzunehmen.

427 Watson, The Observer v. 16.01.1994; zu den größeren Teilhabern zählen neben der IFAR (International Foundation for Art Research), den drei großen Auktionshäusern Christie's, Sotheby's und Phillips auch die Kunstorganisationen SOFAA (Society of Fine Art Auctioneers), ABA (Antiquarian Booksellers Association), SLAD (Society of London Art Dealers), BADA (British Antique Dealers Association), CINOA (Confederation Internationale des Negociants en Oeuvres d'Art) und FIDOAO (Federation Internationale des Diffuseurs d'Oeuvres d'Art Originales) schließlich auch die deutschen Versicherungskonzerne Gerling und Nordstern.

428 Für Europa zuständig, Anschrift: The Art Loss Register, 13 Grosvenor Place, London SW1X 7HH; Tel.: 00 44 / 0 71 235 3393; Fax: 00 44 / 0 71 235 1652.

429 Vgl. Ellison, The Guardian v. 29.12.1994.

430 Allein von der IFAR wurden Unterlagen über mehr als 35.000 gestohlene Kunstwerke in den Datenbanken des ALR gespeichert.

431 Anschrift: The Art Loss Register at IFAR, 46 East 70th Street, New York, NY 10021; Tel.: 212 - 879 1780; Fax: 212 - 734 4174.

432 So Watson, The Observer v. 16.01.1994.

433 Siehe Arte v. Juli/August 1992.

434 Vgl. das Muster dieses Art Theft Report im Anhang (Nr. 8).

435 Die Kosten für die Eintragung und dem damit automatisch vom ALR übernommenen Annoncieren in Fachpublikationen betragen pro Objekt 20 Pfund (ca. 50 DM); diese werden von manchen Versicherungen übernommen.

her eingescannter, hochauflösender Bilder bereithält[436]. In den Dateien des ALR können nahezu alle denkbaren Kulturgegenstände registriert werden: angefangen von Gemälden aller Art wie Lithographien, Ölgemälden und Radierungen, weiterhin Antiquitäten, Skulpturen, Silberobjekte über Juwelen, Waffen, Bücher bis hin zu Automobilen, Münzen, Medaillen und Musikinstrumenten.

Auf Basis der Angaben des "Art Theft Report" erfolgt eine Verarbeitung der entsprechenden Daten. Anschließend wird dem Antragsteller eine Bestätigung der Eingabe zugesandt.

Die Aufnahmekapazität[437] des ALR, das im Rahmen seiner Recherchen auch an andere Datenbanken wie das "Art Sales Index", "LaserNet-System" und "Centrox"[438] angeschlossen ist, ist nahezu unbegrenzt[439]. Für den Abgleich eines gestohlenen Objekts benötigt das ALR pro 1.000 gespeicherte Werke ca. 20 Minuten[440]. In der Regel schließt die Datenbank hierbei von sich aus automatisch 70 % der Gegenstände aus, die nicht in Frage kommen. Die restlichen 30 % werden dann von den Mitarbeitern persönlich abgeglichen[441]. Gerade durch diese Fähigkeit, selbständig einen Abgleich vornehmen zu können, erhöhte sich die Erfolgsrate des ALR im Laufe der Zeit[442]. An das ALR gerichtete Suchanfragen werden binnen 24 Stunden bearbeitet und das vorläufige Ergebnis der Recherche umgehend an die anfragende Stelle oder Person per Fax mitgeteilt. Die Zeit, die für das Aufspüren eines Objekts benötigt wird, variiert zwischen einigen Tagen und mehreren Jahren. Aus diesem Grund macht sich auch das Erfassen lange in der Vergangenheit zurückliegender

436 Allerdings ergibt sich in dem Zusammenhang auf die von Watson, The Observer v. 16.01.1994, hingewiesene Schwierigkeit, daß das ALR zukünftig nur für "flat art" wie Gemälde, Zeichnungen und Drucke effizient eingesetzt werden könne. Der Abgleich mit dreidimensionalen Objekten werde aufgrund verschiedener Aufnahmewinkel vor und nach dem Diebstahl außerordentlich erschwert, wenn nicht gar unmöglich, da der Computer die entsprechenden Bezugspunkte nicht zuordnen könne.

437 Das ALR arbeitet auf der Basis eines IBM OS/2 Betriebssystems sowie mit 386 workstations und Intel DVI image cards. Die Speicherkapazität beträgt 20 Gigabyte, vgl. ALR Annual Review 1993/1994, 5.

438 Vgl. zu diesem Kunstpreisindex ausführlich Petersen, FAZ v. 12.03.1994, 33 sowie Watson, The Observer v. 16.01.1994.

439 Vgl. Thibaut, 2.

440 Thibaut, Handelsblatt v. 19.11.1993.

441 Im Unterschied zu vielen nationalen Polizeistellen und Interpol wirken im Mitarbeiterstab des ALR auch Kunsthistoriker mit, die im Rahmen der ständigen Aktualisierung der Datenbanken u.a. Auktionskataloge auf verdächtige Objekte hin überprüfen; mit deren Sachkenntnis ist dem ALR natürlich ein effizienteres Arbeiten möglich als den Stellen, die auf derartige Spezialisten verzichten müssen.

442 Vgl. Thibaut, 3.

Verluste bezahlt[443]. Für den Fall der Rückführung eines Kunstobjekts werden 10% des Gegenstandswertes vom Register als Gebühr berechnet[444].

Grundsätzlich steht das Register jedem Interessenten zur Recherche offen, seien es Auktionshäuser, die ihre Kataloge regelmäßig mit dem ALR-Bestand abgleichen[445], Inhaber privater und öffentlicher Sammlungen oder Versicherungsgesellschaften. In der Regel wird zur Registerbenutzung als Autorisierung ein entsprechender Identifizierungscode vergeben. Ein Objekt bleibt solange in den Datenbanken des ALR gespeichert, bis es aufgefunden wird.

b) Die Nutznießer des ALR

Hinsichtlich der Frage, wer von der Arbeit des ALR profitiert, ist zunächst festzustellen, daß jeder, der ein Diebstahlsobjekt beim ALR registrieren läßt, ob juristische oder natürliche Person, private oder öffentliche Institution, auch in entsprechender Weise seinen Nutzen hat. So wird das ALR von Scotland Yard und den Carabinieri in Rom genauso genutzt wie von zahlreichen privaten Firmen[446]. Weiterhin sind nahezu alle englischen Versicherungen Teilhaber des Registers, neben u.a. italienischen, US-amerikanischen, französischen und deutschen Versicherungen - und es sind auch Versicherungen, die von der Arbeit des ALR am meisten profitieren[447]. Dies liegt nicht zuletzt daran, daß es dem ALR gelungen ist, die Versicherer davon zu überzeugen, daß sie durch Unterstützung des Registers vor unnötigen Verlusten und sich daraus ergebende Kosten geschützt werden.

Diejenigen Kunsthändler, die noch davor zurückscheuen, sich an das ALR zu wenden, begründen dies unter anderem damit, daß die Verantwortung für einen legalen Kunstmarkt bei den staatlichen Behörden und nicht bei einer privatrechtlich organisierten Datenbank liege. Dem ist aber entgegenzuhalten, daß es - im Vergleich zur Alternative, sich auf die staatliche Gewalt zu verlassen - erstrebenswerter ist, wenn sich der Kunstmarkt auch selbst vor gestohlenen Objekten schützt[448]. Dies ist spätestens dann anzuerkennen, wenn

443 So Radcliffe, Lloyd's List v. 10.08.1993; vgl. in diesem Zusammenhang auch die Vorkommnisse anläßlich einer China-Auktion des Auktionshaus Bonhams, beschrieben bei Thibaut, 2.
444 Vgl. Watson, The Observer v. 16.01.1994.
445 Vgl. Berger, Die Woche v. 17.02.1994, 31.
446 Vgl. Radcliffe, Lloyd's List v. 10.08.1993.
447 Vgl. hierzu Goddard, Lloyd's List v. Januar 1994.
448 Zutreffend Thibaut, 3.

die UNIDROIT-Konvention von 1990[449] bindend werden sollte. Wenn ein entsprechendes Gesetz verabschiedet wird, ist eine Datenbank wie das ALR absolut unerläßlich[450].

c) Die Bilanz des ALR

Als Bilanz der Tätigkeit des ALR in den ersten Jahren ist zunächst festzuhalten, daß schon im Januar 1991 das erste registrierte Objekt durch das ALR identifiziert wurde, im Mai 1991 weitere vier Kunstwerke[451]. Den ersten größeren Erfolg konnte das ALR dann im August 1991 mit der Identifizierung von sechs gestohlenen Gemälden im Gesamtwert von ca. 200.000 DM und deren Rückführung an den rechtmäßigen Eigentümer aufweisen[452]. Ende 1991 hatte man mit Hilfe des Registers bereits Kunstgüter im Wert von 3.5 Millionen Pfund[453] identifiziert. Im darauffolgenden Jahr, 1992, stieg der Gesamtwert der Rückführungsobjekte mit 1.5 Millionen Pfund[454] auf insgesamt fünf Millionen Pfund. Ende 1993 lag die Quote nach Rückführungen in Höhe von 8.5 Millionen Pfund[455] bei 13.5 Millionen Pfund. Im Oktober 1994 betrug der Wert 14 Millionen Pfund[456], Ende 1994 (Rückführungen 1994: 3 Millionen Pfund[457]) schließlich bei einem Gesamtwert von 16.5 Millionen Pfund[458]. Für 1995 wird mit einem Rückführungsgesamtwert von über 20 Millionen Pfund[459] gerechnet[460].

449 Vgl. hierzu ausf. Jaeger, 141ff.
450 Thibaut, 3.
451 Nach Thibaut, 2.
452 Die Objekte waren Ende Juli 1991 aus einem Londoner Versicherungsgebäude entwendet worden; Mitte August 1991 wendete sich die Polizei mit Einwilligung der Versicherung und des Eigentümers an das ALR. Binnen neun Tage meldete sich ein Polizeirevier aus dem Norden Londons mit der Nachricht, es seien sechs Gemälde im Rahmen einer Haussuchung sichergestellt worden. Ein Abgleich mit dem Datenbestand des ALR ergab, daß es sich um eben jene gestohlenen Werke handelte, FAZ v. 17.09.1991, 33.
453 Quelle: ALR London.
454 Quelle: ALR London.
455 Quelle: ALR London.
456 Emson, CSM October 1994, 32.
457 Quelle: ALR London.
458 Vgl. zu den Einzelfällen u.a. die Berichte von Thorncroft, Financial Times v. 06.07.1993 (Rückführung von Werken Gainsboroughs und Reynolds), FAZ v. 16.11.1991 (Rückführung des Werkes "Hafen von Odessa" von Rudolf von Alt, gestohlen 1989, vom ALR 1991 identifiziert) sowie Radcliffe, Lloyd's List v. 10.08.1992 und ALR Annual Review 1993/1994, 11ff.
459 Ca. 50 Millionen DM.
460 So Thibaut, 1.

Die Zahl der Registrierungen, bei Gründung des ALR 1991 noch 3.150, lag 1993 bei 8.730[461], der Wert der registrierten gestohlenen Gegenstände bei über 300 Millionen Pfund (ca. 750 Millionen DM) (1993)[462]. Mittlerweile beträgt der Gesamtwert der registrierten Objekte 500 Millionen Pfund[463]. Interessant sind in dem Zusammenhang die verschiedenen Quellen der Registrierung: Von den 1993 gespeicherten 8.730 Posten wurden 3.737 von der Polizei und Interpol eingereicht, während 1.880 von den Versicherungsgesellschaften stammen - allein für die Versicherungsindustrie liegt der Gesamtwert der registrierten Objekte bei 29 Millionen Pfund (ca. 72.5 Millionen DM)[464] - und 1.501 von Eigentümern[465]. Ende Dezember 1994 waren ca. 70.000 abhandengekommene Objekte, unter denen sich auch Werke von Picasso, Chagall, Dali und Matisse befinden[466], registriert[467], zu denen pro Monat ca. 2.000 weitere Gegenstände hinzukommen[468]. Jährlich können allein für die Versicherungen 50 % der von ihnen registrierten Gegenstände zurückgeführt werden[469].

Analysiert man die oben angegebenen Daten, so ist festzustellen, daß die Effizienz des ALR mit der Zahl der registrierten Objekte steigt. Der einzige Weg, den Nutzen des ALR auch zukünftig zu optimieren, liegt somit in der Unterstützung des Registers, indem die entsprechenden Daten im Sinne eines kooperativen Tätigwerdens[470] zur Verfügung gestellt werden. Da die Versorgung des ALR mit Daten die Grundlage und Voraussetzung für eine effiziente Nutzung des Registers ist, wird im folgenden untersucht, welcher Beitrag von deutscher Seite hierzu geleistet werden kann. Dabei stehen die folgenden Ausführungen auch weiterhin unter dem Blickwinkel der Vereitelung eines gutgläubigen Erwerbs von Kunstgegenständen. Allerdings wird daneben mit Hilfe rechtspolitischer Überlegungen die Notwendigkeit einer Zusammenarbeit auf internationaler Ebene aufgezeigt.

461 Quelle: ALR London.
462 Vgl. Radcliffe, Lloyd's List v. 10.08.1993; die Angabe eines exakten Betrages ist nicht möglich, da "the value of many of the uninsured items is not known at the time of logging." (so Radcliffe).
463 Emson, CSM October 1994, 33; ALR Annual Review 1993/1994, 2.
464 So Radcliffe, Lloyd's List v. 10.08.1993.
465 Quelle: ALR London; im einzelnen: 1991: Gesamtregistrierung von 3.150 Objekten; davon Polizei: 1.494; Eigentümer: 800; Versicherungen: 568; andere: 288. 1992: Gesamtregistrierung von 4.589 Objekten; davon Polizei: 1.861; Eigentümer: 1.229; Versicherungen: 1.201; andere: 298. 1993: Gesamtregistrierung von 8.730 Objekten; davon Polizei: 3.737; Eigentümer: 1.501; Versicherungen: 1.880; andere: 1.612. (Quelle: ALR London).
466 Vgl. Ellison, The Guardian v. 29.12.1994.
467 Vgl. Ellison, The Guardian v. 29.12.1994.
468 Vgl. Emson, CSM October 1994, 32.
469 Vgl. Emson, General Insurance v. Dezember 1992, 42.
470 Vgl. ALR Annual Review 1993/1994, 24.

d) Deutschland und das ALR

Im Gegensatz zu zahlreichen anderen Ländern wie den USA, Großbritannien, England und Frankreich konnte sich die deutsche Polizei bisher nicht dazu entschließen, das ALR zu unterstützen, einmal abgesehen von einigen wenigen Dienststellen, die vereinzelt "Art Theft Reports" an das ALR senden[471]. Diese distanzierte Haltung findet einen ihrer Gründe[472] im Zweifel hinsichtlich der Effizienz einer auf den englischsprachigen Raum bezogenen Datenbank für Deutschland[473].

Derartige Zweifel erscheinen aber schon angesichts der vom ALR seit seiner Gründung erzielten und ständig steigenden Erfolgsquote und dem Umstand, daß auch französische Versicherungen und die italienischen Carabinieri sowie die Schweizer Polizei und Interpol das englische ALR unterstützen[474], unbegründet. Denn der illegale Handel mit Kunst- und Kulturgütern beschränkt sich natürlich nicht auf den englischsprachigen Raum. Die Erfahrung zeigt nämlich, daß das Diebesgut nicht an das Land des Diebstahls gebunden ist, sondern praktisch jederzeit irgendwo und irgendwann auftauchen kann[475].

Von den deutschen Auktionshäusern wird als Argument für eine Nichtbeteiligung das angebliche Mißverhältnis zwischen der Gebühr für ein Recherche-Objekt und dem ihrer Ansicht nach geringen Nutzen hinsichtlich möglicher Rückführungen angeführt[476]. Dem ist allerdings zu entgegnen, daß, selbst vom ungünstigsten Fall ausgehend, daß eine Recherche über einen längeren Zeit-

471 Vgl. Thibaut, 3.

472 Ostwald geht davon aus, daß die Sensibilität für die Thematik nicht sehr ausgeprägt sei; so verfüge das BKA "gerade einmal über vier Mitarbeiter, die für Kunstdiebstähle zuständig seien" (Ostwald, Der Tagesspiegel v. 23.01.1995).

473 Thibaut, 4.

474 Vgl. ALR Annual Review 1993/1994, 28ff.

475 Bedauerlicherweise recht häufig als Zwischenstation in Italien.Dies liegt an den zweifelhaften Vorzügen der "italian connection", derzufolge der gutgläubige Erwerb an gestohlenen Sachen gemäß Art. 1153, 1154 Codice Civile möglich ist (vgl. u.a. Jaeger, 51f; Knott 63f; Hanisch in: FS Müller-Freienfels, 193 (217f); Siehr SJZ 1981, 189 (194) zu der Entscheidung Winkworth v. Christie, Mason & Woods Ltd (1980) 1 All England Reports 1121 (Chancery Division)). Siehe zu einer Konstellation, die man "french connection" nennen könnte Knott, 59, 74. Vgl. in diesem Zusammenhang auch die sog. "Paris-Japan-Connection" und die deutsch-niederländische "Antik-Connection", von Schorlemer, 387. Biddulph, Country Life v. 26.11.1992, geht davon aus, daß gestohlene Objekte innerhalb von 48 Stunden ausser Landes gebracht werden. Siehe in diesem Zusammenhang auch zum einen die Meldung über eine mehr als 10 Jahre international tätige "Kunstmafia" in FAZ v. 05.01.1995, 26 und zum anderen die Mitteilung über aus dem Louvre gestohlene und in Israel entdeckte Gemälde von u.a. Degas und van Gogh (FAZ v. 17.03.1995, 15.).

476 Vgl. Thibaut, 4.

raum erfolglos bleibt und abgesehen von den im folgenden dargestellten Vorteilen, das ALR nicht nur unter dem Blickwinkel der Rückführung von Objekten beurteilt werden sollte. Dieser Rückführungsaspekt ist zwar erst recht von Bedeutung, wenn die Herkunft von Kunstwerken nicht geklärt werden kann[477]. Ein Konsultieren des ALR für die am Kulturgüterhandel Beteiligten wäre aber auch deshalb von Nutzen, um dem Vorwurf des Handels mit Gegenständen zweifelhafter Provenienz entgegenzutreten. Dies würde dem Ansehen natürlicher und juristischer Personen förderlich sein - gerade in einer Zeit, in der einerseits Integrität ein bedeutendes Gütezeichen in der Kunstwelt darstellt[478], aber andererseits auch negative und geschäftsschädigende Vorwürfe erhoben werden[479].

In diesem Zusammenhang ist nämlich zu bedenken, daß das Ansehen einer Institution in Form ihres Firmenwertes ("good will"[480]) durch den, sei es auch nur fahrlässigen, Handel mit Werken zweifelhafter Herkunft schnell ruiniert ist und neben einem Image- auch zu einem Kundenverlust führen kann. Einem solchen Negativeffekt kann aber dadurch begegnet werden, indem man dem potentiellen Käufer gegenüber die Sorgfaltspflichten[481], die man sich selbst auferlegt hat, dadurch daß man eben die fraglichen Objekte mit dem ALR abgeglichen hat, offenlegt[482]. Derartige Vorsichtsmaßnahmen führen im Ergebnis neben einem größeren Vertrauen des Kunden auch dazu, daß sich dieser hinsichtlich seines Eigentumserwerbes sicher fühlen kann.

Obwohl man sich in Deutschland bedauerlicherweise bisher noch nicht für eine Unterstützung des ALR auf breiter Basis entschließen konnte, gibt es doch einzelne deutsche Verbände, die auf die Effizienz des Registers vertrauen. So ist

---

477 So etwa im Fall der Durchsuchungen der Häuser eines Kunstliebhabers (sic!) in Italien und auf Korsika. In deren Verlauf wurden u.a. 583 Gemälde und andere Kunstobjekte gefunden (Gesamtwert: 60.000.000 DM) und sichergestellt, wobei die Herkunft zahlreicher Gegenstände nicht geklärt werden konnte, vgl. Imwinkelried, Art 5/1994, 125.

478 So Kelly, 243.

479 Vgl. nur Rossem, Art 7/1993, 193.

480 Vgl. Kübler, § 7 VIII.

481 Vgl. in diesem Zusammenhang Radcliffe in ALR Annual Review 1993/1994, 3: "It seems likely that one of the yardsticks of due diligence which the courts may use, will be whether an enquiry was made of the recognised database available for public searching. The ALR gave evidence to this effect at a recent trial in Gloucestershire, where two burglars and a handler were convicted. It will only be a matter of time before all reputable dealers who wish to avoid accusations of handling stolen property will find it essential to check through the Art Loss Register."

482 Dieser Aspekt gewinnt nicht zuletzt Bedeutung unter Berücksichtigung der Tatsache, daß die UNESCO am Entwurf einer internationalen Vereinbarung arbeitet, derzufolge Kunsthändler Objekte zweifelhafter Herkunft nicht fahrlässig veräußern dürfen (vgl. Biddulph, Country Life v. 26.11.1992).

neben der bereits erwähnten ALR-Mitgliedschaft juristischer Personen auch der Bundesverband deutscher Versteigerer hervorzuheben, der seine Auktionskataloge dem Register kostenlos zur Verfügung stellt[483]. Eine engere Zusammenarbeit wird allerdings vom Engagement der deutschen Polizei abhängig gemacht[484]. Eine verstärkte deutsch-britische Kooperation ihm Rahmen des ALR ist aus diesen Gründen anzustreben.

Zusammenfassend sind folgende Vorteile eine Zusammenarbeit mit dem ALR festzuhalten: Zum einen könnte aufgrund der oben dargestellten Arbeitsweise des Registers mit Hilfe des ALR auch in Deutschland die Rückführungsquote gestohlener Kunst- und Kulturgüter gehoben werden. Weiterhin garantiert es sowohl Vollständigkeit als auch Aktualität und die stets mögliche Einsichtnahme durch jedermann[485]. Zum anderen ist unter präventivem Blickwinkel wahrscheinlich, daß ein potentieller Täter schon mangels entsprechender Erfolgsaussichten der Weiterveräußerung des Gegenstandes von der Tat Abstand nimmt. Weiterhin könnte die deutsche Polizei, die das ALR gebührenfrei nutzen könnte[486], bei ihrer Aufgabe der Aufklärung von Kunstdiebstählen sowie der Identifizierung und Rückführung von Kulturgütern Unterstützung von kompetenter internationaler Stelle anfordern, von der die Methoden und Analysen der Beschreibung, auch aus europäischem Blickwinkel, auf einheitliche Begriffe gebracht wurden[487].

Auch private und öffentliche Museen[488] sowie Sammler würden durch aktive Zusammenarbeit mit dem ALR vor der Gefahr des An- und Verkaufs Objekte fraglicher Herkunft geschützt werden[489]. Dies gilt auch für Kunsthändler, von

483 Thibaut, Handelsblatt v. 19.11.1993.
484 Thibaut, Handelsblatt v. 19.11.1993.
485 Dies wurde bspw. von Schmeinck, 150, im Zusammenhang mit einem derartigem Register gefordert.
486 Vgl. nur Ostwald, Der Tagesspiegel v. 23.01.1995.
487 Eine derartige Vereinheitlichung wurde bereits 1978 gefordert, vgl. Chatelain, 45.
488 Vgl. zu den Kontakten zwischen dem ALR und den Staatlichen Museen Preußischer Kulturbesitz Berlin hinsichtlich Bestandsinventarisierung ALR Annual Review 1993/1994, 26 sowie weiterhin die Hinweise bei Ostwald, Der Tagesspiegel v. 23.01.1995. Siehe in diesem Zusammenhang auch die Praxis des Metropolitan Museum in New York oder des Getty Museum in Malibu, Objekte mit einem über 35.000 $ liegenden Kaufpreis vor Erwerb über das ALR prüfen zu lassen (Ostwald, NZZ v. 11./12.03.1995, 33).
489 So beispielsweise in einem aufsehenerregenden und bis jetzt noch nicht völlig geklärtem Fall, der u.a. Aspekte der Beutekunst, Kunstfälschung und des gutgläubigen Erwerbs vereint: Das Werk "Das weiße Haus bei Nacht" (auch bekannt unter der dem Titel "Villa mit drei Frauen auf der Straße") von V. van Gogh aus der Krebs-Kollektion wurde einem deutschen Interessenten für 900.000 DM (sic!) angeboten. Durch eine Rückfrage beim ALR stellte sich heraus, daß das offiziell auf 50 Millionen DM geschätzte Bild, von den Russen 1949 aus Deutschland mitgenommen, in der St. Petersburger Eremitage lagert (vgl. hierzu die Beiträge von Wermusch, Die Zeit v.

denen eine an ethischen Maßstäben orientierte Akquisitionspolitik verlangt wird[490]. In diesem Zusammenhang sei auf die 1993 gegründete IADAA hingewiesen[491]. Im "Code Of Ethics" der IADAA verpflichten sich die Händler, "keine Ankäufe und Verkäufe zu tätigen, bis sie nach bestem Wissen festgestellt haben, ob die Objekte (...) von öffentlichen Institutionen oder Privatleuten gestohlen wurden."[492] Wo bisher wegen der zweifelhaften Provenienz des Kunstobjekts von Veräußerung oder Erwerb abgesehen wurde[493], kann dann auch in diesen Fällen mit Hilfe des ALR ohne Risiko kontrahiert werden[494].

Des weiteren sollte bei der Entscheidung der Kooperation mit dem ALR von deutscher Seite der Umstand bedacht werden, daß mit dem ALR eine Institution ins Leben gerufen wurde, mit deren Hilfe sich der Kunstmarkt im Sinne der "self-regulation", d.h. ohne staatliche Maßnahmen bzw. Sanktionen, kontrolliert.

Nicht zuletzt könnte durch die Registrierung des entsprechenden Werkes im Streitfall unbürokratisch und zuverlässig nachgewiesen werden, ob der Anspruchsteller auch rechtmäßiger Eigentümer des von ihm herausverlangten Objekts ist.

Durch eine Registrierung ihrer Objekte können langfristig auch die Versicherungsnehmer von Kunstgegenständen profitieren[495], da Versicherungsprämien nicht ständig den steigenden Verlustzahlen an Kunstwerken angepaßt werden müßten. Einen weiteren Aspekt in diesem Zusammenhang stellt neben der Diebstahlsaufklärung und Rückführung an den Berechtigten auch die effiziente Bekämpfung des Versicherungsbetruges dar: Sollte nämlich ein Gegenstand,

---

04.03.1994, 67; Akinscha/Koslow, Focus, 10/1994, 144; FAZ v. 22.03.1994, 35 und FAZ v. 05.01.1995, 23).

490 Vgl. ausf. Knott, 23f, 142ff.

491 Vgl. hierzu ausf. Tessmar, FAZ v. 11.02.1995, 35.

492 Zit. nach Tessmar, FAZ v. 11.02.1995, 35.

493 Vgl. in diesem Zusammenhang die Ereignisse um ein Gemälde des Utrechter Spätmanieristen Joachim Wtewael (um 1566-01.08.1638), welches kurz vor einer Versteigerung zurückgezogen wurde, um neue Informationen zur Provenienz des Werkes zu überprüfen, FAZ v. 01.04.1992, 35; von Gehren, FAZ v. 10.07.1992, 31.

494 Die Bedeutung des ALR gerade unter Berücksichtigung des letztgenannten Gesichtspunktes demonstriert folgender Fall (nach Biddulph, Country Life v. 26.11.1992): Ein Händler aus Indiana (USA) verlor drei Millionen US-Dollar, als ihm gegenüber per Urteil eines US-Gerichts angeordnet wurde, daß er von ihm erworbene, ursprünglich von Dritten gestohlenen, Mosaike an Zypern auszuliefern habe. Das Gericht wies darauf hin, daß es für den Händler keine Entschuldigung gäbe, das ALR nicht befragt zu haben, in dem die fraglichen Objekte als gestohlen registriert waren. Vgl. in diesem Zusammenhang auch Radcliffe in: ALR Annual Review 1993/1994, 3.

495 Vgl. zu den versicherungsvertraglichen Problemen beim Kulturgüteraustausch Kapitel 6.

der nach Angabe des Versicherungsnehmers gegenüber dem Versicherer vernichtet wurde, irgendwann auf dessen Veranlassung hin in einem Auktionskatalog auftauchen, oder einem Händler, Sammler oder einem öffentlichen oder privaten Museum zum Kauf angeboten werden, ist durch einen rechtzeitigen Abgleich mit dem Datenbestand des ALR ein versuchter Betrug rasch und sicher feststellbar[496].

Alle diese Gründe sprechen dafür, daß eine Unterstützung des ALR auch für deutsche Institutionen, die mit Kunst- und Kulturgütern befaßt sind, langfristig von großem Nutzen sein kann. Insbesondere kann ein potentieller Erwerber durch das Einholen einer Auskunft vom ALR dem Vorwurf des grobfahrlässigen Verhaltens entgegentreten.

e) Systemvergleich

Bei einer Prüfung der Vorteile des ALR ist einleitend zu konstatieren, daß nicht zuletzt die rasche[497] Aufklärung bei der Zusammenarbeit zwischen ALR, Polizeistationen, Zollfahndung[498] bzw. den Versicherungsunternehmern und Auktionshäusern[499] als Teilhabern den Nutzen dieses Computerfangnetzes zeigt. Es ist nämlich im Interesse aller Teilhaber, daß der illegale Kunsthandel nicht zuletzt dadurch erschwert wird, daß es den Tätern immer schwerer gemacht wird, ihre Ware unbemerkt in den Kunstmarkt einzuspeisen.

Ein überblicksartiger Systemvergleich elektronischer Datenbanken zeigt, daß das neben dem ALR für einen kurzen Zeitraum geführte "Stopics" mehr als Nebenprodukt eines Preisregistrierungssystems zu werten war, welches zudem noch ohne Graphikunterstützung auskommen mußte[500]. Die von Scotland Yard installierte Datenbank "ACIS"[501] verfügt nicht über die vom ALR gespeicherte Datenmenge, womit ein Abgleich aus o.a. Gründen nur bedingt effizient ausfallen kann. Im Vergleich zu den bereits oben erwähnten Printmedien ist dem ALR eine Speicherung und ein Zugriff über einen unbegrenzten Zeitraum

496 Vgl. Emson, General Insurance v. Dezember 1992, 42.
497 Vgl. neben oben genannten Fällen auch Kupfer, WNZ v. 28.11.1992, VI, die berichtet, daß sechzehn im Juli 1992 gestohlene Gemälde aus dem 16. Jahrhundert bereits nach zwei Monaten wieder auftauchten.
498 Vgl. Kupfer, WNZ v. 28.11.1992, VI.
499 Julian Radcliffe, Vorsitzender des ALR, nennt als Beispiel: "From 94 counter searches by auction houses, prior to acceptance, 7 were found to have been stolen with an average value of 35.700 pound." (In: Lloyd's List v. 10.08.1993).
500 Thibaut, 1.
501 Vgl. Thibaut, Handelsblatt v. 19.11.1993.

möglich. Während es nämlich einen ausserordentlichen Aufwand erfordern würde, die Periodika der letzten Jahre auf der Suche nach einem speziellen, vielleicht schon einige Jahre vermißten, Gegenstand abzugleichen, ist es im Fall des ALR der Computer, der im Rahmen der datenverarbeitungsgestützten Recherche eine solche Aufgabe effizienter, schneller und zuverlässiger lösen kann. Abgesehen von einem nur kurzfristigen, da aktuellem Nutzen dieser Printmedien erscheinen sie im Vergleich mit elektronischen Datenbanken wie dem ALR ebenfalls nicht allzu effizient.

Zusammenfassend ist mit dem Managing Director des ALR, James Emson, festzustellen, daß der Erfolg des Registers, dessen Anerkennung durch die UNESCO und der Gebrauch durch Polizei und Privatleute zeigen, daß die Gründung des ALR ein großer Schritt in Richtung des weltweiten Kulturgüterschutzes war[502].

502 Emson, General Insurance v. Dezember 1992, 42.

Kapitel 4:

Die öffentliche Versteigerung und die Bösgläubigkeit beim Kulturgüteraustausch

Hinsichtlich der bisher erörterten §§ 932-935 I BGB nimmt gerade unter Beachtung des Umstands, daß häufiger, als man glauben möchte, gestohlene Kulturgüter in Deutschland[503] zur Versteigerung gelangen[504], § 935 II (2. Alt.) BGB eine besondere Stellung ein. Daher ist Dünkel[505] zuzustimmen, wenn dieser, von der Feststellung ausgehend, daß der gutgläubige Erwerb in öffentlicher Versteigerung als entfernte Ausnahme in der rechtswissenschaftlichen Literatur nur eine untergeordnete Rolle spielt, für eine größere Beachtung dieses Rechtsinstituts eintritt[506]. Zu fragen ist also, ob mit § 935 II (2. Alt.) BGB tatsächlich der Schutz des Eigentümers abhandengekommener Sachen verstärkt und so dem illegalen Kulturgüterhandel eine wirksame Schranke entgegengesetzt wird[507].

Gemäß § 935 II BGB findet § 935 I BGB, demzufolge der gutgläubige Erwerb abhandengekommener Sachen nicht möglich ist, dann keine Anwendung, wenn es sich bei den Sachen um Geld, Inhaberpapiere oder solche Sachen handelt, die im Wege der öffentlichen Versteigerung veräußert werden. Damit kann § 935 II BGB als Ausnahme von der Ausnahme charakterisiert werden[508], die wiederum zum Grundsatz zurückführt, nach dem der Verkehrsschutz, wie in §§ 932 - 934 BGB, gegenüber den Eigentümerinteressen den Vorrang genießt. Mit § 935 II (2. Alt.) BGB findet somit eine Rückkehr zum Prinzip des Gutglaubensschutzes statt[509].

---

503 Exemplarisch sei in dem Zusammenhang auf den Fall eingegangen, in dem drei Gemälde (Gesamtwert: 12.000 DM / Eigentümer: Kurhessische Hausstiftung), die am 23.07.1980 aus der Burg Kronberg gestohlen wurden, zur Versteigerung angeboten wurden. Angeblich hatte man die Objekte nach der Tat auf einem Mainzer Flohmarkt erworben und in beschädigtem und rahmenlosem Zustand in Taunusstein weiterveräußert. Deren Erwerber gab die Kunstwerke der Polizei zurück, nachdem einer aufmerksamen Kronbergerin die Objekte in einem Versteigerungskatalog aufgefallen waren, bevor es zu der geplanten Auktion kommen konnte. Vgl. hierzu FAZ v. 16.09.1980, 41.

504 Picker in: Kunst und Recht, 43 (49); Schneider, DB 1981, 199 (200).

505 Vgl. Dünkel, Öffentliche Versteigerung und gutgläubiger Erwerb (Karlsruhe 1970).

506 Vgl. Dünkel, 2.

507 So nämlich Schmeinck, 141.

508 So Frank/Veh, JA 1983, 249 (249); in dem Sinne auch Kuhnt, MDR 1953, 641 (641); Baur, § 52 V 4, spricht von einer "Unterausnahme".

509 Vgl. RGRK-Pikart, § 935, RN 30.

Hier interessiert die Konstellation, bei der es sich bei der Sache, die im Rahmen einer öffentlichen Versteigerung veräußert wird (§ 935 II (2. Alt.) BGB), um ein Kulturgut handelt[510]. Mit den Problemen, die dabei auftreten können, hatte sich einerseits die höchstrichterliche Rechtsprechung im Fall des sog. "Hamburger Stadtsiegels" auseinanderzusetzen[511]. Andererseits sind innerhalb der zivilrechtlichen Literatur[512] die Werke von Kortmann[513], Dechange[514] und Dünkel[515] zur Grundproblematik der öffentlichen, die Kommentare von Wicher[516] und Marx/Arens[517] zur gewerblichen Versteigerung richtungsweisend. Die bei der der öffentlichen Versteigerung auftretenden zivilrechtlichen Rechtsprobleme wurden bisher u.a. unter dem Blickwinkel der rechtlichen Stellung des Versteigerers[518], unter dem Aspekt der zugesicherten Eigenschaft bei Katalogangaben des Versteigerers[519] und vor dem rechtsvergleichenden Hintergrund des Käuferschutzes[520] betrachtet.

In dieser Arbeit werden nun diejenigen Rechtsprobleme näher untersucht, die sich im Zusammenhang mit der öffentlichen Versteigerung von Kulturgütern ergeben können. Zu untersuchen ist dabei u.a., ob und inwieweit § 935 II (2. Alt.) BGB auch dem Eigentümer von Kulturgütern Schutz bietet, oder ob, wie

---

510 In direkter Verbindung mit dem Kulturgüterschutz wurde § 935 II (2. Alt.) BGB, soweit ersichtlich, nur von Knott, 67 mit FN 270 am Rande, Jaeger, 107 - dort in Verbindung mit BGH NJW 1990, 899ff - und Schmeinck, 141 erwähnt.

511 BGH Urteil v. 05.10.1989, vgl. BGH NJW 1990, 899ff; vgl. zu den, hier nicht untersuchten, öffentlich-rechtlichen Aspekten dieses Falles u.a. die Beiträge von Manseen, JuS 1992, 745ff und Fechner, JuS 1993, 704ff. Siehe auch hierzu Picker, Fälscher, 143.

512 Vgl. demgegenüber unter strafrechtlichen Gesichtspunkten beispielsweise die Beiträge von Locher/Blind, NJW 1971, 2290; Baumann, NJW 1971, 23; Otto, NJW 1979, 681.

513 Kortmann, Der Eigentumserwerb an Mobilien in öffentlicher Versteigerung nach dem Recht der Gegenwart (Marburg 1913).

514 Dechange, Die öffentliche Versteigerung im Bürgerlichen Gesetzbuch (Köln 1938).

515 Dünkel, Öffentliche Versteigerung und gutgläubiger Erwerb (Karlsruhe 1970).

516 Wicher, Der Versteigerer, Hamburg 1961.

517 Marx/Arens, Der Auktionator, Neuwied 1992.

518 Vgl. hierzu u.a. Hoyningen-Huene, NJW 1973, 1473ff; Westerholt/Graupner, NJW 1978, 794ff; Picker in: Kunst und Recht, 43 (48); Picker IV.1.

519 Siehe hierzu u.a. Löhr, GRUR 1976, 411ff; Heinbuch NJW 1984, 15ff; Schrader in: FS Kirchner, 343ff; Picker, V.1. und V.2; Picker in: Kunst und Recht, 43 (46ff). Vgl. zum Sachmangel in dem Zusammenhang beispielsweise RGZ 114, 239 (Thoma-Fall); RGZ 115, 286 (Ostade/Teniers-Fall); RGZ 135, 339 (Van-Ruistael-Fall); BGH NJW 1972, 1658 (Rubens-Fall); BGHZ 63, 369 (Jawlensky-Fall); BGH NJW 1980, 1619 (Bodensee-Kunstauktion-Fall); OLG München Urteil v. 16.10.1980 - 14 U 299/80; OLG Frankfurt/Main NJW 1993, 1477. Zum Rechtsmangel siehe u.a. OLG München Urt. v. 05.02.1986 - 15 U 3986/86; LG München Urt. v. 07.05.1975 - 4 O 429/74. Bezüglich des Ausschlußes für Sach- bzw. Rechtsmängel in den Allgemeinen Versteigerungsbedingungen vgl. Picker IV.1.

520 Vgl. Thomsen, Käuferschutz bei Kunstauktionen, Bielefeld 1989.

es auf den ersten Blick erscheint, dessen Interessen ausnahmslos hinter denen des Verkehrsschutzes zurücktreten.

Das nachfolgende Kapitel erörtert auf der Basis der Bedeutung von Versteigerungen für den Kunstmarkt (I.) und des Begriffs der "öffentlichen Versteigerung" (II. 1. und II. 2.) zunächst die Frage, ob auch der Bösgläubige im Rahmen einer öffentlichen Auktion Eigentum an einem bestimmten Objekt erwerben kann (III. 1 - III. 3). Daran anschließend wird aus kulturgüterschutzrechtlichem Blickwinkel nach einem Erklärungsversuch für § 935 II (2. Alt.) BGB gesucht (VI. 4.).

I. Die Bedeutung von Versteigerungen für den Kunstmarkt

Um die Bedeutung des § 935 II (2. Alt.) BGB darzulegen, wird im folgenden zunächst auf die Signifikanz eingegangen, die Versteigerungen für den Kunstmarkt haben. Hierbei ist grundsätzlich festzustellen, daß sowohl auf dem nationalen wie auch auf dem internationalen Kunstmarkt Versteigerungen einen besonderen Stellenwert einnehmen. Dies liegt an mehreren Faktoren: Zum einen bestehen bei einer Auktion[521] im Gegensatz zu anderen Verkaufsarten bei geschicktem Vorgehen besonders gute Gewinnerzielungsmöglichkeiten[522], da mit dem Versteigerungsverfahren nicht nur ein "guter und gerechter"[523], sondern auch der "beste"[524] Preis erzielt werden soll[525]. Weiterhin kann durch eine Auktion der wahre Wert eines Gegenstandes ermittelt werden[526]. Zum anderen stellt das Auktionsgeschäft innerhalb des Kunstmarktes einen außerordentlich bedeutenden Wirtschaftsfaktor dar. Neben der Tatsache, daß Kunstgegenstände in der heutigen Zeit von manchen Interessenten primär als "lohnende Investition"[527] und Anlageobjekte betrachtet werden[528], spiegelt sich dies auch in den Bilanzzahlen der großen Auktionshäuser wieder. Aufgrund

---

521 Die Begriffe "Versteigerung" und "Auktion" werden im folgenden im synonymen Sinn verwendet.
522 So Hoyningen-Huene, NJW 1973, 1473 (1473).
523 Dünkel, 6; Tentler, 10. Vgl. unter dem Gesichtspunkt des materiellen Erfolges auch Mot. III, 349.
524 Vgl. Katz, 10.
525 Vor dem Hintergrund dieser ökonomischen Überlegungen ist unter Berücksichtigung des § 383 II BGB anzumerken, daß der Schuldner im Fall der Versteigerung an einem anderen als dem Erfüllungsort nachweisen muß, daß die Auktion am gesetzlich bestimmten Ort keinen höheren Erlös erbracht hätte, vgl. RGZ 110, 268 (270).
526 Vgl. Dünkel, 6.
527 So Knott, 22.
528 Vgl. in dem Zusammenhang den Umstand, daß eine Paradiesvogelbrosche, die im Rahmen einer Sotheby's-Auktion veräußert werden soll, mit "Anlagedauer: ewig" bewertet wurde, Focus 33/1994, 142.

der bedeutenden Funktion, die Auktionsfirmen für den Handel mit Kunst- und Kulturgütern haben, wird im folgenden auf die Bilanzen 1993/1994 der beiden international tätigen Versteigerungskonzerne Sotheby's und Christie's eingegangen.

Das weltweit führende Auktionshaus Sotheby's steigerte im Geschäftsjahr ("season"[529]) 1993/1994 seinen Umsatz gegenüber dem Vorjahr[530] um 19%[531] auf 919 Millionen Pfund (1.38 Billionen US-$ / 2.3 Milliarden DM)[532]. Die Ursache dieser Bilanzsteigerung bildeten zahlreiche und äußerst erfolgreiche Versteigerungen von Sammlungen, die sich in den Händen von Einzeleigentümern befanden, so u.a. der Beaumont-Collection[533] und der Sammlung Thurn und Taxis[534]. Gerade letztgenannte Auktion ist ein sehr gutes Beispiel für die Bildung und Beteiligung einer neuen Käuferschicht, den Privatsammlern[535] an Versteigerungen.

Damit ist Sotheby's das 1994 weltweit erfolgreichste und älteste[536] Auktionshaus. Sotheby's unterhält weltweit über 100 Büros, ist Teilhaber des "International Art & Antique Loss Register Ltd" London und sowohl in New York als auch London an der Börse notiert[537]. Die Bilanz ließ aber auch ein gegenüber dem ersten Halbjahr 1993 verlangsamtes Wachstum von 10% für dasjenige 1994 erkennen[538]. Bestätigt wurde dies durch die Halbzeitbilanz 1994: Hier gelang es Christie's mit einem Halbzeit-Umsatz von 393 Millionen

529 Der terminus "season" bezeichnet traditionell einen Zeitabschnitt im Kunstmarktgeschäft, der in der Regel die Monate August bis Juli umfaßt, allerdings ohne Bezug auf fiskalische Zeiträume oder reguläre Bilanzperioden.
530 1992/1993: 773 Millionen Pfund / 1.19 Billionen US-$.
531 15% in US-$.
532 Quelle: Sotheby's Press-Release New York v. 27.07.1994.
533 Erlös: 13 Millionen SF / 6 Millionen Pfund.
534 Erlös: 31.256.700 DM / 13.3 Millionen Pfund.
535 In dem Zusammenhang ist etwa darauf hinzuweisen, daß innerhalb deutscher Auktionen die zehn höchsten Zuschläge für Bilder im Jahre 1994 allesamt in Privatbesitz gelangten, vgl. Gropp, FAZ v. 24.12.1994, 31.
536 Mit der ersten, 1744, veranstalteten Versteigerung besteht es somit seit 250 Jahren, wobei die ersten 200 Jahre im Zeichen von Buch-Auktionen standen, vgl. Pietsch, Art 3/1994, 123. Allerdings soll das Stockholmer Auktionshaus "Auktionsverket" seine Tätigkeit bereits im Jahr 1674 aufgenommen haben, vgl. Lengefeld, FAZ v. 20.08.1994, 29.
537 An der Londoner Börse sind allerdings nach längerfristiger Entwicklung bis Anfang August 1994 sowohl die Sotheby's-, als auch die Christie's-Aktie auf Kaufkurs zurückgefallen: So lag der Sotheby's-Wert im August 1994 bei 800 - 900 pence p.A. (Christie's: 170 - 190 pence p.A.), fallend im Vergleich zum Frühjahr 1994 mit 1200 - 1300 pence p.A. (Sotheby's; Christies: 230 - 250 pence p.A.). Quelle: Focus 32/1994, 139.
538 Vgl. Fischer, FAZ v. 03.09.1994, 33.

Pfund[539], das Auktionshaus Sotheby's (Halbzeit-Umsatz: 370 Millionen Pfund[540]) zu übertreffen[541].

Auch der größte Konkurrent Sotheby's, das international agierende Auktionshaus Christie's[542], konnte das Geschäftsjahr 1993 erfolgreich abschließen. So verzeichnete man einen Gesamterlös von 728.3 Millionen Pfund (1.9 Milliarden DM; 1992: 635.6 Millionen Pfund), was eine Umsatzsteigerung von 14% bedeutet[543]. Damit war 1993 das erfolgreichste Jahr für Christie's seit dem Zusammenbruch des Kunstmarktes 1990.

So konnte etwa ein Rekordpreis für ein Werk C.D. Friedrichs erzielt werden, dessen "Spaziergang in der Abenddämmerung" im Mai 1993 für 2.31 Millionen Pfund (5.8 Millionen DM) an das kalifornische J.-Paul-Getty Museum ging[544]. Das Getty-Museum konnte sich ebenfalls Michelangelos "The Holy Family with the Infant Baptist on the Rest on the Flight into Egypt" im Juli 1993 sichern[545] und zahlte mit 4.18 Millionen Pfund (10.7 Millionen DM) den höchsten Preis, der für einen Alten Meister im Rahmen einer Auktion erzielt wurde[546].

Im Rahmen einer Analyse der o.a. Bilanzen ist festzustellen, daß einerseits das Bietverhalten von professionellen Kunsthändlern auf Versteigerungen zögernder geworden ist, andererseits die Beteiligung von Privatleuten[547] gewachsen ist[548]. Gerade dieser letztgenannte Umstand zeigt aber, daß aufgrund eines - wie bereits oben kurz bemerkt - häufig wenig kunsterfahrenen Publikums[549] die Gefahr der Ersteigerung von Objekten zweifelhafter Herkunft nicht gering ist. Aus diesem Grund kommt dem Eigentumserwerb über § 935 II (2. Alt.) BGB eine besondere Bedeutung zu.

---

539 Ca. 983 Millionen DM.
540 Ca. 925 Millionen DM.
541 Vgl. Rump, Die Welt v. 31.12.1994, G7; Fischer, FAZ v. 31.12.1994, 33.
542 Eigtl. "Christie, Manson & Woods", seitdem 1859 Thomas Woods die von James Christie 1766 (Erste Versteigerung: 05.12.1766) gegründete und seit 1831 mit William Manson fortgeführte Firma leitete.
543 Vgl. Focus 32/1994, 139.
544 Vgl. Christie's Intl. plc - Report and Accounts 1993, 9; siehe auch Art 7/1993, 146.
545 Vgl. zu den Hintergründen und dem Ablauf dieser spektakulären Auktion auch das Interview mit der damals das Getty-Museum vertretenden Kunsthändlerin K. Bellinger in Der Spiegel 28/1993, 162.
546 Vgl. Christie's Intl. plc - Report and Accounts 1993, 10.
547 Dies wurde beispielsweise sehr deutlich bei der außerordentlich erfolgreichen Versteigerung der Objekte aus der Sammlung Thurn und Taxis, die einen Gesamterlös von 31.256.700 DM erzielte.
548 So Fischer, FAZ v. 03.09.1994, 33; Gropp, FAZ v. 17.09.1994, 1.
549 Vgl. Thomsen, 97.

In dem Zusammenhang ist auch zu berücksichtigen, daß sich der Kunst- und Antiquitätenhandel im Laufe der Zeit ständig neue Sammelgebiete erschlossen hat[550], die zu einer Vielfalt verschiedenartiger und teilweise sehr umfangreicher[551] Auktionsveranstaltungen geführt haben[552], so daß im Ergebnis nahezu jeder Sammler eine Auktion seines speziellen Sammelgebietes finden kann. Dies ist einer der Gründe dafür, daß sich stets neue Käuferschichten innerhalb des Kunstmarktes bildeten[553]. Zu bedenken ist aber, daß, auch im Fall außergewöhnlicher Versteigerungen, diese ca. 1 Million DM als Gesamtschätzpreis[554] aufweisen muß, um rentabel zu sein[555]; dies nicht zuletzt unter Berücksichtigung der Tatsache, daß ca. 30% der Lose unverkauft bleiben und an den Einlieferer zurückgehen[556].

550 So sind neben klassischen Versteigerungsobjekten wie Gemälden, Antiquitäten, Teppichen etc. mittlerweile auch zu finden: Teddybären (vgl. FAZ v. 31.12.1993, 33), Autokennzeichen (vgl. FAZ v. 31.12.1993, 33), Original-Tuschezeichnungen aus Comics (vgl. FAZ v. 11.06.1994, 34; FAZ v. 04.09.1993, 31), "Cels" bzw. "celluloids" (Einzelbilder berühmter Zeichentrickfilme, vgl. FAZ v. 04.06.1992, 32), Liebesbriefe berühmter Politiker (vgl. FAZ v. 21.05.1994, 33 - Winston Churchill), Puppen (vgl. FAZ v. 12.02.1994, 33), Spionage-Memorabilia (vgl. Focus 28/1994, 165 und Der Spiegel 20/1994, 204 - Kim Philby), Originalhandschriften (vgl. Focus 28/1994, 116; FAZ v. 25.06.1994, 35 - Leonardo da Vinci (Limit: 10 Millionen US-$, verkauft schließlich für nahezu 40 Millionen DM im November 1994, vgl. Stephan, FAZ v. 15.11.1994, 37) sowie Panzer und Flugzeuge (vgl. FAZ v. 04.06.1994, 34). Sogar Mordwaffen wurden bereits versteigert: So erzielte am 26.12.1991 in New York die Waffe (Colt Cobra Kal. 38; Wert 1963: 62.50 US-$), mit der Jack Ruby am 24.11.1963 den mutmaßlichen Mörder Präsident John F. Kennedys, Lee Harvey Oswald, in Dallas erschoß, im Rahmen einer Auktion einen Erlös von 350.000 DM (Mindestpreis: 170.000 DM), dpa-Meldung v. 27.12.1991. Mit am kuriosesten erscheint in dem Zusammenhang die Tatsache, daß es einem Amerikaner gelungen ist, im Rahmen einer Auktion Metall- und Maschinenteile zu ersteigern, bei denen es sich um das Herzstück einer Wiederaufbereitungs- und Anreicherungsanlage für Uran handelte (vgl. ausf. Rademacher, FAZ v. 06.08.1994, 3). Vgl. auch Schrader in: FS Kirchner, 343 (348).

551 So z.B. eine Mammutauktion von 301 Inkunabeln durch Sotheby's London für die Schloßbibliothek Donaueschingen, vgl. Art 8/1994, 126.

552 Exemplarisch sind zu nennen: Sotheby's Greenpeace-Auktion im März 1994 (vgl. FAZ v. 12.03.1994, 33); zahlreiche Benefiz-Auktionen für in Kriegsgebieten lebende Bevölkerung (vgl. FAZ v. 12.03.1994, 34 und Jessen, FAZ v. 25.03.1994, 33 - Sarajevo); Auktion anläßlich des fünfzigsten Jahrestages der Landung der Alliierten in der Normandie (vgl. FAZ v. 04.06.1994, 34); Versteigerung für Kinder, die an den Folgen der Atomkatastrophe in Tschernobyl und AIDS erkrankt sind (vgl. FAZ v. 05.02.1994, 33).

553 Vgl. Thomsen, 1. Dieser Umstand wird auch von Sotheby's als ein Grund für die Steigerung des Gewinns der "season" 93/94 angeführt, vgl. Sotheby's Press Release New York v. 27.07.1994, 2.

554 Der Gesamtschätzpreis ist die Summe aller einzelnen Schätzpreise, bei denen es sich allerdings nicht notwendigerweise um den objektiven Gegenstandswert handeln muß. Schätzpreise sind daher nur Annäherungswerte (Auskunft des Bundesverbandes Deutscher Kunstversteigerer v. 05.11.1984, zit. nach Picker, XIV.2.).

555 Vgl. Picker in: Kunst und Recht, 43 (45).

556 So Picker, XIX.

II. Der Begriff der "öffentlichen Versteigerung" in § 935 II (2. Alt.) BGB

Bereits die Definition des Begriffs der "öffentlichen Versteigerung" bereitet Schwierigkeiten. Häufig findet sich in ausdrücklicher oder konkludenter Form der Hinweis, § 383 III 1 BGB enthalte eine Legaldefinition des Begriffs "öffentliche Versteigerung"[557]. Dies ist aber nur teilweise zutreffend, denn § 383 III BGB bestimmt nur, wann eine Versteigerung zu einer "öffentlichen" wird. Dies ist dann der Fall, wenn die Versteigerung durch einen für den Versteigerungsort bestellten Gerichtsvollzieher oder zu Versteigerungen befugten anderen Beamten oder öffentlich angestellten Versteigerer öffentlich erfolgt. Wie aber die Versteigerung selbst zu definieren ist, ergibt sich nicht aus § 383 III BGB[558]. Da allerdings von der Klärung dieses Begriffes abhängt, welche Veranstaltungen als Versteigerungen anzusehen sind, ist es notwendig, im Vorfeld der Untersuchung des § 935 II (2. Alt.) BGB zu bestimmen, was unter einer Versteigerung im zivilrechtlichen Sinne zu verstehen ist.

1. Die "Versteigerung"

Zunächst ist festzustellen, daß die im Zusammenhang mit § 935 II (2. Alt.) BGB relevanten öffentlich-rechtlichen Normen der § 34 b GewO, § 246 GVGA bzw. § 20 III BNotO[559] keinen Aufschluß über den Versteigerungsbegriff geben. Auch die Verordnung über gewerbsmäßige Versteigerungen[560] als juristische Grundlage jeder Auktion[561] bestimmt nicht den zentralen Begriff

---

557 Vgl. u.a. BGH NJW 1990, 899 (900); Planck-Brodmann, § 935, Erl. 6 c; Staudinger-Wiegand, § 935, RN 27; Soergel-Mühl, § 935, RN 14; RGRK-Pikart, § 935, RN 38; Jauernig-Jauernig, § 935, Anm. 4 c; Palandt-Bassenge, § 935, RN 5; Westermann, § 49 III 2; Schwab/Prütting, § 35 V 2; Wolff/Raiser, § 69 I 4 b; Kuhnt, MDR 1953, 641 (641); Frank/Veh, JA 1983, 249 (250). Differenzierend Dünkel, 39, 51; Picker, VI.1.

558 Im Ergebnis so auch Bleutge, WiVerw 1987, 218 (221).

559 Nach diesen Normen bestimmt sich die Zuständigkeit der für eine öffentliche Versteigerung verantwortlichen Personen wie Gerichtsvollzieher (§ 246 GVGA) und Notar (§ 20 BNotO), vgl. Palandt-Heinrichs, § 383, RN 4.

560 Verordnung vom 12.01.1961 (BGBl I, S. 43) in der Fassung der Bekanntmachung v. 01.06.1976 (BGBl I, S. 1345), geändert durch VO v. 28.11.1979 (BGBl I, S. 1986), VO v. 24.08.1984 (BGBl I, S. 1154) und VO v. 07.11.1990 (BGBl I, S. 2476). Im folgenden mit "VerstV" bezeichnet.

561 Weitere rechtsgeschäftliche Vereinbarungen erfolgen in der Regel auf der Basis der Allgemeinen Versteigerungsbedingungen (vgl. hierzu etwa das Muster von Versteigerungsbedingungen eines Kunstauktionators in: Münchner Vertragshandbuch, Band 4, 1. Halbband, Nr. VI.12. zu beachten ist hierbei, daß auch die einer Auktion zugrundeliegenden Versteigerungsbedingungen einer Prüfung durch das AGB-Gesetz standhalten müssen (so Picker, IV.1.) in Verbindung mit einem entsprechenden Versteigerungsvertrag zwischen Versteigerer und Einlieferer bzw. Erwerber (vgl. zu

der Versteigerung. Da sich auch in den Normen des BGB, die neben § 935 II (2. Alt.) und § 383 BGB die Versteigerung zum Gegenstand haben[562], kein Hinweis darauf findet, was unter Auktion zu verstehen ist, ist eine Definition ohne Hilfe des Gesetzgebers zu entwickeln.

Dabei ist unter Berücksichtigung des Ursprunges des terminus "Auktion"[563] unter Versteigerung der Verkauf eines Gegenstandes oder Rechts zum höchstmöglichen, durch Wettbewerb unter den Kaufinteressenten mit der Möglichkeit des Überbietens, erzielbaren Preis zu verstehen[564].

2. Die "öffentliche" Versteigerung

Die Auktion wird dann zu einer öffentlichen Versteigerung im Sinne des § 935 II (2. Alt.) BGB, wenn die Voraussetzungen des § 383 III 1 BGB vorliegen. Damit muß die Zuständigkeit entsprechender Personen wie des Gerichtsvollziehers[565], des Notars[566] oder der gemäß § 34 b V GewO bestellten Personen - also öffentlich bestellten Versteigerers - zu bejahen sein und das Verfahren öffentlich durchgeführt werden. Diese öffentliche Durchführung des Verfahrens ist dann gegeben, wenn unter Berücksichtigung des § 383 III 2 BGB Zeit und Ort der Versteigerung unter allgemeiner Bezeichnung der Sache öffentlich bekanntgemacht werden[567]. Weiterhin ist die Versteigerung einem unbeschränk-

---

den hier möglichen Konstellationen ausführlich Hoyningen-Huene, NJW 1973, 1473; Schneider, DB 1981, 199).

562 Vgl. neben der bedeutsamen Versteigerungsnorm des § 156 BGB auch die §§ 384 - 386, 461, 489, 979 - 981 und 1235 - 1243 BGB.

563 Lat., eigentlich "Vermehrung"; auch im Sinne von Preis-"Steigern" zu verstehen.

564 Vgl. Wicher, 50. Aus öffentlich-rechtlichem Blickwinkel kann auf Basis des § 34b GewO Versteigerung auch als die "Aufforderung an eine Mehrzahl von Personen, für den Erwerb eines Gegenstandes oder Rechts Preisangebote abzugeben" definiert werden, vgl. Friauf-Höfling, § 34b RN 7; vgl. auch Günther, 46. Siehe zur Entwicklung der Versteigerung in Deutschland seit dem 13. bis zum Ende des 18. Jahrhunderts Dünkel, 4ff. Beachte in diesem Zusammenhang auch die umstrittenen Formen der Versteigerung wie z.B. der Abwärtsversteigerung (gegen eine Qualifizierung als Versteigerung im obigen Sinne etwa Bleutge, WiVerw 1987, 218 (222); a.A.: Landmann/Rohmer-Bleutge, § 34b GewO, RN 51; Erbs/Kohlhaas, § 34b, Anm. 2; Marx/Arens, § 34b, RN 27ff; Picker in: Kunst und Recht, 43 (51); Picker, IV.1.), der Ein-Mann-Versteigerung (Bleutge, WiVerw 1987, 218 (224)), der verschiedenen Konstellationen des telefonischen Mitsteigerns (Bleutge, WiVerw 1987, 218 (224f); Friauf-Höfling, § 34bGewO, RN 35; Landmann/Rohmer-Bleutge, § 34b, RN 6a; Thomsen, 53; Schrader in: FS Kirchner, 343 (352); BGH WM 1984, 1065; OLG Düsseldorf NJW 1991, 1492) und des telegraphischen Mitbietens (vgl. Bleutge, WiVerw 1987, 218 (226f); BGH NJW 1981, 1204).

565 Vgl. § 246 GVGA.

566 Vgl. § 20 III BNotO.

567 Hierbei handelt es sich um ein "wesentliches", kein "begriffliches" Erfordernis, vgl. Dünkel, 53.

ten Personenkreis zugänglich zu machen[568], also jedermann zuzulassen[569]. Im Fall des Hamburger Siegeltypars wurde man diesem letztgenannten Erfordernis dadurch gerecht, indem das Kunsthaus, welches das Siegel versteigerte, den Auktionskatalog der fraglichen Versteigerung zahlreichen Museen sowie dem BKA zuschickte und durch überregionale Tageszeitungen[570] auf die Auktion hinwies[571].

Abzugrenzen ist die öffentliche Versteigerung einerseits von Auktionen im Zwangsvollstreckungsverfahren auf Basis der §§ 814ff ZPO, da zum einen die Versteigerung dort kraft staatlicher Zwangsgewalt, also durch Staatshoheitsakt[572], erfolgt und zum anderen der Ersteher ohne Berücksichtigung einer eventuellen Bösgläubigkeit das Eigentum an der Sache erhält[573]. In dem Zusammenhang ist anzumerken, daß gerade letztgenanntes Kriterium einer Auffassung zufolge, auf die sogleich näher eingegangen wird, nicht als Unterscheidungsmerkmal zwischen öffentlicher Versteigerung im Sinne des § 935 II (2. Alt.) und der Auktion aufgrund der §§ 814ff ZPO dienen kann[574].

Andererseits ist die öffentliche Versteigerung abzugrenzen von der Versteigerung, die zwar öffentlich durchgeführt, nicht aber den Anforderungen des § 383 III BGB gerecht wird. Diese hatte der historische Gesetzgeber "angesichts des Unfuges, der gerade in der neuesten Zeit mit schwindelhaften Versteigerungen gewerbsmäßig betrieben"[575] wurde, aus dem Schutzbereich des § 935 II (2. Alt.) BGB herausgenommen.

Weiterhin ist zu bedenken, daß nicht nur diejenigen Auktionen als Versteigerungen zu werten sind, die in einem Gesetz besonders genannt sind. Auch die sogenannten "freiwilligen" Versteigerungen stellen Auktionen im Sinne des § 935 II (2. Alt.) BGB dar und genießen dessen Schutz[576] soweit sie die Anforderungen des § 383 III BGB erfüllen[577].

---

568 Vgl. Dünkel, 51.
569 Vgl. BGH NJW 1990, 899 (900).
570 In dem Fall beispielsweise FAZ, SZ, Die Welt.
571 Vgl. BGH NJW 1990, 899 (900).
572 Vgl. Dünkel, 47.
573 Vgl. RGZ 156, 395 (398); Soergel-Mühl, § 935, RN 14; Kuhnt, MDR 1953, 641 (641).
574 So beispielsweise Schwab/Prütting, § 35 V 2; Wolff/Raiser, § 69 I 4b.
575 Vgl. Schubert, Sachenrecht 1, 896.
576 Vgl. BGH WM 1989, 1902; BGH NJW 1990, 899 (900); Schwab/Prütting, § 35 V 2.
577 Vgl. Dünkel, 69f.

Da die Auktion im Sinne von § 383 III 1 BGB öffentlich bekanntgemacht worden und jedermann zu ihr zugelassen war[578], konnte auch im Fall des Hamburger Siegeltypars ein gutgläubiger Erwerb gemäß § 935 II (2. Alt.) BGB erfolgen - allerdings nicht, wie der BGH annimmt[579], schon mit dem Zuschlag, da durch diesen unter Berücksichtigung des Abstraktionsprinzips kein Eigentumsübergang bewirkt werden kann[580], sondern erst mit der Übergabe des Kulturguts an die gutgläubige Bieterin[581].

III. Das Rechtsproblem der Bösgläubigkeit bei § 935 II (2. Alt.) BGB

Im Zusammenhang mit § 935 II (2. Alt.) BGB ist umstritten, ob auch der bösgläubige Bieter bei einer öffentlichen Versteigerung das Eigentum an abhandengekommenen Sachen, wie Diebesgut, erlangen kann. Hiervon zu unterscheiden ist die Frage der Gefahrtragung in dem Fall, daß im Anschluß an eine Auktion versteigerte, aber noch nicht abgeholte bzw. unversteigerte Objekte gestohlen werden[582].

Ausgehend von einem Fallbeispiel (1.) werden die gegensätzlichen Ansichten von Rechtsprechung und Literatur dargestellt (2.). Vor dem Hintergrund nicht nur der ratio des § 935 II (2. Alt.) BGB, sondern auch unter Berücksichtigung von Erörterungen, die sich am heutigen Kunstauktionswesen orientieren, folgen Ausführungen zu dieser speziellen Rechtsproblematik (3.), denen sich ein Erklärungsversuch des § 935 II (2. Alt.) BGB mit kulturgüterschutzrechtlichen Überlegungen anschließt (4.).

1. Die öffentliche Versteigerung abhandengekommener Sachen gemäß § 935 II (2. Alt.) BGB

Das Rechtsproblem einleitend und zur besseren Veranschaulichung sei folgender Beispielsfall angeführt: Der Bieter B erhält den Zuschlag auf einer öffentlichen Versteigerung für ein Kunstobjekt, welches ihm auch übergeben wird. B weiß allerdings positiv, daß es sich bei dem Gegenstand um eine Leihgabe handelt, die dem Entleiher während einer Ausstellung einige Monate zuvor entwendet wurde.

---

578 Siehe BGH NJW 1990, 899 (900).
579 Vgl. BGH NJW 1990, 899 (900).
580 Vgl. Frank/Veh, JA 1983, 249 (250).
581 In diesem Zusammenhang ebenso unkorrekt das erste Beispiel von Baur/Stürner, § 52 V 4 c. bb. (1).
582 Vgl. Schneider, DB 1981, 199 (200); Picker, IV.3., XIV.2.

Bei diesem zwar fiktiven, aber keineswegs unwahrscheinlichen[583] Fall stellt sich die Frage, ob ein erfolgreicher Bieter trotz seiner Bösgläubigkeit an dem gestohlenen objet d'art gemäß § 935 II (2. Alt.) BGB Eigentum erworben hat.

Voraussetzung für einen solchen Eigentumserwerb ist neben dem Zuschlag auch die Übergabe des Gegenstandes gemäß § 932 I 1 BGB[584]. Fraglich ist, ob zu diesen Merkmalen auch noch das Erfordernis der Nicht-Bösgläubigkeit des Erwerbers hinzutreten muß, damit dieser Eigentum über § 935 II (2. Alt.) erwerben kann. Bei der Beantwortung der Frage, ob auch bei Bösgläubigkeit des Bieters ein Eigentumserwerb möglich ist, ist also zu klären, ob der Charakter der öffentlichen Versteigerung die Bösgläubigkeit eines Bieters tilgen kann.

2. Die Auffassungen von Rechtsprechung und Literatur

Zur Klärung der hier gestellten Frage hilft der Wortlaut des § 935 II (2. Alt.) BGB nicht weiter, da nur konstatiert wird, daß die Vorschrift des § 935 I BGB unter bestimmten Umständen keine Anwendung findet. Zum Erfordernis der Gutgläubigkeit des potentiellen Erwerbers läßt sich dem Wortlaut nichts entnehmen.

Nicht zuletzt aufgrund dieses Schweigens des historischen Gesetzgebers formierte sich eine Meinung, derzufolge auch ein bösgläubiger Bieter Eigentum über § 935 II (2. Alt.) BGB erwerben könne[585].

Die dieser Ansicht entgegengesetzte Meinung vertritt die Auffassung, daß eine öffentliche Versteigerung nicht die Bösgläubigkeit des Bieters tilgen könne.

---

583 Dies zeigt einerseits der Diebstahl von Fabergé-Eiern (gestaltet vom russischen Goldschmied Karl Gustavovich Fabergé (1864 - 1920), der u.a. am Hof Zar Alexanders III. tätig war und im Rahmen seiner Karriere die Fabergé-Manufakturen in St. Petersburg und Moskau gründete) im britischen Lutton Hoo und dem Sitz des Herzogs von Roxburghe (vgl. FAZ v. 16.05.1994, 9 und Der Spiegel v. 13.06.1994, 176 (177)), andererseits die wenige Tage später stattfindende Versteigerung von zwei Fabergé-Eiern im Rahmen der Genfer Frühjahrsversteigerung des Auktionshauses Christies (vgl. Neumeister, FAZ v. 28.05.1994, 33), bei der das teuerste Objekt - das für den russischen Goldmagnaten A. F. Kelch im Jahr 1901 kreierte "Apfelblüten-Ei" von Fabergé - mit 1.1 Millionen Franken, welche nahezu die doppelte Taxe darstellten, zugeschlagen wurde. Vgl. in dem Zusammenhang auch den Fall Koerfer v. Goldschmidt (BGE 94, II, 297), innerhalb dessen ein Bieter im Wissen um das Verhalten in der NS-Zeit auf einer Schweizer Auktion Bilder aus einer jüdischen Kollektion erwarb, Knott, 79ff, 171f.

584 Vgl. Frank/Veh, JA 1983, 249 (250).

585 Vgl. Schwab/Prütting, § 35 V 2; Wolff/Raiser, § 69 I 4 b.

Dieser Ansicht zufolge kann ein Erwerber, der mala fides handelt, nicht über § 935 II (2. Alt.) BGB Eigentum erwerben[586].

3. Die ratio des § 935 II (2. Alt.) BGB

Ebenso wie bei der Rechtsproblematik des unfreiwilligen Besitzverlustes eines bösgläubigen Eigenbesitzers im Rahmen des § 935 I BGB kann eine Untersuchung der Umstände, die den historischen Gesetzgeber zur Schaffung des § 935 II (2. Alt.) BGB veranlaßten, zur Klärung der vorliegenden Frage hilfreich sein.

Der Gesetzgeber ist bei der Fassung des § 935 II (2. Alt.) BGB zunächst davon ausgegangen, daß der "Umstand, daß die Sache eine gestohlene oder verlorene war, eine dem Ersteher nachtheilige Wirkung"[587] nicht haben kann, da "sonst das Vertrauen auf die unter öffentlicher Autorität vorgenommenen Veräußerungen beeinträchtigt und der materielle Erfolg der Versteigerung gefährdet sein würde."[588] Gleichzeitig stellt der Gesetzgeber aber auch klar: "So weit zu gehen, daß auch auf die mala fides des Käufers keine Rücksicht zu nehmen ist, erscheint nicht gerechtfertigt (...)."[589] Vor diesem Hintergrund ist nur sehr schwer nachvollziehbar, wenn teils ohne jede Begründung[590], teils mit dem Hinweis, der "Wortlaut spreche vielleicht dagegen, der Geist des Gesetzes dafür"[591], argumentiert wird, auch der bösgläubige Erwerber könnte bei einer öffentlichen Versteigerung der fraglichen Sache den Makel des Abhandenkommens rauben[592]. Gerade letzteres, im Ergebnis nicht überzeugendes[593] Argument erscheint unter Berücksichtigung der unmißverständlichen Aussagen des Gesetzgebers um so rätselhafter.

Zu folgen ist daher der Auffassung, dergemäß eine öffentliche Versteigerung lediglich die Anwendbarkeit des § 935 I BGB entfallen läßt. Alle übrigen Er-

---

586 Vgl. RGZ 103, 286 (288); KG SeuffA 65 Nr. 10; BGH NJW 1990, 899 (900); Planck-Brodmann, § 935, Erl. 6c; Soergel-Mühl, § 935, RN 14; RGRK-Pikart, § 935, RN 38; Palandt-Bassenge, § 935, RN 5; Staudinger-Wiegand, § 935, RN 23, 27; Jauernig-Jauernig, § 935, Anm. 4; Baur/Stürner, § 52 V 4a; v. Gierke, § 32 I 3b; Westermann, § 49 III 2; Kuhnt, MDR 1953, 641 (641); wohl auch: Müller, RN 2417.

587 Vgl. Mot. III, 349.

588 Vgl. Mot. III, 349.

589 Vgl. Mot. III, 349 a.E. sowie Jakobs/Schubert, Sachenrecht III, 613 ("redlichen Erwerber"); Schubert, Sachenrecht 1, 896 ("redliche Erwerbung von Sachen in öffentlicher Versteigerung"); Jakobs/Schubert, Sachenrecht III, 608.

590 So Schwab/Prütting, § 35 V 2.

591 Vgl. Wolff/Raiser, § 69 I 4b.

592 Vgl. Wolff/Raiser, § 69 I 4b.

593 So zutreffend bereits Planck-Brodmann, § 935, Erl. 6c.

werbsvoraussetzungen, und somit auch der Umstand, daß der potentielle Erwerber nicht bösgläubig sein darf, bleiben unberührt[594]. Handelt der Bieter also mit mala fides, ist das dingliche Rechtsgeschäft mit einem Mangel behaftet, der einem Eigentumserwerb nach § 935 II (2. Alt.) BGB entgegensteht[595]. Konsequenterweise kann der bösgläubige Erwerber einer gestohlenen Ware dann auch einem gutgläubigen Nacherwerber kein Eigentum am fraglichen Objekt verschaffen[596].

Bei Bösgläubigkeit eines potentiellen Erwerbers findet § 932 II BGB[597] Anwendung. Dabei ist unter Berücksichtigung der Besonderheiten der öffentlichen Versteigerung festzustellen, daß speziell durch die Öffentlichkeit dieses Verfahren derart unverdächtig wirkt, daß Umstände, die sonst auf das fehlende Eigentum des Veräußeres hindeuten könnten, in der Regel fehlen werden, womit eine Nachforschungspflicht - zumindest für den Erwerber - zu verneinen ist[598].

Zusammenfassend läßt sich somit feststellen, daß der Eigentümer nur dann das Eigentum an einer abhandengekommenen Sache an einen anderen verliert, wenn dieser den fraglichen Gegenstand nicht bösgläubig im Rahmen einer Versteigerung erwirbt, die den Erfordernissen des § 383 III BGB entspricht.

4. § 935 II (2. Alt.) BGB und Kulturgüterschutz

Im Bereich des Kulturgüterschutzes stellt sich die Frage, warum gerade bei einer öffentlichen Versteigerung der Erwerber einer abhandengekommenen Sache schutzwürdiger ist als bei anderen auf dem Gutglaubensschutz basierenden Erwerbsgeschäften, die ja den Eigentümerschutz vor den Verkehrsschutz stellen[599].

Um eine Antwort auf diese Frage zu finden, ist zuerst zu untersuchen, welche aufeinanderprallenden Interessen der historische Gesetzgeber bei der Entscheidung für die Regelung durch diese Norm grundsätzlich zu berücksichtigen hatte. Im Fall des § 935 II (2. Alt.) BGB sind dies, wie bei § 932 BGB, einerseits das Erhaltungsinteresse des Eigentümers, andererseits das Erwerbsinter-

---

594 Vgl. Staudinger-Wiegand, § 935, RN 27.
595 Vgl. Kuhnt, MDR 1953, 641 (641).
596 Vgl. RGRK-Pikart § 935, RN 38.
597 Vgl. hierzu die Ausführungen in Kapitel 3, Abschnitt II.
598 So auch Dünkel, 50.
599 So bereits, allerdings ohne kulturgüterschutzrechtlichen Bezug, Dünkel, 56.

esse des Erstehers[600]. Bei den in Frage stehenden Objekten des § 935 II (2. Alt.) BGB geht Dünkel davon aus, daß der Fall, daß es sich bei dem Versteigerungsobjekt um ein unersetzbares Einzelstück handelt, bei dem es den Beteiligten gerade auf dieses Objekt ankommt, höchst selten sei. Der Gesetzgeber habe vielmehr auf den Fall abzustellen, in dem eine vertretbare Sache eines Massengutes in Streit stehe[601]. Solche Überlegungen sind vor dem Hintergrund der heutzutage gehandelten Auktionsobjekte, bei denen es sich in der Regel um kostbare Unikate handelt, die bei Verlust für den Eigentümer unersetzbar sind, nur begrenzt verwertbar.

Zu prüfen ist somit, ob und inwieweit die bisherigen Auslegungen zu § 935 II (2. Alt.) BGB auch dann tragen, wenn es sich bei den zu versteigernden Gegenständen um derartige Kostbarkeiten handelt.

Auf den ersten Blick erscheint keiner der bis heute entwickelten Rechtfertigungsversuche[602] für einen Vorrang des Verkehrsschutzes vor den Eigentümerinteressen zu überzeugen. So ist weder das Modell, welches unter der Bezeichnung "Verschweigungstheorie"[603] bekannt ist und demzufolge der Eigentümer den Verlust der Sache verschuldet, wenn er während der Auktion schweigt, praktikabel. Dasselbe gilt für die sog. "extreme Autoritätstheorie"[604], dergemäß die Rechtfertigung rein aus der "öffentlichen Autorität"[605] des Verfahrens aufgrund der Versteigerung als staatlichem Hoheitsakt in Verbindung mit "besonderen Garantien"[606] heraus erfolgen soll. Auch der als "gemäßigte Erfolgstheorie"[607] bekannte Lösungsvorschlag, nach dem § 935 II (2. Alt.) BGB eine besondere Sicherheit als Anreiz zur Auktionsbeteiligung darstellen soll, überzeugt nicht vollkommen: Denn es ist vor dem Hintergrund der heutzutage überaus zahlreich und in ihrem Ablauf recht zügig stattfindenden Auktionen[608] für den Eigentümer nahezu unmöglich, aus der Vielzahl der Versteigerungen diejenige herauszufinden, auf der sein Objekt aufgerufen wird[609]. Damit erweist sich die Verschweigungstheorie als im Ergebnis unpraktikabel. Daran ändert auch nichts die Einstellung mancher Händler und

600 Vgl. Dünkel, 57.
601 Vgl. Dünkel, 57.
602 So Dünkel, 56ff.
603 Vgl. beispielsweise Schultze, JherJb 49 (1905), 159, (184).
604 Vgl. u.a. Gierke, § 33 I 3 b.
605 Vgl. Jakobs/Schubert, Sachenrecht III, 607.
606 Vgl. Schubert, Sachenrecht 1, 896.
607 Vgl. z.B. Lent/Schwab, § 33 V 2.
608 Vgl. Frank/Veh, JA 1983, 249 (250).
609 Zu bedenken ist aber auch der, allerdings eher unwahrscheinliche Fall, daß es dem bestohlenen Eigentümer gelingt, die Versteigerung seines Objekts ausfindig zu machen und entsprechende Maßnahmen zu treffen; vgl. hierzu Picker in: Kunst und Recht, 43 (49); Picker, VI.1.

Auktionshäuser, daß die Publizität des Verkaufs- bzw. Versteigerungskataloges und die Versteigerung selbst ausreichen, etwaige Eigentümer über das Schicksal ihrer Objekte zu informieren[610].

Auch einer Rechtfertigung des § 935 II (2. Alt.) BGB allein auf Basis einer öffentlichen Autorität des Verfahrens ist kritisch zu begegnen, da sowohl der den Kaufvertrag begründende Zuschlag als auch der darauf basierende Vollzug gemäß §§ 929ff BGB nach den Grundsätzen des Zivilrechts erfolgen[611]. Die gemäßigte Autoritätstheorie krankt schließlich an dem Umstand, daß besondere Prüfungspflichten des Versteigerers im Zusammenhang mit dem dinglichen Rechtsverlust des ursprünglichen Eigentümers nicht begründbar sind[612].

Wenn man sich daher nicht der unbefriedigenden und bequemen Auffassung anschließt, es handele sich bei § 935 II (2. Alt.) BGB um ein innerlich unbegründetes Privileg[613], bleibt weiter die Frage offen, welcher Erklärungsversuch für die hier vorliegende Konstellation überzeugen kann.

Ein Lösungsvorschlag für den Vorrang des Verkehrsschutzes gegenüber der Eigentümerstellung beim Erwerb gemäß § 935 II (2. Alt.) BGB kann zunächst bei der Untersuchung der Hintergründe, die den historischen Gesetzgeber zur Schaffung der "Ausnahme von der Ausnahme"[614] veranlaßten, ansetzen. Hier kann folgender Hinweis des Gesetzgebers als erste Orientierungshilfe dienen: "Wenn eine Sache in einer Versteigerung erstanden wird (...), so darf dem Umstand, daß die Sache eine gestohlene oder verlorene war, eine dem Ersteher nach-theilige Wirkung überall nicht eingeräumt bleiben, da sonst das Vertrauen auf die unter öffentlicher Autorität vorgenommenen Veräußerungen beeinträchtigt und der materielle Erfolg der Versteigerung gefährdet sein würde."[615] Dies zeigt, daß der Gesetzgeber im Zusammenhang mit der Regelung des § 935 II (2. Alt.) BGB auf die beiden Faktoren "öffentliche Autorität" und "materieller Erfolg" großen Wert gelegt hat.

Der Gesetzgeber ging allerdings davon aus, daß es sich bei den Versteigerungsobjekten um Massengüter handelte, bei denen es Eigentümer und Erwerber nur um den in der Sache verkörperten Wert geht[616]. Dabei konnte nicht berücksichtigt werden, daß das in Rede stehende Objekt etwa ein Unikat dar-

610 Vgl. Knott, 39.
611 Vgl. Dünkel, 60.
612 Vgl. Dünkel, 61.
613 So nämlich Westermann, § 49 III 2.
614 So Frank/Veh, JA 1983, 249 (249).
615 Vgl. Mot. III, 349.
616 Vgl. Dünkel, 57.

stellt, dessen dinglicher Verlust für den Eigentümer sowohl materiellen als auch immateriellen Schaden zur Folge hat. Unter kulturgüterschutzrechtlichem Blickwinkel steht damit wieder der ursprüngliche Interessenkonflikt zwischen Eigentümer und Erwerber im Mittelpunkt der Überlegungen.

Zunächst ist festzustellen, daß dieser Interessenkonflikt nicht mit einer Umkehrung des vom Gesetzgeber entwickelten "Regel-Ausnahme-Ausnahme-Prinzips" gelöst werden kann, was im vorliegenden Fall wieder zur Regel, also dem Vorrang des Verkehrsschutzes, führen würde. Dies ergibt sich nicht zuletzt aus dem Umstand, daß der Gesetzgeber keinen speziellen, sondern den allgemeinen Fall zu regeln hatte[617]. Dies ändert aber auf der anderen Seite auch nichts an der Tatsache, daß ein Kunst- bzw. Kulturgegenstand nicht mit austauschbaren Massengütern auf eine Ebene gestellt werden kann. Damit ist zu prüfen, welche besonderen Maßnahmen durch welche Beteiligten ergriffen werden können, um den Konflikt zwischen Eigentümer- und Erwerberinteresse zu entspannen.

Bei der Klärung der Frage, wer im Rahmen noch näher zu konkretisierender Maßnahmen tätig werden sollte, kommen drei bei einer Auktion Beteiligte in Betracht: Einlieferer, Erwerber und Auktionator.

Fraglich ist, ob der Einlieferer, bei dem es sich in den meisten Fällen um den Eigentümer des Objekts handeln wird, tätig werden kann.

Ausgehend von der Kritik an der Verschweigungstheorie ist es dem Eigentümer einer abhandengekommenen Sache schlechterdings unzumutbar, seinem Objekt auf allen möglicherweise in Betracht kommenden Auktionen nachzustellen. Ein solches Tätigwerden wäre schon angesichts der zahlreichen und zügig verlaufenden Auktionen[618] ineffizient.

Auch ein Tätigwerden im Sinne einer rechtlichen Verpflichtung des grundsätzlich gutgläubigen, aber in der Regel wenig kunsterfahrenen[619] Bieters bzw. potentiellen Erwerbers in der Form, daß sich dieser zu vergewissern hat, ob alle Versteigerungsvoraussetzungen erfüllt sind, oder zu überprüfen hat, ob sich ein Empfangsberechtigter bei der Polizei gemeldet hat, ist nicht zu verlangen[620].

---

617 So auch Dünkel, 57.
618 Vgl. Frank/Veh, JA 1983, 249 (250).
619 Vgl. Thomsen, 97.
620 In dem Sinne auch Kuhnt, MDR 1953, 641 (642).

Daran ändert auch nichts die vom BGH[621] getroffene Feststellung, daß in zweifelhaften Fällen der Auktionator den Kaufinteressenten Gelegenheit geben kann, während einer angemessenen Frist die zur Versteigerung bestimmten Objekte zu besichtigen, ihre Echtheit zu prüfen und gegebenfalls selbst weitere Auskünfte einzuholen[622]. Eine solche Sicht von Versteigerungsabläufen deckt sich nicht mit der tatsächlichen Auktionspraxis. Denn - um nur die vom BGH angeführte Besichtigungsmöglichkeit zu erwähnen - ist eine solche in der deutschen Praxis regelmäßig nur zwei Stunden vor Beginn der Versteigerung möglich und somit viel zu kurz zur Informationseinholung. Vielmehr ist auf die Person und Funktion des Versteigerers abzustellen. Zu überlegen ist hierbei, ob und inwieweit den Auktionator besondere Sorgfaltspflichten hinsichtlich der für die Versteigerung bestimmten Objekte treffen. Die oftmals damit im Zusammenhang stehende Frage des Haftungsausschlusses[623] soll in diesem Zusammenhang nicht interessieren.

Schon aus rechtshistorischem Blickwinkel kann zunächst auf die Brandenburgische Verordnung Nr. 43 von 1756 hingewiesen werden, in deren § 2 es heißt: "Die Auctionatores sollen redliche, vernünftige Männer seyn."[624] Zwischen dieser Norm und dem heutigen § 34b GewO war § 42 der Versteigerervorschriften[625] anzusiedeln, der regelte, wann ein Auktionator einen Versteigerungsauftrag anzunehmen oder abzulehnen hatte. Letzteres war der Fall, wenn zu befürchten war, daß die Allgemeinheit - was aber auch für den einzelnen Käufer gelten mußte[626] - über Herkunft, Wert, Beschaffenheit etc. getäuscht werden könnte. Damit wurde eine Prüfungspflicht statuiert[627], die sich, ähnlich der "Redlichkeit" von 1756, heute nur noch ansatzweise unter öffentlich-rechtlichem Blickwinkel im terminus der "Zuverlässigkeit" des § 34b IV Nr. 1 GewO wiederfindet[628].

Im Vergleich zur früheren Regelung[629] ist bezüglich des § 34b GewO das Erfordernis des Nachweises einer Sach- und Fachkunde für Versteigerer entfallen. Zur Ausübung ist heute lediglich eine entsprechende Erlaubnis notwendig,

---

621 Vgl. BGHZ 63, 369 (Jawlensky).
622 So BGHZ 63, 369 (375).
623 Vgl. etwa BGHZ 63, 369 (Jawlensky).
624 Zitiert nach Schrader in: FS Kirchner, 343 (344); vgl. auch Schneider, DB 1981, 199 (199).
625 Verordnung zur Durchführung des Gesetzes über das Versteigerergewerbe (Versteigerervorschriften) vom 30.10.1934 (RGBl. I, S. 1091, 1111) in der Fassung der Ersten Verordnung zur Änderung der Versteigerervorschriften vom 04.02.1936 (RGBl. I, S. 59).
626 Vgl. Thomsen, 122.
627 Vgl. Thomsen, 121.
628 Vgl. Schrader in: FS Kirchner, 343 (344).
629 Vgl. Thomsen, 10.

die gemäß den Voraussetzungen des § 34b GewO erteilt wird und innerhalb derer eben auf die "Zuverlässigkeit" des Antragstellers abgestellt wird, vgl. § 34b IV Nr. 1 GewO. Vor dem Hintergrund des aus § 34b II GewO zu ermittelnden Schutzzweckes ist für die hier zu klärende Frage festzustellen, daß die ordnungsgemäße Versteigerung bei bestimmten wertvollen Sachen sichergestellt werden sollte, für die Kenntnisse der ordnungsgemäßen Abwicklung zu fordern sind[630].

Fraglich ist nun, wie diese "ordnungsgemäße Abwicklung" konkretisiert werden könnte. In einem Rechtsstreit, bei dem es um die Frage ging, ob eine Haftung des Auktionators für die Echtheit eines versteigerten Gegenstandes besteht, stellte das OLG Düsseldorf u.a. fest, daß bei der Vielzahl der Versteigerungsobjekte, die sich nicht nur auf Gemälde, sondern auch auf Möbel, Teppiche und Antiquitäten erstreckt, von einem Auktionator Nachforschungen über Herkunft und Echtheit nicht zu erwarten seien[631]. Das Gericht bezieht sich dabei[632] auf die "Jawlensky"-Entscheidung des BGH[633].

Fraglich ist aber, ob die vom OLG Düsseldorf als Argument zitierte Bezugsstelle der BGH-Entscheidung[634] als Beleg dafür zu werten ist, daß angesichts der Vielzahl und Eigenarten von Versteigerungsobjekten Nachforschungen nicht zu erwarten sind. Der BGH geht nämlich nicht von dieser Vielzahl und Eigenart, sondern von der Problematik des häufigen Eigentumswechsels aus[635]. Aufgrund dessen sei ein Auktionator nicht in der Lage, durch zumutbare eigene Nachforschungen Sicherheit über die Echtheit von Kunstgegenständen zu erlangen. Aus diesem Grund sei er auf die Auftraggeberangaben angewiesen[636]. In dem Zusammenhang ist anzumerken, daß die vollkommen ungeprüfte Übernahme von Einliefererangaben zwar die Ausnahme darstellt[637], aber dennoch relativ häufig auftritt[638]. Es besteht somit die Gefahr, daß das Kriterium der ordnungsgemäßen Abwicklung weitgehend überflüssig wird und sich die Tätigkeit des Auktionators in der einfachen Warenübertragung unter Außerachtlassung von Fach- und Sachkenntnis erschöpft, was bedauerlicherweise auch dem Selbstverständnis einiger Versteigerer heute entsprechen soll[639]. Der Auktionator hätte demnach eine reine Vermittlungsrolle

630 Vgl. Sieg/Leifermann/Tettinger, § 34 b RN 11.
631 Vgl. OLGZ 78, 317.
632 Vgl. OLGZ 78, 317 (319).
633 Vgl. BGHZ 63, 369.
634 Nämlich "BGHZ 63, 369 (374)".
635 Vgl. BGHZ 63, 369 (374).
636 Vgl. BGHZ 63, 369 (374).
637 Vgl. Thomsen, 11.
638 Vgl. Almeroth, 197.
639 So Thomsen, 3.

ohne jede Verantwortung für seine Handlung zwischen Einlieferer und Erwerber, wenn ihn keine Rechtspflicht zum Handeln trifft.

Das dies nicht so ist, zeigt ein vom LG Bielefeld entschiedener Fall[640]: Hier hatte der Kläger, ein international renommiertes und weit über die deutschen Grenzen hinaus bekanntes Auktionshaus, ein Gemälde[641] nur aufgrund von Signatur und Sujet einem bestimmten Künstler zugeschrieben. Nach der Versteigerung stellte sich das Werk dann als Fälschung heraus und das Auktionshaus forderte gemäß den entsprechenden Normen der Versteigerungsbedingungen i.V.m. §§ 346, 465, 462, 469 I, 433 BGB die Rückzahlung des an den Einlieferer ausgezahlten Preises. Das LG Bielefeld wies die Klage mit der Begründung ab, daß dem Kläger der Mangel des Bildes, nämlich die fehlende Echtheit, infolge grober Fahrlässigkeit unbekannt geblieben sei[642]. Grobfahrlässiges Handeln sei bei einer besonders schweren Vernachlässigung der im konkreten Fall erforderlichen Sorgfalt zu bejahen. Dabei sei zu differenzieren, ob der Käufer als Laie im Privatbereich oder als Fachmann im gewerblichen Bereich tätig wurde. Im zu entscheidenden Fall richteten sich die anzulegenden Sorgfaltspflichten nach dem Umstand, daß die Klägerin ein renommiertes und im Kunsthandel angesehenes Auktionshaus ist, womit ihre Sorgfaltspflicht entsprechend hoch sei. Daher habe die Klägerin ihr zur Versteigerung überlassene Bilder auf ihre Echtheit hin zu untersuchen, sofern die Umstände, so regelmäßig bei der Einlieferung durch einen Laien oder Privatmann, dazu Anlaß geben[643].

Diese Nachprüfungspflicht hinsichtlich der Echtheit ist ebenfalls bei der Frage nach der Herkunft eines Werkes zu beachten, da auch hier eine Sorgfaltspflicht des Auktionshauses besteht.

Somit ist unstreitig, daß eine "Bindegliedfunktion" des Auktionators zu bejahen ist, nicht zuletzt angesichts der Vertrauensstellung des Versteigerers[644], dergemäß er die Interessen beider Seiten zu berücksichtigen hat[645]: So sind die Gründe, die einen Einlieferer bewegen, sich an einen bestimmten Auktionator

640 Siehe LG Bielefeld, NJW 1990, 1999.
641 Angeblich das Werk "Enten am Teich" v. Alexander Koester.
642 Vgl. LG Bielefeld, NJW 1990, 1999.
643 Vgl. LG Bielefeld, NJW 1990, 1999; die im konkreten Fall vorgenommene Überprüfung entsprach aufgrund der Beschränkung auf nur Signatur und Sujet nicht den Anforderungen dieser Sorgfaltspflicht. Wäre das Objekt mit einiger Sorgfalt und geringer Gründlichkeit untersucht worden, wäre es vom Kläger als Fälschung identifiziert worden, vgl. LG Bielefeld, NJW 1990, 1999. Vgl. in diesem Zusammenhang auch Picker, Fälscher, 137.
644 So etwa Marx/Arens, § 6, RN 9 und § 11, RN 13.
645 Vgl. Hoyningen-Huene, NJW 1973, 1473 (1478).

zu wenden, neben dessen Sachkenntnis und Fachkunde[646] auch dessen Korrektheit in Geschäftsangelegenheiten und Erfolg. Demgegenüber bevorzugt ein Käufer ein bestimmtes Auktionshaus beispielsweise aufgrund dessen guter Reputation und Seriosität. Mit dieser Stellung eines unparteiischen Vermittlers trägt der Auktionator auch zur Preistransparenz des Kunstmarktes bei[647], da er als Mittler zwischen Angebot und Nachfrage sowie aufgrund seiner speziellen Marktkenntnis und seiner Geschäftserfahrung sowohl vom Einlieferer - dem häufig die nötige Fachkunde und Sachkenntnis fehlt[648] - als auch vom Erwerber konsultiert wird[649]. Gerade ein wenig kunsterfahrenes[650] Publikum erwartet, daß etwa die Angaben des Auktionskataloges zutreffend und wahr sind[651]. Hierbei kann sich ein besonderes Vertrauensverhältnis zwischen Käufer und dem als Kommissionär auftretenden Auktionator ergeben[652]. Allerdings kann der Versteigerer dieses Vertrauen nicht rechtfertigen, wenn er sich nur auf die Angaben seines Auftraggebers verläßt.

Daher ist zwar einerseits verständlich, daß eine Spezialkenntnis vom Auktionator hinsichtlich aller Künstler und deren Werke nicht erwartet werden kann[653]. Andererseits ist aber zu fordern, daß der Versteigerer, um seine verantwortungsvolle Funktion und Vertrauensstellung[654] innerhalb dieses "doppelten Rechtsverhältnisses"[655] adäquat erfüllen zu können, von sich aus etwa in den Fällen tätig wird, in denen ihm Angaben etwa zur Herkunft eines Kunstobjekts zweifelhaft erscheinen. Ein solches Handeln wird angesichts unbürokratischer und effizient arbeitender Institutionen wie dem ALR für den Auktionator unproblematisch möglich.

Denn es ist auch im Interesse des Versteigerers, bei zweifelhaften Fällen in überprüfender Weise tätig zu werden und sich nicht blind auf die Angaben des Einlieferers zu verlassen. Durch ein solches Tätigwerden könnten die Auktionshäuser auch dem Vorwurf des Handels mit objets d'art dubioser Herkunft entgegentreten. Wie bereits im Zusammenhang mit der Nachforschungspflicht im Rahmen des § 932 II BGB dargestellt[656], könnte so in Hinsicht auf den "good will" bzw. der Korrektheit in Geschäftsangelegenheiten eines Auktions-

646 Vgl. Thomsen, 8, 78, 80.
647 Vgl. Hoyningen-Huene, NJW 1973, 1473 (1478).
648 Vgl. Thomsen, 1, 8, 25.
649 Vgl. Schmidt-Rimpler, 563f.
650 Vgl. Thomsen, 97.
651 Vgl. Thomsen, 26.
652 Vgl. Thomsen, 57.
653 So auch OLG Düsseldorf, OLGZ 78, 317 (319).
654 Vgl. Thomsen, 60.
655 So Thomsen, 59.
656 Vgl. Kapitel 3, Abschnitt II.

hauses einem Image- und daraus resultierendem Kundenverlust vorgebeugt werden. Hierbei ist von großer Bedeutung, daß einerseits die Geschäftsverbindungen und die Reputation der Auktionshäuser zahlreiche potentielle Erwerber anziehen[657] und andererseits das Gütezeichen der Integrität in der Kunstwelt streng gehütet wird[658]. Die Tatsache, daß der Bundesverband deutscher Versteigerer die Auktionskataloge dem ALR zwecks Recherche zur Verfügung stellt[659], ist in diesem Zusammenhang ein erster Schritt.

Durch ein entsprechendes Tätigwerden könnte so unter anderem verhindert werden, daß gestohlene Kulturgüter über öffentliche Versteigerungen in den legalen Kunstmarkt eingespeist werden. Weiterhin würde ein potentieller Einlieferer von Objekten zweifelhafter Herkunft angesichts einer drohenden Überprüfung durch den Auktionator dann möglicherweise davon abgehalten werden, seine Objekte einem Versteigerungshaus zur Besichtigung und Weiterveräußerung zu übergeben. Damit sinken auch die Absatzaussichten eines Hehlers, das unrechtmäßig erlangte Gut unter Ausnutzung des § 935 II (2. Alt.) BGB weiterzugeben.

Zusammenfassend ist somit festzustellen, daß man sowohl dem Erwerberschutz gemäß § 935 II (2. Alt.) BGB als auch dem Kulturgüterschutz gerecht werden kann, wenn der zwischen Einlieferer und Erwerber vermittelnde Versteigerer als sachverständige Vertrauensperson[660] die ihm obliegende Pflicht gewissenhaft erfüllt.

Auf diese Weise kann auch die Forderung Reimers nach der Hochhaltung von Anstand und Vertrauen im Kunsthandel[661] erfüllt werden.

---

657 So Thomsen, 7.
658 Vgl. Kelly, 243.
659 Vgl. Thibaut, Handelsblatt v. 19.11.1993.
660 Vgl. Schmidt-Rimpler, 564.
661 So Reimer, GRUR 1975, 612 (616).

Kapitel 5:

Die Ersitzung und der gute Glaube beim Kulturgüteraustausch

Neben den Rechtsproblemen im Zusammenhang mit dem gutgläubigen Erwerb[662] und der öffentlichen Versteigerung[663] stellt der Eigentumserwerb einer beweglichen Sache durch Ersitzung gemäß §§ 937ff BGB einen weiteren sachenrechtlichen Konfliktbereich dar, bei dem es auch beim Kulturgüteraustausch und -schutz[664] zu Rechtsproblemen kommen kann[665]. Zwar hat der Eigentumserwerb durch Ersitzung aufgrund der Normen des gutgläubigen Erwerbs vom Nichtberechtigten an Bedeutung verloren[666]. Dennoch gibt es Konstellationen, die gerade im Bereich des Kulturgüteraustausches das Rechtsinstitut der Ersitzung relevant werden lassen können.

So kann die Möglichkeit der Ersitzung etwa dann bedeutsam werden, wenn der gutgläubige Erwerb entweder von vornherein unmöglich ist, weil die Sache abhanden gekommen ist[667], oder ein solcher scheitert, weil der potentielle Erwerber bösgläubig ist[668].

Denkbar ist hier etwa der Fall[669], daß der V dem K ein Bild zum Kauf anbietet, welches der öffentliche Eigentümer E dem Museum, in dem V arbeitet, als Leihgabe zur Verfügung gestellt hat. Dabei gibt V gegenüber K an, er sei - was unzutreffend ist - zum Verkauf und zur Übereignung vom Museumsdirektor bevollmächtigt worden. Fraglich ist bei solchen Konstellationen unter anderem, ob der Erwerber über § 937 BGB Eigentum an diesem Objekt erlangen kann.

---

662 Vgl. hierzu Kapitel 3, Abschnitt II.
663 Vgl. hierzu Kapitel 4.
664 Vgl. u.a. Knott, 68; Walter, 33, FN 47; Jaeger, 46.
665 Vgl. zur Ersitzung unter internationalkulturgüterschutzrechtlichen Gesichtspunkten etwa Knott, 61ff; Walter, 33; Jaeger, 45ff.
666 So Staudinger-Wiegand, Vorbem. zu §§ 937ff, RN 4.
667 Vgl. Baur/Stürner, § 53 h I 1. Siehe hierzu auch die rechtshistorischen Hintergründe bei Jakobs/Schubert, Sachenrecht III, 622.
668 Vgl. Staudinger-Wiegand, Vorbem. zu §§ 937ff, RN 4.
669 Auf Basis des Beispiels von Baur/Stürner, § 53 h I 1.

Schon dieser Beispielsfall zeigt, daß die Frage der Ersitzung auch für die aus öffentlichen Sammlungen abhandengekommenen Gegenstände von großer Bedeutung sein kann[670].

Bei der Ersitzung gibt es verschiedene Rechtsprobleme, die bis heute umstritten sind. Im folgenden ist zu prüfen, zu welchen Folgen diese Rechtsprobleme beim Kulturgüteraustausch führen können. So ist zunächst zu klären, welche Arten von Sachen der Ersitzung unterliegen (I.). Weiterhin ist zu untersuchen, welche Anforderungen an den guten Glauben bei der Ersitzung anzulegen sind bzw. ob und inwieweit bei § 937 BGB auf die zu § 932 BGB entwickelten Grundsätze zurückgegriffen werden kann (II.). Wenn schließlich von einem Eigentumserwerb nach § 937 BGB ausgegangen werden kann, ist weiterhin zu erwägen, ob dem ursprünglichen Eigentümer unter Umständen Ausgleichsansprüche zustehen (III.). Den Abschluß bildet die Erörterung von Ersitzungsbesonderheiten beim Kulturgüteraustausch (IV.).

I. Die der Ersitzung unterworfenen Gegenstände

Handelt es sich bei dem zu ersitzenden Objekt um einen im privaten Eigentum stehenden Gegenstand, ist unstreitig, daß daran ein gesetzlicher Eigentumserwerb gemäß § 937 BGB möglich ist[671].

Geht man allerdings, wie im Beispielsfall, davon aus, daß eine Sache aus einer öffentlichen Sammlung abhandengekommen ist, stellt sich zunächst die Frage, ob eine Ersitzung an einem solchen öffentlichen Objekt[672] überhaupt möglich ist[673]. Denn ist dies zu verneinen, so wäre ein Prüfen der Tatbestandsmerkmale des § 937 BGB überflüssig; eine Ersitzung würde dann schon am öffentlichen Charakter der Sache scheitern.

Damit ist im folgenden auf die Ersitzungsfähigkeit öffentlicher Sachen einzugehen.

---

670 So auch Westermann, § 51 I 3.
671 Ausnahmen hierzu stellen etwa Schuldurkunden dar, deren Schicksal sich nach § 952 BGB beurteilt; vgl. hierzu und zu weiteren Ausnahmen Müller, RN 2512.
672 Vgl. zu den öffentlichen Sachen bereits die Ausführungen in Kapitel 3, Abschnitt II.2.
673 Vgl. zu den vom historischen Gesetzgeber erwogenen objektiven Ersitzungshindernissen Schubert, Sachenrecht 1, 929ff.

1. Die Ansichten zur Ersitzungsfähigkeit von öffentlichen Sachen

Nach einer Auffassung[674] scheitert eine Ersitzung von vornherein, wenn es sich bei dem in Frage stehenden Objekt um eine öffentliche Sache handelt. Dieser Auffassung zufolge würde im Fall des zehnjährigen gutgläubigen Besitzes einer öffentlichen Sache kein Eigentumserwerb durch § 937 BGB erfolgen können. Die Gegenauffassung[675] hält demgegenüber auch öffentliche Sachen für ersitzungsfähig. Nach dieser Ansicht ist bei einer möglichen Ersitzung ohne Berücksichtigung des Charakters der Sache gleich auf die entsprechenden Tatbestandsmerkmale des § 937 BGB einzugehen.

2. Die ratio der Ersitzung

Ein Lösungsansatz für das vorliegende Rechtsproblem kann in der teleologischen Untersuchung des § 937 BGB liegen.

Nimmt man die öffentliche Sache aus dem Anwendungsbereich des § 937 BGB heraus, wird zwar ihr Schutz vor dem Eigentumserwerb eines Dritten durch Ersitzung auf effizienteste Weise gewährleistet. Unberücksichtigt bleiben aber bei einer solchen Ausgrenzung einerseits die Interessen des gutgläubigen Besitzers[676]. Andererseits würde man auf diese Weise wieder mittelbar zu einer Qualifizierung der öffentlichen Sache als res extra commercium gelangen. Eine solche ist im deutschen Recht aber nicht vorgesehen, wie bereits oben[677] erörtert wurde. Wenn somit an öffentlichen Sachen Privateigentum bestehen kann, dann ist auch die grundsätzliche Möglichkeit der Ersitzung zu bejahen[678]. So gilt auch im Fall des § 937 BGB, daß das Gesetz keine der Ersitzung entzogenen Sachen kennt[679].

Geht man nun davon aus, daß auch eine öffentliche Sache theoretisch ersitzbar ist, stellt sich als nächste Frage, ob dies auch von praktischer Relevanz ist. Im

---

674 Vgl. etwa Biermann, Die öffentlichen Sachen, 1905, 40; Peters, VerwArchiv 1916, 167.

675 Vgl. u.a. Soergel-Mühl, § 937, RN 1; MünchKomm-Quack, § 937, RN 9; RGRK-Pikart, § 937, RN 4; Staudinger-Wiegand, § 937 RN 13; Wolff/Raiser, § 71, Anm. 2; Westermann, § 51 I 3. Ohne Ausnahme bei öffentlichen Sachen auch Palandt-Bassenge, § 937, RN 1; Baur/Stürner § 53 I 1; Schwab/Prütting, § 36 II; Müller, RN 2511; Wolf, RN 481.

676 Vgl. Westermann, § 51 I 3.

677 Vgl. hierzu Kapitel 3.

678 So etwa Soergel-Mühl, § 937, RN 1.

679 Vgl. Staudinger-Wiegand, § 937, RN 12. Dieser Grundsatz bezieht im übrigen neben den öffentlichen Sachen auch die sog. "res sacrae et religiosae" in den Bereich der ersitzbaren Sachen mit ein, vgl. Mot. III, 27, 352.

Zusammenhang mit dem Objekt der Ersitzung findet sich hier vielfach der Hinweis, daß eine Ersitzung öffentlicher Gegenstände in der Regel scheitern dürfte, da die "Gutgläubigkeit bei Kenntnis der Sache (z.B. Museumsstück) fehlen"[680] würde bzw. sich praktische Schwierigkeiten ergeben würden, da schwer vorstellbar sei, "daß der Erwerber in diesen Fällen nicht bösgläubig"[681] sei. Ganz abgesehen von der Überlegung, wie der Fall zu beurteilen ist, bei dem der potentielle Erwerber keine Kenntnis vom öffentlichen Charakter der Sache hat, stoßen derartige Behauptungen schon unter systematischen Gesichtspunkten auf große Bedenken. Denn bei einer solchen Sicht der Dinge wird nicht mehr exakt differenziert zwischen einerseits dem Objekt der Ersitzung und andererseits dem guten Glauben im Sinne des § 937 BGB[682]. Daher ist bei Betrachtung der Frage, ob öffentliche Objekte grundsätzlich als Ersitzungsgegenstände in Frage kommen, nur auf deren Charakter abzustellen und nicht schon hier auf eine mögliche Bösgläubigkeit des Erwerbers.

Zusammenfassend ist damit festzuhalten, daß eine Ersitzung gemäß § 937 BGB grundsätzlich bei allen beweglichen Gegenständen möglich ist und auch öffentliche Sachen keine Ausnahme bilden.

II. Der gute Glaube bei der Ersitzung

Neben possessio und tempus spielt der Aspekt der bona fides[683] bei § 937 BGB eine zentrale Rolle.

Die Basis für die Bewertung der Gutgläubigkeit der Ersitzung bildet § 932 BGB[684]. Hier ist aber zu bedenken, daß die Situation des § 937 BGB nicht mit derjenigen des § 932 BGB identisch ist: So bezieht sich die Redlichkeit in § 937 BGB auf das vermeintliche Eigentum des Ersitzenden[685], also auf die Vorstellung des Besitzers, selbst Eigentümer zu sein[686]. Hierzu im Gegensatz steht § 932, wo sich die Redlichkeit auf die besondere Rechtsstellung des besitzen-

680 So Staudinger-Wiegand, § 937, RN 13.
681 So MünchKomm-Quack, § 937, RN 9.
682 In diesem Sinne zutreffend differenziert zwischen einem etwa aus öffentlichen Museen abhandengekommenen Gegenstand und der Frage der Gutgläubigkeit Westermann, § 51 I 3 und § 51 II 2.
683 "Fides" alleine (wie etwa Erman-Hefermehl, § 937, RN 1 oder Baur/Stürner, § 53 h I 1) ist hier nicht ausreichend, vgl. schon Schubert, Sachenrecht 1, 923, 925ff und Schwab/Prütting, § 36 II.
684 Vgl. Staudinger-Wiegand, § 937, RN 7.
685 Vgl. Westermann, § 51 II 2.
686 Vgl. Erman-Hefermehl, § 937, RN 5; Schwab/Prütting, § 36 II 2; Wolf RN 481.

den Veräußerers bezieht[687]. Damit ist eine uneingeschränkte Übertragung der Grundsätze des § 932 BGB[688] auf § 937 BGB ausgeschlossen. Vielmehr ergeben sich bei der Ersitzung entsprechende Veränderungen, die in der Regel vor dem Hintergrund des § 990 BGB diskutiert werden.

Da sich die Anforderungen an die Gutgläubigkeit im Laufe der Ersitzungsdauer ändern, ist im folgenden zu differenzieren zwischen der Redlichkeit zum Zeitpunkt des Besitzerwerbes (1.) und derjenigen während des Ersitzungszeitraumes (2.)[689].

1. Der gute Glaube bei Besitzerwerb

In dem Zeitpunkt, in dem der potentiell Ersitzende den Besitz an dem Ersitzungsobjekt erlangt, darf diesem weder bekannt, noch grob fahrlässig unbekannt sein, daß er das Eigentum an dem Gegenstand nicht erwirbt[690]. Damit darf der gute Glaube des Ersitzenden nicht auf grober Fahrlässigkeit beruhen. Insoweit besteht zwar grundsätzlich eine Nachforschungspflicht[691] bzw. Nachforschungsobliegenheit[692], bei der aber Zurückhaltung geboten ist[693].

Dies führt zu bedeutenden Konsequenzen: Denn selbst wenn der potentielle Erwerber weiß, daß der Anbieter nicht Eigentümer ist, so ist er dennoch redlich, wenn er ihn für veräußerungsermächtigt hält, damit also nicht grob fahrlässig an dessen eigene Rechtstellung als Eigentümer denkt[694].

2. Der gute Glaube im Ersitzungszeitraum

Nachdem der potentielle Erwerber Besitz an dem Objekt erlangt hat und die Ersitzungszeit von zehn Jahren läuft, entfällt der gute Glaube nur dann, wenn der Ersitzende positive Kenntnis von seiner Nichtredlichkeit erlangt[695]. Hin-

---

687 Vgl. Baur/Stürner, § 53 h II 1 b.
688 Vgl. hierzu Kapitel 3, Abschnitt II.
689 Vgl. zu dieser Differenzierung die Ausführungen des historischen Gesetzgebers zu "Erwerbsgrund" und "Erwerbsdauer" bei Schubert, Sachenrecht 1, 923.
690 Siehe MünchKomm-Quack, § 937, RN 15.
691 Vgl. Soergel-Mühl, § 937, RN 6.
692 So Staudinger-Wiegand, § 937, RN 8.
693 Vgl. Staudinger-Wiegand, § 937, RN 8 in Verbindung mit Staudinger-Wiegand, § 932, RN 35 und Staudinger-Wiegand, § 990, RN 14.
694 So Baur/Stürner, § 53 h II 1 b.
695 Vgl. etwa Staudinger-Wiegand, § 937, RN 9; MünchKomm-Quack, § 937, RN 16; Soergel-Mühl, § 937 RN 6; RGRK-Pikart, § 937, RN 16; Westermann, § 51 II 2; Schwab/Prütting, § 36 II 2; Müller, RN 2526.

tergrund dieser Verengung der Anforderungen an den guten Glauben ist die Erwägung, daß man "demjenigen, welcher einmal gutgläubig besitze, nicht aufbürden"[696] könne, "Aufmerksamkeit darauf zu verwenden, ob die Sache etwa einem Anderen gehöre"[697]. Vielmehr verwirkliche sich "das Eigenthum als das Recht zum Besitze (...) von Moment zu Moment"[698].

Der historische Gesetzgeber führt in seinen Überlegungen hierzu weiter aus: "Wenn seine Geltung eine geraume Zeit gedauert hat, erfährt jene Wahrscheinlichkeit eine Steigerung und es kommt ein Zeitpunkt, in welchem jede Untersuchung über das Nichteigenthum des Vordermannes als für den Erwerber, der sonst immer auf einen solchen Beweis gerüstet sein müßte, zu beschwerlich und daher dem Interesse des Verkehrs widersprechend erscheint."[699] Daher müsse "die wirklich erlangte Kenntniß fremden Eigenthums zur Voraussetzung der mala fides superveniens"[700] gemacht werden.

Dies bedeutet, daß die Ersitzung nicht schon dann gehindert wird, wenn es der Erwerber grobfahrlässig versäumt zu erfahren, daß ihm das Eigentum nicht zusteht, was im Ergebnis der Regelung des § 990 BGB entspricht[701]. Damit trifft den potentiellen Erwerber keine Erkundigungspflicht, wenn während des Ersitzungszeitraumes Zweifel an der Berechtigung auftauchen[702].

Wer aber die Umstände positiv kennt, denenzufolge jeder Unbefangene eine Nichtberechtigung annehmen würde, kann sich auf eine persönliche Arglosigkeit nicht herausreden[703]. So ist auch derjenige bösgläubig, der sich bewußt der Kenntniserlangung entzieht[704]. Denkbar wäre in diesem Zusammenhang etwa der Fall, daß der Besitz an einem aus einer öffentlichen Sammlung gestohlenen Gemälde erlangt wurde und in der Folgezeit der potentiell Ersitzende in "eigennütziger Blindheit"[705] entsprechende Pressemeldungen bzw. Suchanzeigen ignoriert.

696 Vgl. Schubert/Jakobs, Sachenrecht III, 623.
697 Vgl. Schubert/Jakobs, Sachenrecht III, 623.
698 Vgl. Schubert, Sachenrecht 1, 927.
699 Vgl. Schubert, Sachenrecht 1, 927f.
700 Vgl. Schubert/Jakobs, Sachenrecht III, 623 a.E.
701 Vgl. Soergel-Mühl, § 937, RN 6.
702 So Staudinger-Wiegand, § 937, RN 9.
703 So BGHZ 26, 265.
704 Vgl. Erman-Hefermehl, § 937 RN 6 auf Basis der §§ 162 I, 242 BGB im Gegensatz zu Soergel-Mühl, § 937, RN 6, der auf eine entsprechende Heranziehung von § 162 II verzichtet; vgl. auch Staudinger-Wiegand, § 937, RN 9.
705 So treffend MünchKomm-Quack, § 937, RN 16.

An den hier entwickelten Kriterien gemessen, können die bereits oben[706] erwähnten Ausführungen nicht überzeugen, denenzufolge etwa die Ersitzung von Museumsstücken in der Regel daran scheitere, daß die Gutgläubigkeit bei Kenntnis der Herkunft der Sache fehle[707]. Denn da - wie dargelegt - keine Sonderregelungen für öffentliche Sachen gelten, ist auch im Fall der möglichen Ersitzung von etwa abhandengekommenen Stücken aus öffentlichen Sammlungen auf die eben formulierten Grundsätze zurückzugreifen.

Vom Beispielsfall ausgehend bedeutet dies, daß der potentielle Erwerber, wenn er bei Besitzerlangung gutgläubig ist und keine positive Kenntnis in den folgenden zehn Jahren erhält, gemäß § 937 BGB Eigentum auch an einer öffentlichen Sache erlangen kann.

Diese Überlegungen zeigen, daß das Scheitern der Ersitzung von Objekten öffentlichen Charakters keinesfalls die Regel darstellt[708].

III. Die Ausgleichsansprüche bei der Ersitzung

Zu einem der problematischsten Aspekte der Ersitzung zählt die Frage, ob - und wenn ja, wie - der Rechtsverlust, den der bisherige Eigentümer durch die Ersitzung erlitten hat, ausgeglichen werden kann.

In den bisherigen Ausführungen zum Kulturgüteraustausch und -schutz standen das Interesse des Eigentümers an der Erhaltung seiner Objekte im Vordergrund und die besonderen, den gutgläubigen Erwerb erschwerende Maßnahmen. Im folgenden geht es um die Frage, ob der ursprüngliche Eigentümer einen Ausgleich erhält, wenn eines seiner Objekte von einem anderen ersessen worden ist.

Dieser Ausgleichsanspruch ist scharf zu trennen von einem sog. Lösungsanspruch, der im Fall des gutgläubigen Erwerbes entstehen könnte. Während sich die Problematik des Ausgleichsanspruches darum dreht, ob bestehende nicht-sachenrechtliche Ansprüche des Eigentümers durch eine Ersitzung gemäß § 937 BGB abgeschnitten werden, geht es beim Lösungsanspruch um einen Anspruch, der es dem alten Eigentümer erlaubt, entweder durch Preiserstattung oder Wertersatz die Rückgabe der Sache vom Erwerber zu fordern.

706 Vgl. dieses Kapitel, Abschnitt I 2.
707 So Staudinger-Wiegand, § 937, RN 13; MünchKomm-Quack, § 937, RN 9.
708 So aber Staudinger-Wiegand, § 937, RN 13.

Im Gegensatz zu anderen Rechtsordnungen[709] sieht der deutsche Gesetzgeber ein solches Lösungsrecht des ursprünglichen Eigentümers nicht vor[710].

1. Die Ansichten zu einem Ausgleichsanspruch des ursprünglichen Eigentümers

Bei der Kontroverse um einen eventuellen Ausgleichsanspruch ist zu differenzieren zwischen bereicherungsrechtlichen und vertraglichen Ansprüchen.

Bei den bereicherungsrechtlichen Ausgleichsansprüchen bezieht sich einer Auffassung[711] zufolge § 937 BGB ausschließlich auf die sachenrechtliche Ebene. Etwaige bereicherungsrechtliche Ausgleichsansprüche bleiben von einer Ersitzung unberührt und können vom ursprünglichen Eigentümer in entsprechenden Konstellationen geltend gemacht werden. Nach der Gegenansicht[712] stellt der Eigentumserwerb durch die Ersitzung eine endgültige Regelung der Verhältnisse dar. Dieser Auffassung zufolge stehen dem ursprünglichen Eigentümer keinerlei Ausgleichsansprüche zu.

Im Gegensatz zu dieser Kontroverse um bereicherungsrechtliche Ausgleichsansprüche herrscht Einigkeit darüber, daß vertragliche Rückgabeansprüche trotz eines gesetzlichen Eigentumserwerbes durch Ersitzung bestehen bleiben sollen[713].

2. Lösungsansatz

Ein möglicher Lösungsansatz zur hier vorliegenden Problematik ist abhängig von der zugrundeliegenden Konstellation. Primär interessiert - wie schon am Beispielsfall dargestellt - diejenige Situation, bei der die Sache dem Eigentü-

709 Vgl. nur Frankreich (Jaeger, 47; Knott, 59) sowie für weitere ausländische Rechtsordnungen Knott 61 (Niederlande), Knott 62 (Spanien), Knott 66f, 76ff (Schweiz).

710 Vgl. MünchKomm-Quack, § 932, RN 69; vgl. auch Schubert, Sachenrecht 1, 928.

711 Vgl. etwa RGZ 130, 69 ("Menzel"); MünchKomm-Quack, § 937, RN 24ff; Soergel-Mühl, § 937, RN 6; Staudinger-Wiegand, § 937, RN 22; Wolff/Raiser, § 71 IV; Baur, § 53 h III 2; Westermann, § 51 III; Oertmann, Recht 1910, 585; Oertmann, LZ 1933, 881.

712 Vgl. u.a. Mot. III, 350ff; Erman-Hefermehl, § 937, RN 6; RGRK-Pikart, § 937, RN 20; Palandt-Bassenge, Vorbem v § 937, RN 2; Planck-Brodmann, § 937, Anm. 3; Haymann, JherJb 77 (1927), 188 (268); Haymann, JW 1931, 1031; Mügel, JW 1933, 1230.

713 Vgl. etwa MünchKomm-Quack, § 937, RN 22; Staudinger-Wiegand, § 937, RN 22; Erman-Hefermehl, § 937, RN 6; Westermann, § 51 III 2 a; Baur, § 53 h III 2.

mer gestohlen wurde, verloren ging oder sonstwie abhanden gekommen ist. Es sind dies etwa die Fälle, bei denen aus einer öffentlichen Sammlung ein Objekt gestohlen wurde und einem Dritten zum Kauf angeboten wird.

Bei solchen Konstellationen bestehen keine vertraglichen Rückgabeansprüche zwischen dem ursprünglichen Eigentümer und dem Ersitzenden. Existieren aber keine solchen vertraglichen Beziehungen und hat der frühere Eigentümer auch nicht im Sinne einer Leistungskondiktion an den Erwerber geleistet, ist auch ein Anspruch aus § 812 I 1 2. Alt. BGB (Eingriffskondiktion) nicht gegeben. In derartigen Fällen ist der Eigentumserwerb nach § 937 BGB gerechtfertigt[714]. Anders formuliert: Liegt zwischen dem ursprünglichen Eigentümer und dem Erwerber keine Leistungsbeziehung vor, stellt die Ersitzung einen "endgültigen Erwerbsgrund"[715] dar, der auch die Eingriffskondiktion ausschließt. Damit kann sich der ursprüngliche Eigentümer, dessen Herausgabeanspruch nach § 985 BGB durch die Ersitzung entfallen ist, nicht auf § 812 I 1 2. Alt. BGB berufen[716]. Demzufolge ist der Erwerber einer gestohlenen Sache, wenn er durch § 937 BGB Eigentümer geworden ist, keinen Bereicherungsansprüchen ausgesetzt[717].

Hat also etwa der Dieb ein gestohlenes Gemälde an einen redlichen Dritten verkauft, kann der ursprüngliche Eigentümer nach zehn Jahren die Herausgabe des Bildes weder aus § 985 BGB noch aus § 812 BGB verlangen.

IV. Die Besonderheiten der Ersitzung beim Kulturgüteraustausch

Bei der Ersitzung von Sachen sind weitere Besonderheiten zu beachten, die beim Abhandenkommen von Kulturgüteraustausch-Objekten von Bedeutung sein können.

1. Der Eigenbesitz

Während der Ersitzungsdauer von zehn Jahren ist ein gutgläubiger Eigenbesitz erforderlich. Hier könnte die Konstellation auftauchen, daß ein potentieller Erwerber etwa ein Gemälde, nachdem er es von einem Nichtberechtigten er-

---

714 Vgl. etwa Staudinger-Wiegand, § 937, RN 22; Larenz, Schuldrecht II, § 68 II; Baur, § 53 h III 2; Westermann, § 51 III 2 b.
715 Staudinger-Wiegand, § 937, RN 22.
716 So Baur, § 53 h III 2 (2) b.
717 Vgl. Soergel-Mühl, § 937, RN 7.

halten hat, als Leihgabe an eine private Sammlung weitergibt. Problematisch könnte nun sein, ob der redliche Erwerber auch in diesem Fall nach Ablauf von zehn Jahren über § 937 BGB Eigentümer geworden ist, obwohl er nicht die ganze Zeit über unmittelbaren Eigenbesitz an der Sache hatte.

Hier ergibt sich speziell für den Fall der Ersitzung aus § 941 BGB, daß der Eigenbesitz sowohl unmittelbarer als auch mittelbarer Natur sein kann. Daher reicht für die Ersitzung auch mittelbarer, gutgläubiger und zehnjähriger Eigenbesitz aus[718]. Demzufolge erwirbt der Ersitzende auch dann nach zehn Jahren das Eigentum an einer Sache, wenn diese nicht ununterbrochen in seinem unmittelbarem Eigenbesitz war.

2. Die Rechtsnachfolge

Problematisch bei der Ersitzung ist auch der Fall, wenn das zu ersitzende Objekt während der zehnjährigen Laufzeit an einen Dritten veräußert wird.

So ist etwa denkbar, daß der potentiell Ersitzende die Sache an einen Dritten weiterveräußert[719]. Hier stellt sich die Frage, ob und unter welchen Voraussetzungen der Dritte das Eigentum an der Sache über § 937 erwerben kann, da ein gutgläubiger Erwerb gemäß § 932 BGB an § 935 I BGB scheitert. Eine Rechtsnachfolge in der Ersitzungszeit hat der Gesetzgeber nicht vorgesehen[720], allerdings ist eine Anrechnung möglich, § 943 BGB[721]. Demgemäß müßte der Nachfolger redlicher Eigenbesitzer sein, damit ihm der Ersitzungszeitraum des Vorgängers angerechnet werden kann[722], wobei auch hier der Eigenbesitz sowohl mittelbarer als auch unmittelbarer Natur sein kann.

Ist allerdings der Vorgänger unredlich, wenn er die Sache an den Nachfolger übergibt, so müßte dieser zehn Jahre redlichen Eigenbesitz an dem Objekt haben[723], um das Eigentum an der Sache gemäß § 937 BGB zu erwerben.

---

718 Vgl. etwa RGRK-Pikart, § 937, RN 7; MünchKomm-Quack, § 937, RN 14; Soergel-Mühl, § 937, RN 4; Staudinger-Wiegand, § 937, RN 3; Palandt-Bassenge, § 937, RN 1; Erman-Hefermehl, § 937, RN 3; Müller, RN 2514; Baur/Stürner, § 53 h II 1 b; Westermann, § 51 II 1.

719 Vgl. hierzu das Beispiel von Baur/Stürner, § 53 h II 2 a.

720 Vgl. MünchKomm-Quack, § 937, RN 19; Baur/Stürner, § 53 h II 2 a.

721 Vgl. hierzu u.a. MünchKomm-Quack, § 937, RN 19; RGRK-Pikart, § 937, RN 11; Müller, RN 2522f; Westermann, § 51 II 3 b; Schwab, § 36 II 3.

722 Vgl. Baur/Stürner, § 53 h II 2 a.

723 Vgl. Baur/Stürner, § 53 h II 2 a.

Kapitel 6:

Die Versicherung von Objekten beim Kulturgüteraustausch

I. Die Versicherung beim Kulturgüteraustausch

Beim Austausch von Kunst- und Kulturgütern auf Basis eines Leihvertrages stellt die Versicherung[724] der Vertragsobjekte einen bedeutenden Faktor dar[725]. Die einzelnen Bestandteile der dieser Versicherung zugundeliegenden Vereinbarungen bergen manche Rechtsprobleme in sich, auf die im folgenden eingegangen wird.

Die Bedeutung einer speziellen Versicherung von Kunst- und Kulturgütern liegt zum einen darin begründet, daß es für Museen[726] unzureichend ist, Kunstgegenstände lediglich im Rahmen einer Hausratsversicherung gegen Gefahren[727] zu versichern, da die Hausratsversicherung nur gegen bestimmte Gefahren schützt[728]. Weiterhin wird eine derartig generelle Deckungsform nicht der Empfindlichkeit der Objekte gerecht. Auch aufgrund eines oftmals unzureichenden Deckungsumfanges kann sie den Interessen des Kunsteigentümers nicht genügen.

Zum anderen erscheint auch angesichts der stetig steigenden Werte der Vertragsobjekte[729] die versicherungsvertragliche Absicherung von Kunstgegenständen nur mit einer Hausratsversicherung nicht adäquat. Aus diesem Grund werden oftmals auf die Versicherung von Kunstobjekten spezialisierte Unternehmen konsultiert, die sich auch mit den beim Kulturgüteraustausch auftretenden versicherungsrechtlichen Rechtsproblemen auseinandersetzen.

---

724 Vgl. grundsätzlich einerseits zur Versicherung von Kunstwerken etwa Kelly, 33ff, andererseits zur Ausstellungsversicherung Lensing, Die Ausstellungsversicherung unter besonderer Berücksichtigung des Messewesens, Karlsruhe 1991.

725 Vgl. zur Geschichte der Ausstellungsversicherung Lensing, 22ff.

726 Anders bei Privatleuten, vgl. Picker, Fälscher, 147, Nr. 5; Kelly, 33f.

727 Synonym verwandte termini für den Begriff Gefahr sind Risiko bzw. Gefahrenbereich.

728 Diese Gefahren sind in der Regel nur Feuer, Leitungswasser, Sturm, Einbruchdiebstahl, Raub und Vandalismus nach einem Einbruch.

729 So waren etwa die am 28.07.1994 aus der Kunsthalle Schirn, Frankfurt, geraubten Gemälde mit mindestens 60 Millionen DM versichert (vgl. FAZ v. 02.08.1994, 25; erste Meldungen gingen von 70 Millionen DM aus, vgl. FAZ v. 30.07.1994, 1; FAZ v. 30.07.1994, 7; auch noch Focus 33/1994, 90). Vgl. in dem Zusammenhang auch Schmitz, die von einer "China-Ausstellung" mit einer Gesamtversicherungssumme von 240 Millionen DM berichtet, Schmitz, 99 (108).

In diesem Zusammenhang ist - abgesehen von der Leihgabenversicherung[730] beim Kulturgüteraustausch - festzustellen, daß viele Museen zahlreiche ihrer Exponate nicht gegen Diebstahl, wohl aber gegen Beschädigung[731], versichern[732]. Als Begründung wird oftmals angeführt, daß man die hohen Versicherungsprämien nicht zahlen wolle[733]. Zudem seien gestohlene Exponate sowieso nicht ersetzbar und damit eine Versicherung sinnlos[734]. Zutreffender ist aber wohl, daß man infolge begrenzter Etats objektiv nicht in der Lage ist, die entsprechenden Prämien zu zahlen[735]. So gelingt es auch nur sehr wenigen Privatsammlungen, ihre Bestände zu Versicherungszwecken entsprechend zu erfassen[736].

Bevor auf die versicherungsrechtlichen Probleme eingegangen wird, ist darauf hinzuweisen, daß speziell[737] bei der Versicherung von Kunstwerken als einer "Sonderart der Ausstellungsversicherung"[738] beim Kulturgüteraustausch oftmals mehrere Rechtsgrundlagen unterschiedlicher Natur zusammenspielen und dadurch eine recht komplexe Struktur bilden: Im Vordergrund steht die individuelle Vereinbarung zwischen dem Versicherer, der eine Kopie des Leihvertrages erhält[739], und dem Versicherungsnehmer[740] in Form des Versicherungsvertrages[741]. Innerhalb dieser Vereinbarung werden in der Regel zunächst[742]

---

730 Vgl. Picker, Fälscher, 25.
731 Vgl. Picker, Fälscher, 25.
732 So auch viele Objekte des Gardner-Museums, die 1990 geraubt wurden, vgl. Der Spiegel 1990, 293 (294).
733 Vgl. Picker, Fälscher, 25.
734 Nach Picker, Fälscher, 25.
735 So Picker, Fälscher, 26.
736 So wurde beispielsweise erst 1994 damit begonnen, die Exponate des 1246 erstmalig urkundlich erwähnten Schloß Braunfels (Hessen) aus Zwecken einer Versicherung zu erfassen.
737 Grundsätzlich sind im Versicherungsrecht die Rechtsquellen des Versicherungsvertrages VVG, VAG, BGB und HGB mit Nebengesetzen, Allgemeine Versicherungsbedingungen, Besondere Versicherungsbedingungen, der Geschäftsplan des Versicherungsunternehmens, Versicherungsgewohnheitsrecht und Versicherungsbrauch, sowie öffentlich-rechtliche Vorschriften, vgl. Prölss/Martin-Prölss Vorbem. Anm. I. Für den spezielleren Fall der Ausstellungsversicherung sind die Rechtsgrundlagen Individualabrede, AVB Ausstellung 1988 mit Klauseln und Sonderbedingungen für Kunstausstellungsversicherungen, Beförderungs- und Deklarationsbestimmungen, VVG, VAG, BGB, HGB und AGBG, vgl. Lensing, 39ff. Im folgenden wird auf den noch spezielleren Fall der Versicherung im Rahmen des Kulturgüteraustausches eingegangen.
738 So Quilitz in: HdV, Karlsruhe 1988, S. 899 (890).
739 Vgl. etwa Akademie der Künste / Bildende Kunst Berlin.
740 Im folgenden mit VN abgekürzt.
741 Im folgenden auch als "Kunst-Police" bezeichnet.
742 Hier deswegen "zunächst", da beispielsweise über die Zusatzbedingungen zur Kunst-Police weitere Bestimmungen als Rechtsgrundlagen festgelegt werden können; vgl. dieses Kapitel, Abschnitt II.1.

die "Allgemeinen Bedingungen für die Ausstellungsversicherung 1988"[743] zum Bestandteil des Vertrages gemacht. Diese wiederum verweisen auf zahlreiche Normen des Versicherungsvertragsgesetzes[744]. Oftmals werden über die AVB Ausstellung 1988 auch die "Beförderungsbestimmungen und Deklarationsvorschriften für Ausstellungsgüter"[745] Teil der Vereinbarung zwischen VN und Versicherer.

Gerade letztere zeigen, daß es sich bei der Ausstellungsversicherung um eine Versicherung handelt, die infolge einer Art "Zellteilung"[746] aus der Transportversicherung hervorgegangen ist. Damit stellt sie eine Kombination von Güterversicherung und Versicherung stationärer Risiken dar. Ziel ist hierbei der durchgehende Versicherungsschutz für Exponate während Hin- und Rücktransport sowie Ausstellungsdauer.

Bevor auf die Einzelheiten dieser verschiedenen Vertragsbestandteile eingegangen wird, ist festzustellen, daß auf Basis dieses umfangreichen und teilweise recht komplizierten Vertragswerkes durch Miteinbeziehung der AVB Ausstellung 1988 meist eine sog. "Allgefahrendeckung"[747] erfolgt[748]. Allerdings ist dieser oft verwendete terminus mißverständlich, da er impliziert, daß die Objekte[749] gegen alle Gefahren versichert seien. Dies ist aber nicht der Fall, denn daß auch im Rahmen von Kunstversicherungen ein Ausschluß bestimmter Risiken im Sinne einer angemessenen Risikobegrenzung[750] erfolgen muß, zeigt etwa § 2 AVB Ausstellung 1988[751]. Damit ist eine Allgefahrendeckung nicht uneingeschränkt zu bejahen[752]. Vielmehr ist vom Grundsatz der "Universalität der Gefahren" auszugehen, demzufolge alle Gefahren bis auf die ausgeschlossenen[753] versichert sind[754].

Bei Kunstversicherungen erstreckt sich in der Regel der Versicherungsschutz auf den Zeitraum von der Abholung vom bisherigen Verwahrungsort über den

---

743 Mit den diesbezüglich einschränkenden bzw. erweiternden Klauseln abgedr. in VerBAV 1988, 216 und VerBAV 1989, 107; im folgenden mit "AVB Ausstellung 1988" bezeichnet.
744 Im folgenden mit VVG abgekürzt.
745 Auf diese wird per § 9 Nr. 3 AVB Ausstellung 1988 hingewiesen.
746 So treffend Quilitz in: HdV, Karlsruhe 1988, S. 889 (889).
747 Bzw. "All Risks"-Versicherung, vgl. etwa Leihvertrag documenta und Museum Fridericianum Kassel (Anhang Nr. 2).
748 Vgl. Lensing, 62ff. Vgl. hierzu auch Hofmann, § 19, RN 40, 59f.
749 Vgl. zu den versicherten Gegenständen i.e. Lensing, 59ff.
750 Vgl. Lensing, 64.
751 Zu diesen AVB Ausstellung 1988 vgl. näher dieses Kapitel, Abschnitt II.2.
752 Vgl. in dem Zusammenhang Weyers, RN 486.
753 Vgl. i. E. Lensing, 65ff.
754 Vgl. auch Lensing, 24.

Transport, die Ausstellung und den Rücktransport bis hin zur Aufstellung am vereinbarten Platz, vgl. § 3 Nr. 1 AVB Ausstellung 1988[755].

Dieser zeitliche[756] bzw. räumliche Aspekt des Versicherungsschutzes kann zu Rechtsproblemen führen. So hatte in einem vom OLG Hamm zu entscheidenden Fall[757], der zeitlich vor Inkrafttreten der AVB Ausstellung 1988[758] lag, die Klägerin mit der Beklagten einen Ausstellungsvertrag geschlossen. Mit einer Versicherung sollten mögliche Schäden wie Verlust oder Beschädigung der Ausstellungsstücke abgedeckt werden. Einen Tag vor Messe-Ende wurde das Transportfahrzeug der Klägerin aufgebrochen und Ausstellungsware entwendet. Die Beklagte verweigerte die Schadensregulierung mit dem Hinweis, daß sich der Diebstahl vor Messe-Ende ereignet habe und sich die Ausstellungsware dabei nicht auf einem vom Versicherungsschutz umfaßten Transport, sondern einem nichtversicherten "Zwischentransport" befunden habe.

Im zu entscheidenden Fall war die Beklagte als Versicherer aus mehreren Gründen zur Zahlung verpflichtet. Zunächst ist festzustellen, daß weder das VVG noch die dem damaligen Versicherungsvertrag zugrundeliegenden AVB den Begriff des "Zwischentransportes", der nicht versichert sein soll, kennen[759]. Zu prüfen ist daher, ob dieser von der Beklagten umschriebene Fall unter die damals geltenden AVB zu subsumieren ist. Gemäß § 1 I der damaligen Vereinbarung[760] begann der Versicherungsschutz mit dem Transport zur Ausstellung und endete mit der Rückkehr. Ein Zeitraum, innerhalb dessen der Versicherungsschutz nicht gelten sollte, ließ sich dieser Norm nicht entnehmen. § 2 der damals Vertragsbestandteil gewordenen AVB regelte die versicherten Gefahren, wonach sich der Versicherungsschutz unter anderem auf den Zeitraum "während" des Aufenthaltes in der Ausstellung erstreckte.

Zwar ist es nach Auffassung des entscheidenden Gerichtes sprachlich richtig und eine mögliche Interpretation, wenn daraus gelesen wird, daß das Ausstellungsgut außerhalb der Transporte nur auf dem Messegelände selbst versichert ist[761]. Allerdings wird der durchschnittliche Versicherungsnehmer - und auf ihn ist hier abzustellen[762] - davon ausgehen, daß der Versicherungsschutz

755 Vgl. hierzu Lensing, 82f.
756 Vgl. zur Versicherungsdauer Lensing, 82ff.
757 Vgl. OLG Hamm, VersR 1990, 519f.
758 Vgl. zu diesen AVB Ausstellung 1988 ausf. dieses Kapitel, Abschn. II.2.
759 Vgl. OLG Hamm, VersR 1990, 519, (520).
760 Vgl. zum genauen Wortlaut OLG Hamm, VersR 1990, 519 (519). Der Passus ist nun neu geregelt in § 3 AVB Ausstellung 1988.
761 So OLG Hamm, VersR 1990, 519 (520).
762 Vgl. OLG Hamm, VersR 1990, 519 (520).

"während der Ausstellung", also umfassend und lückenlos vom Hin- bis zum Rücktransport der Exponate, besteht[763]. Eine örtliche Begrenzung des Versicherungsschutzes kann von ihm nicht erkannt werden. Daraus resultierend hat der Versicherer, wenn er tatsächlich einen Teil unversichert lassen will, dies entsprechend deutlich und unmißverständlich in den AVB zum Ausdruck zu bringen.

Neben diesen Ausführungen auf Basis der Entscheidung des OLG Hamm ist festzustellen, daß unter örtlichem Blickwinkel der Versicherungsschutz neben dem Aufenthalt auf der Ausstellung auch denjenigen auf Auktionen, Messen und Restaurierungswerkstätten etc. umfaßt.

In der Regel wird der dem Vertrag zugrundeliegende Versicherungswert der zu versichernden Kunstgegenstände von Kunsthistorikern festgesetzt. Als Maßstab hierfür dienen aktuelle Auktionsergebnisse und Handelspreise[764].

II. Die Bestandteile der Kulturgüteraustausch-Versicherung

Im folgenden werden die wichtigsten Bestimmungen der einzelnen Vertragsbestandteile in Verbindung mit den dort auftauchenden Rechtsproblemen untersucht. Aus Gründen der Übersichtlichkeit erfolgt diese Untersuchung nach den einzelnen Komponenten getrennt. Dabei bildet die Erörterung der jeweils individuell vereinbarten Kunst-Police den Anfang (1.). Es folgt eine Untersuchung der AVB Ausstellung 1988 und der diese erweiternden oder einschränkenden Klauseln (2.) sowie der Beförderungsbestimmungen und Deklarationsvorschriften (3.). Den Abschluß bildet die Betrachtung der im Zusammenhang mit der Kunstversicherung relevanten Normen des VVG (4.).

1. Die Kunst-Police

Die Kunst-Police[765], die die "ausschlaggebende rechtliche Grundlage jedes Versicherungsverhältnisses"[766] darstellt, wird in der Regel für einen vertraglich festgelegten Zeitraum geschlossen. Eine Verlängerung erfolgt automatisch, wenn die Police nicht rechtzeitig gekündigt wird.

---

763 Vgl. OLG Hamm, VersR 1990, 519 (520).
764 Vgl. hierzu auch Kapitel 4, Abschnitt I.
765 Im folgenden auch als Police bezeichnet.
766 So Lensing, 39.

Die Grundlagen der Versicherung bilden zunächst die AVB Ausstellung 1988, die mit entsprechenden Klauseln eingeschränkt oder erweitert werden können, daneben die Sonderbedingungen zu diesen AVB sowie die Allgemeinen Deutschen Seeversicherungsbedingungen als auch ein entsprechendes Merkblatt für den Schadensfall sowie unter Umständen geschriebene Zusatzbedingungen.

Wie bereits erwähnt, wird bei Kunstversicherungen oftmals eine umfassende Allgefahrenversicherung abgeschlossen. Damit ist zunächst der gesamte Bestand der im VN-Eigentum stehenden Kunstobjekte versichert. Im Rahmen dieser Bestandsversicherung umfaßt der Versicherungsschutz aber auch darüberhinaus diejenigen Exponate, die dem VN längerfristig[767] überlassen wurden. Weiterhin genießen sowohl Leihgaben[768] als auch Leihnahmen[769] des VN Versicherungsschutz. Ebenfalls vom Schutz durch die Versicherung umfaßt sind diejenigen Objekte, die vom VN zu Ansichts-, Schätz- oder Restaurierungszwecken herausgegeben werden oder die dieser hierzu erhält. Auch jeder Transport sowie alle transportbedingten Lagerungen und Packarbeiten unterfallen dem Versicherungsschutz.

Im Verhältnis zu sog. Fremdversicherungen[770] und Staats- und Ländergarantien ist festzustellen, daß diese dann der Police vorangehen, wenn der Verleiher eine Deckung durch ebendiese Police nicht wünscht.

Wie bereits erwähnt, kann vor dem Hintergrund des Versicherungsumfanges auf die AVB Ausstellung 1988[771] sowie deren Sonderbedingungen verwiesen werden. Oftmals werden dann im Rahmen der Dispositionsbefugnis der Parteien in der Kunst-Police Normen dieser AVB Ausstellung 1988 entweder gestrichen oder teilweise abgeändert.

Hinsichtlich der Transporte und transportbedingt nicht disponierter Lagerungen und Aufenthalte können zusätzlich die Allgemeinen Deutschen Seeversicherungsbedingungen[772] Vertragsbestandteil werden.

767 So etwa in Form einer Dauerleihgabe.
768 Im versicherungsvertraglichen Sinne handelt es dabei um Kunstgegenstände, die der VN temporär Dritten zu Ausstellungszwecken zur Verfügung stellt.
769 Im Versicherungsvertragsrecht sind dies Kunstgegenstände, die dem VN temporär von Dritten überlassen wurden.
770 Dies sind vom Verleiher / Leihgeber anderweitig abgeschlossene Versicherungsverträge.
771 Vgl. hierzu ausf. dieses Kapitel, Abschnitt II.2.
772 "Allgemeinen Deutschen Seeversicherungsbedingungen - Besondere Bestimmungen für die Güterversicherung (ADS 1973 in der Fassung 1984)".

Rechtlich problematisch und Gegenstand höchstrichterlicher Entscheidung war gerade vor dem Hintergrund dieser letztgenannten Allgemeinen Deutschen Seeversicherungsbedingungen der Begriff des "versicherbaren Interesses"[773]. Zu klären war, ob eine Seetransportversicherung über Kunstgegenstände unwirksam ist, wenn der versicherte Transport gegen ein ausländisches Gesetz verstößt.

Zwischen einer Firma und der Beklagten, einem Versicherungsunternehmen, wurde eine Seetransportversicherung entsprechend den 1968 geltenden Allgemeinen Deutschen Versicherungsbedingungen geschlossen. Aufgrund eines angeblichen Verlustes von sechs Bronzefiguren aus einer drei Kisten umfassenden Schiffsladung von afrikanischen Masken und Figuren während des Transportes machte der Kläger einen Anspruch auf Entschädigung aus dem Versicherungsvertrag gegen den Versicherer geltend. Von Bedeutung war allerdings der Umstand, daß die Ausfuhr gegen ein nigerianisches Ausfuhrverbotsgesetz verstieß.

Zu klären war nun, ob ein (Seetransport-)Versicherungsvertrag über Kunstgegenstände unwirksam ist und dem VN damit keinen Anspruch gibt, wenn der versicherte Transport gegen ein ausländisches Gesetz verstößt.

Zunächst wurde festgestellt, daß neben deutschen Rechtsvorschriften auch ein ausländisches Gesetz für die Frage beachtlich werden kann, ob eine versicherte Unternehmung gegen die guten Sitten verstößt[774]. Da es sich im vorliegenden Fall um ein Gesetz handelte, welches der Erhaltung des künstlerischen Erbes im Ursprungsland dient und vor entsprechender Ausplünderung schützen soll, sei dessen Umgehung nach den "allgemein zu achtenden Interessen aller Völker an der Erhaltung von Kulturwerten an Ort und Stelle"[775] als verwerflich zu betrachten.

Aus diesem Grund sei auch die Versicherung der Beförderung im Rahmen einer gegen ein nationales Verbotsgesetz verstoßenden Kulturgüter-Ausfuhr nicht geschützt[776]. Grundsätzlich setze nämlich die wirksame Versicherung ein erlaubtes Interesse voraus. Dieses Interesse ist dann nicht versicherbar, wenn der Versicherer, sofern er den Sittenverstoß erkannt hätte, den Versicherungsschutz nicht hätte übernehmen können, ohne daß der Vertrag nach § 138 BGB

---

773 Vgl. BGHZ 59, 82. Siehe zu dieser Entscheidung auch die Anmerkungen von Knott, 132, FN 132 mwN, 156.
774 Vgl. BGHZ 59, 82 (85).
775 So BGHZ 59, 82 (85).
776 So BGHZ 59, 82 (86).

nichtig gewesen wäre[777]. Interessant ist die abschließende, im Zusammenhang mit dieser Entscheidung vom BGH gemachte Anmerkung: "Die in früherer Zeit übliche und geduldete Mißachtung des Wunsches anderer Völker, im Besitz ihrer Kunstschätze zu bleiben oder sie selbst zu verwerten, die das Berufungsgericht[778] erwähnt, kann nicht zum Maßstab des nach heutiger Auffassung mit den guten Sitten Verträglichen gemacht werden."[779]

Zusammenfassend ist damit festzustellen, daß einem Versicherungsvertrag dann kein versicherbares Interesse zugrundeliegt und folglich auf dessen Basis auch keine Ansprüche geltend gemacht werden können, wenn der Vertragsgegenstand, also das versicherbare Risiko, gegen die guten Sitten verstößt. Bei einem solchen Verstoß gegen die guten Sitten können unter Umständen auch ausländische Normen als Prüfungsmaßstab angelegt werden.

Zurückkehrend zu den versicherungsvertraglichen Aspekten ist festzustellen, daß die Risikohöchstversicherungssumme in der Police für die einzelnen Faktoren oftmals aufgeschlüsselt wird. So kann das Maximum getrennt festgelegt werden für Transportmittel, Bote, Kunst- und Speditionslager, Eigenbestand, Wechselausstellung sowie Aufenthalte im Gewahrsam Dritter.

Des weiteren wird in Kunstversicherungsverträgen auch die Anmeldung der zu versichernden Werte geregelt. Derartige Anmeldungen sind unter Angaben zum Objekt vom VN gegenüber dem Versicherer vorzunehmen. Oftmals findet sich in dem Zusammenhang im Vertrag eine sog. "Versehensklausel". Dieser Klausel zufolge können versehentlich unterlassene, verspätete oder fehlerhafte Anmeldungen nachgeholt bzw. berichtigt werden, wenn das Versäumnis weder vorsätzlich noch grob fahrlässig erfolgte. Angesichts der Tatsache, daß die Versehensklausel ihrem Charakter nach eigentlich nur von geringfügigen Verstößen freistellt, ist interessant, daß im Fall der Kunstversicherung eine Anmeldung auch dann vorgenommen werden kann, wenn das Risiko bei Versehensentdeckung bereits beendet ist. Diese Versehensklausel findet aber dann keine Anwendung, wenn die vertraglich festgelegte Höchstversicherungssumme, das "Maximum", überschritten worden ist.

---

777 Vgl. BGH VersR 1962, 659.
778 Hier OLG Hamburg, vgl. BGHZ 59, 82 (83).
779 So BGHZ 59, 82 (87).

Bei der Prämienfeststellung wird zwischen der Art der Verwahrung[780] und des Transportes[781] differenziert; bei letzterem auch noch zwischen den einzelnen Kunstwerkgruppen[782]. Wie bereits oben erwähnt, können unabhängig vom Miteinbezug der AVB Ausstellung 1988 etc. auch individuell und schriftlich fixierte Zusatzbedingungen Bestandteil der Kunst-Police werden. Innerhalb derartiger Zusatzbedingungen können dann auch die Grundlagen des Vertrages eine Erweiterung erfahren. So können etwa die DTV Streik- und Aufruhrklauseln 1984 sowie die DTV Kriegsklauseln 1984 über die Erwähnung in den Zusatzbedingungen als Vertragsgrundlagen Bestandteil desselben Kontrakts werden.

In den Zusatzbedingungen kann auch mit einer Verpackungsklausel geregelt werden, daß sich der Entleiher durch den Leihvertrag verpflichtet, für eine dem internationalen Kunsthandel entsprechende sorgfältige Verpackung Sorge zu tragen. Dies wird auch dann vereinbart, wenn sich ein ähnlicher Passus bereits in dem zwischen Entleiher und Verleiher geschlossenem Leihvertrag findet[783], da der Versicherer bei schuldhafter Sorgfaltspflichtverletzung unter Umständen von seiner Leistungspflicht frei werden kann. Dies aber nur dann, wenn eine entsprechende Regelung Bestandteil des Versicherungs- und nicht nur des Leihvertrages ist.

Auch Prämienzuschläge können im Rahmen der Zusatzbedingungen vereinbart werden[784]. Teil dieser Zusatzbedingungen ist oftmals auch eine Aufstellung derjenigen Kunstwerke, die Gegenstand des Leihvertrages sind[785].

2. Die Allgemeinen Bedingungen für die Ausstellungsversicherung (AVB Ausstellung 1988)

Bei Allgemeinen Versicherungsbedingungen (AVB) handelt es sich um die AGB der Versicherer[786]. Sie stellen damit Bestimmungen dar, die einer Viel-

780 So beispielweise zwischen Dauerbestand und Wechselausstellung.
781 Festlegung der länderspezifischen Transportprämien, in der Regel weltweit orientiert.
782 Diese Kategorisierungen erfolgt danach, ob es sich einerseits um Bilder, Aquarelle etc., andererseits Objekte aus Holz, Marmor, Stein usw. oder Gegenstände aus z.B. Glas, Porzellan, Keramik handelt.
783 Vgl. hierzu Kapitel 2, Abschnitt. II.2.
784 So beispielsweise für Werke mit aggressionsförderndem Charakter und/oder entsprechender Größe bzw. Empfindlichkeit.
785 Diese Aufstellung umfaßt Angaben wie Titel der Ausstellung, Name und Adresse des Entleihers, Werktitel, dessen Entstehungsjahr, Technik und Maße, Abholadresse und -termin, Rücksendeanschrift und Versicherungswert.
786 So Prölss/Martin - Prölss, Vorbem., I.6.A.; Weyers RN 133; Hofmann, § 3, RN 7.

zahl von Versicherungsverträgen ohne Rücksicht auf individuelle Verschiedenheit der einzelnen Wagnisse zugrundegelegt werden[787]. Die AVB Ausstellung 1988[788] werden über die Nennung als Vertragsgrundlagen in der Police Vertragsbestandteil der Kunstversicherung. Im folgenden wird auf die wichtigsten Bestimmungen der AVB Ausstellung 1988[789] im einzelnen eingegangen:

Hinsichtlich des Versicherungsumfanges trägt der Versicherer, wenn nichts anderes[790] vereinbart wurde, ausgehend von dem Grundsatz der "eingeschränkten Allgefahrendeckung"[791] den Versicherungsschutz für alle Risiken, denen das Ausstellungsgut während der Versicherungsdauer ausgesetzt ist. Hierzu zählen auch Verlust oder Beschädigung als Folge einer dieser versicherten Gefahren, vgl. § 1 Nr. 1, 2 AVB Ausstellung 1988.

Demgegenüber stehen die Fälle, in denen die Versicherungsleistung ausgeschlossen ist[792], was aber auch durch entsprechende Klauseln einschränk- bzw. abdingbar ist[793]. Mit Hilfe solcher Ausschlußklauseln kann ein Risiko aus dem Versicherungsschutz ausgeklammert werden mit der Folge, daß die durch Verwirklichung des entsprechenden Risikos entstandenen Schäden nicht durch den Versicherer zu ersetzen sind.

Im Bereich es Kulturgüterschutzes ist hier § 2 Nr. 1 lit. d. AVB Ausstellung 1988 bedeutend, demzufolge die Gefahr der Beschlagnahme, Entziehung oder sonstiger Eingriffe von hoheitlicher Hand vom Versicherungsschutz ausgeschlossen ist. Der umfassende Charakter dieser Klausel wird dadurch deutlich, daß sie auch diejenigen Maßnahmen miteinbezieht, die sich nicht unmittelbar gegen die versicherten Objekte richten[794].

Zu Rechtsproblemen kann dieser Haftungsausschluß etwa dann führen, wenn ein Zugriff auf im Ausland befindliche Kunstwerke durch Hoheitsakt, etwa

787 Vgl. RGZ 144, 301; BGH VersR 1975, 845.
788 Vgl. hierzu u.a. Lensing, 24f.
789 Mit erweiternden und einschränkenden Klauseln abgedruckt in VerBAV 1988, 216ff und VerBAV 1989, 107.
790 So etwa durch eine Miteinbeziehung entsprechender Klauseln, vgl. in dem Zusammenhang bspw. Kl. 12 und 13 (in: VerBAV 1988, 216 (222)) oder Kl. 12a und 13a (in: VerBAV 1989, 107).
791 Vgl. oben, Abschnitt I.
792 Vgl. § 2 Nr. 1 lit. a. - g. AVB Ausstellung 1988.
793 So etwa hier Kl. 4, 8 und 9 (in: VerBAV 1988, 216 (221)).
794 So Lensing, 68.

Zwangsvollstreckung, droht[795]. Durch solche drohenden Beschlagnahmen wird einerseits der Ausstellungsbetrieb empfindlich gestört; andererseits werden Kunsteigentümer verunsichert und somit der Kulturgüteraustausch im ganzen gefährdet. Denn nur wo der Eigentümer von Kunstobjekten sicher sein kann, wieder in den schadlosen Besitz seiner Werke zu gelangen, wird er auch zu einem Zurverfügungstellen der Objekte bereit sein[796]. Zu differenzieren ist bei dieser Problematik zwischen dem Zugriff auf Kunstwerke im Privateigentum[797] und solche im Staatsvermögen[798].

Exemplarisch für letzteres seien die zahlreichen juristischen Auseinandersetzungen um die Werke des russischen Kunstsammlers Sergej Schtschukin[799] genannt[800], von denen die aktuellste Kontroverse beinahe das Zustandekommen der erfolgreichsten Ausstellung Deutschlands 1993[801] verhindert hätte[802]. Die Gefahr drohte im Zusammenhang mit einem Rechtsstreit, den Schtschukins Tochter Irina auslöste:

Die Werke, die Schtschukin und Morosow[803] in jahrelanger Arbeit zusammengetragen hatten und die sich sehr großer Beliebtheit erfreuten[804], wurden von Lenin 1918 verstaatlicht. Beide Sammler flüchteten in das Ausland - Morosow nach Karlsbad, Schtschukin nach Paris - und starben, ohne ihre Sammlung je-

795 Vgl. hierzu vor dem Hintergrund des internationalen Kulturgüterschutzes ausf. von Schorlemer, 374ff.
796 So zutreffend von Schorlemer, 374.
797 Vgl. hierzu von Schorlemer, 375ff.
798 Vgl. hierzu von Schorlemer, 379ff.
799 Sergei Schtschukin (1854-1936) stammte aus einer russischen Kaufmanns-Familie, die hauptsächlich im Textilhandel tätig war. Schtschukins Interesse galt neben dieser kaufmännischen Tätigkeit auch der zeitgenössischen Kunst: 1897 erwarb er seinen ersten Monet und 1914 hatte er eine der bemerkenswertesten Privat-Sammlungen der Französischen Modernen Kunst zusammengetragen. Darunter befanden sich neben Werken von Monet, Cezanne und Gauguin auch 37 Gemälde von Matisse und 51 von Picasso. Damit verfügte niemand außer ihm über mehr Werke dieser letztgenannten Künstler.
800 Vgl. hierzu zunächst von Schorlemer, 379, mit Verweis auf die Entscheidung de Keller v. Maison de la Pensee Francaise v. 12.07.1954; siehe auch Knott, 100.
801 "Monet bis Picasso", Museum Folkwang Essen, 26.06.1993 - 31.10.1993, 572.000 Besucher (vgl. Focus 1/1994, 15). Vgl. zu dieser außergewöhnlich beeindruckenden Ausstellung u.a. die Berichte von Dittmar, Die Welt v. 29.06.1993, 7; Beaucamp, FAZ v. 11.05.1993, 33 und Beaucamp, FAZ v. 03.07.1993, 25.
802 Vgl. Beaucamp, FAZ v. 11.05.1993, 33.
803 Ivan Morosow (1871-1921): Er entstammte einer der bekanntesten und mächtigsten Geschäftsfamilien Russlands zum Ende des 19. Jahrhunderts. 1903 setzte er die von seinem Bruder Mikhail begonnene Sammlung zeitgenössischer Französischer Malerei fort und baute sie aus. In den folgenden Jahren erwarb er zu den Werken von Renoir, Monet und van Gogh u.a. 11 Gemälde Gauguins sowie 18 Cezannes.
804 So besuchten bis zu zehntausend Interessierte monatlich allein die Sammlung Schtschukin, vgl. Beaucamp, FAZ v. 11.05.1993, 33.

mals wieder gesehen zu haben. Die Tochter Schtschukins[805] hingegen nahm die juristische Auseinandersetzung mit dem Ziel auf, die Bilder den Russen zu stiften und an ihren Ursprungsort zurückzuführen. Sie erhob vor Beginn der Essener Ausstellung in Frankreich Anspruch auf zwanzig Werke von Matisse, während die Ausstellung nach New York in Paris zu bewundern war[806]. Bei diesen Bildern handelte es sich u.a. um russische Leihgaben aus dem Besitz ihres Vaters. Irina Schtschukin-de Keller hatte mit ihrem Begehr vor dem französischen Gericht keinen Erfolg[807] und so konnten die Objekte in Deutschland gezeigt werden, bevor sie abschließend in Moskau und St. Petersburg präsentiert wurden. Wie bereits oben erwähnt, entfällt bei Verwendung entsprechender Haftungsausschlußklauseln die Haftung des Versicherers bei Eintritt des hier um- schriebenen Risikos.

Im Zusammenhang mit Gefahrenausschlüssen werden in den AVB Ausstellung 1988 auch diejenigen Schäden ausgeschlossen, die - wie bereits oben angedeutet - durch das Fehlen oder Mängel handelsüblicher Verpackung verursacht werden, vgl. § 2 Nr. 2 lit. b. AVB Ausstellung 1988.

Nach Versicherungsdauer[808] und Gefahrenumständen bei Vertragsabschluß und Gefahrenerhöhung[809] regelt § 5 AVB Ausstellung 1988 ferner die Berechnung des Versicherungswertes. In dem Zusammenhang setzt § 5 Nr. 1 AVB Ausstellung 1988 fest, daß als Versicherungswert zunächst der gemeine Handelswert gelten soll. Dieser gemeine Handelswert wird in § 5 Nr. 2 lit. a. AVB Ausstellung 1988 kompliziert und verschachtelt definiert: Der gemeine Handelswert ist danach der Marktwert abzüglich ersparter Kosten; der Marktwert wiederum ist der Durchschnittspreis des Ausstellungsgutes am jeweils relevanten Markt, wobei dieser relevante Markt den Umständen nach entweder der Absatz- oder der Beschaffungsmarkt ist.

Sollte dieser gemeine Handelswert nicht zu ermitteln sein, gilt der gemeine Wert, den das Ausstellungsgut am Absendeort zum Zeitpunkt des Beginns der Versicherung hat, § 5 Nr. 1 AVB Ausstellung 1988. Dieser gemeine Wert ist

---

805 Irina Schtschukin-de Keller, im Alter von 79 Jahren 1994 gestorben, vgl. FAZ v. 02.12.1994, 38.
806 Vgl. Beaucamp, FAZ v. 11.05.1993, 33.
807 Vgl. Beaucamp, FAZ v. 03.07.1993, 25.
808 § 3 AVB Ausstellung 1988; hierbei ist zu beachten, daß über entsprechende Klauseln (als Kl. 1-3 abgedr. in VerBAV 1988, 216 (221)) die Haftung für sowohl Hin- bzw. Rücktransport als auch beides in Abänderung von § 3 Nr. 1, 2 AVB Ausstellung 1988 die entsprechenden Strecken vom Versicherungsschutz ausgeschlossen werden kann (vgl. hierzu auch OLG Hamm, VersR 1990, 519f.).
809 § 4 AVB Ausstellung 1988.

der für den VN erzielbare Verkaufspreis des Ausstellungsgutes abzüglich ersparter Kosten, § 5 Nr. 2 lit. b. AVB Ausstellung 1988.

Nach den Bestimmungen zu Prämie[810], Ersatzleistung[811], und Unterversicherung[812] regeln die AVB Ausstellung 1988 die Obliegenheiten[813]. Bei Obliegenheiten handelt es sich im Versicherungsvertragsrecht um spezielle Verhaltensregeln für den VN[814], so etwa die unverzügliche Anzeigepflicht des Versicherungsfalles, die Schadenabwendungs- und -minderungspflicht. Diese Verhaltensnormen sind zwar einerseits nicht erzwingbar, liegen aber andererseits im Interesse des VN, da eine Nichtbeachtung der Obliegenheiten rechtliche Nachteile - wie etwa Leistungsfreiheit des Versicheres - für den VN mit sich führen kann. Anders formuliert handelt es sich bei Obliegenheiten um nicht erzwingbare, bei Nichterfüllung zwar nicht in eine Schadensersatzpflicht übergehende Verbindlichkeiten, sondern lediglich um Voraussetzungen für die Erhaltung des Anspruches aus dem Versicherungsvertrag[815].

Aufgrund des Umstandes, daß es sich bei Obliegenheiten um eines der "schwierigsten Probleme des Versicherungsvertragsrechts"[816] handelt, wird im folgenden auf die vertraglichen Obliegenheiten im Bereich der Ausstellungsversicherung näher eingegangen. Hierbei differenzieren die AVB Ausstellung 1988 zwischen Obliegenheiten vor[817] und nach[818] dem Schadenfall[819]. Der Grund für diese Differenzierung liegt in den unterschiedlichen Rechtsfolgen beider Obliegenheiten[820].

Eine Obliegenheit des VN vor dem Schadensfall[821] besteht darin, daß er auf Verlangen des Versicherers diesem ein Verzeichnis des Ausstellungsgutes mit Wertangaben einzureichen hat. Eine solche Aufstellung wird in der Regel bereits durch die oben[822] erwähnten Zusatzbedingungen dem Versicherer zur Verfügung gestellt. Sollte die Versicherung durch die Ausstellungsleitung erfolgen, hat diese auf Verlangen des Versicherers ein entsprechendes Verzeich-

---

810 § 6 AVB Ausstellung 1988.
811 § 7 AVB Ausstellung 1988.
812 § 8 AVB Ausstellung 1988.
813 Vgl. zu den Obliegenheiten des VN u.a. Hofmann, § 11 RN 48ff.
814 Vgl. Weyers RN 298.
815 Vgl. BGHZ 24, 378; Prölss/Martin - Prölss § 6 Anm. 4.
816 So Weyers RN 300.
817 § 9 AVB Ausstellung 1988.
818 § 10 AVB Ausstellung 1988.
819 Vgl. zu den gesetzlichen Obliegenheiten im Versicherungsfall, § 62 VVG, dieses Kapitel, Abschnitt II.4.
820 Vgl. Hofmann, § 11, RN 48.
821 Vgl. hierzu Lensing, 100ff.
822 Vgl. dieses Kapitel, Abschnitt II.2.

nis zu erstellen und rechtzeitig einzureichen, vgl. § 9 Nr. 2 AVB Ausstellung 1988. Weiterhin sind die im Zusammenhang mit der Beförderung stehenden Vorschriften einzuhalten[823], die Exponate bis zum festgelegten Termin rechtzeitig zu entfernen[824] sowie gesetzliche, behördliche und darüber hinaus vereinbarte Sicherheitsvorschriften einzuhalten[825]. Bei einer Obliegenheitsverletzung durch den VN hat der Versicherer einerseits ein Kündigungsrecht[826], andererseits, § 9 Nr. 1 I AVB Ausstellung 1988, die Möglichkeit der Leistungsfreiheit. Damit wird die Obliegenheitsverletzung in der letztgenannten Rechtsfolge der schuldhaften Herbeiführung des Versicherungsfalles, vgl. § 61 VVG, gleichgesetzt. Abschließend wird mit § 9 Nr. 7 AVB Ausstellung 1988 festgestellt, daß der Versicherte auch Obliegenheitsverletzungen des VN gegen sich gelten lassen muß.

Ist die Gefahr eingetreten[827], bestimmen sich die Obliegenheiten des VN bzw. Versicherten nach § 10 AVB Ausstellung 1988. Diese Norm legt dem Betroffenen einerseits die Obliegenheit auf, nach Transportbeendigung zu prüfen, ob ein Schaden entstanden ist[828]. Andererseits ist für eine mögliche Schadensminderung zu sorgen[829], bei Auslandsschäden der zuständige Havariekommissar hinzuzuziehen[830] und die notwendigen Maßnahmen zu treffen[831]. Hierbei wird zwischen Transportschäden[832] und Ausstellungsschäden[833] differenziert. Wie im Fall von Obliegenheitsverletzungen vor dem Schadenfall behält sich der Versicherer auch hier das Recht der Kündigung bzw. Leistungsfreiheit vor, § 10 Nr. 2 AVB Ausstellung 1988.

Die weiteren Normen der AVB Ausstellung 1988 regeln einerseits das zur Schadensfeststellung einzuleitende Sachverständigenverfahren[834], die Zahlungsentschädigung[835] sowie besondere Verwirkungsgründe[836], wobei letztere teilweise mit § 61 VVG korrespondieren. Den Abschluß bilden die Vereinba-

---

823 § 9 Nr. 3 AVB Ausstellung 1988; vgl. hierzu auch dieses Kapitel, Abschnitt II.3.
824 § 9 Nr. 4 AVB Ausstellung 1988.
825 § 9 Nr. 5 AVB Ausstellung 1988.
826 Vgl. hierzu § 6 VVG.
827 Vgl. hierzu Lensing, 107ff
828 § 10 Nr. 1 lit. a. AVB Ausstellung 1988.
829 § 10 Nr. 1 lit. b. AVB Ausstellung 1988.
830 § 10 Nr. 1 lit. c. und d. AVB Ausstellung 1988.
831 § 10 Nr. 1 lit. e. - h. AVB Ausstellung 1988.
832 § 10 Nr. 1 lit. h. aa. - ee. AVB Ausstellung 1988.
833 § 10 Nr. 1 lit. h. ff. - hh. AVB Ausstellung 1988.
834 § 11 AVB Ausstellung 1988.
835 § 12 AVB Ausstellung 1988.
836 § 13 AVB Ausstellung 1988.

rungen über die Kündigung im Schadensfall[837], der Gerichtsstand[838] sowie die Schlußbestimmung[839].

Durch Sonderbedingungen für Kunstausstellungsversicherungen[840] kann den Besonderheiten dieser Ausstellungsform gerecht werden[841]: So kann vereinbart werden, daß bezüglich der Versicherungsdauer die Versicherung von "Wand zu Wand" bzw. von "Nagel zu Nagel" gilt[842]. Weiterhin kann der Schadensersatz bei Schäden anläßlich von Film- und Fernsehaufnahmen an bestimmte Voraussetzungen geknüpft werden[843]. Vor dem Hintergrund des Schutzes der Exponate kann unter bestimmten Bedingungen Schäden durch Frost, Hitze, Temperatur- und Luftdruckschwankungen ausgeschlossen werden[844]. Des weiteren kann der Versicherungsschutz hinsichtlich der Verpackung der Kunstgegenstände an die im Kunsthandel übliche Sorgfalt geknüpft werden. So kann etwa bei Bildern unter Glas die erhöhte Beschädigungsgefahr dadurch herabgesetzt werden, indem die Glasscheibe mit Spezialfolien beklebt wird.

In den Sonderbedingungen zu den AVB Ausstellung 1988 finden sich weiterhin Regelungen zum Versicherungsschutz bei der Herstellung von Reproduktionen, zur Entschädigungsberechnung bei künstlerisch plastischen Darstellungen sowie zum Sachverständigenverfahren bei Ermittlung von Gesundwert[845] und Krankwert[846], welche für die Höhe der Versicherungsleistung von Bedeutung sein können[847].

3. Die Beförderungsbestimmungen und Deklarationsvorschriften für Ausstellungsgüter

Hinsichtlich der Obliegenheiten vor dem Schadenfall[848] sind gemäß § 9 Nr. 3 AVB Ausstellung 1988 die dem Versicherungsvertrag zugrundeliegenden Be-

---

837 § 14 AVB Ausstellung 1988.
838 § 15 AVB Ausstellung 1988.
839 § 16 AVB Ausstellung 1988.
840 Abgedr. in VerBAV 1988, 216 (222).
841 Vgl. in diesem Zusammenhang auch Lensing, 81f.
842 Vgl. hierzu Lensing, 86.
843 So etwa Bestehen eines Rauchverbotes, Aufnahme nur außerhalb der Besucherzeiten etc. Vgl. zu der Problematik der Schäden "aus" Film- und Fernsehaufnahmen Lensing, 81f.
844 Vgl. hierzu Lensing, 82.
845 Der Gesundwert ist der Wert, den das Ausstellungsgut zur Zeit und am Ort der Schadensfeststellung in unbeschädigtem Zustand gehabt hätte.
846 Der Krankwert ist der Wert, den das Ausstellungsgut zur Zeit und am Ort der Schadensfeststellung im beschädigten Zustand hat.
847 Vgl. hierzu Lensing, 93ff.
848 Vgl. dieses Kapitel, Abschnitt II.2.

förderungsbestimmungen und Deklarationsvorschriften sowie die Vorschriften der Beförderungsunternehmen einzuhalten. Aufgrund der Hochwertigkeit der Kunstgüter wurden für deren Transport[849] spezielle Bestimmungen entwickelt, wobei zwischen Beförderungsbestimmungen und Deklarationsvorschriften differenziert werden kann. Bezüglich der Beförderungsbestimmungen wird wiederum unterschieden zwischen dem Transport sämtlicher Ausstellungsgüter und demjenigen von Kunstgegenständen und hochwertigen Gegenständen, wobei hier auf letztere eingegangen wird.

Es gibt vier verschiedene Transportarten, nämlich Eisenbahn-, Kraftwagen-, Schiffs- und Lufttransport. Hiervon zu unterscheiden ist der Begleittransport, wobei letzterer angesichts des Schutzes der wertvollen Exponate von besonderer Bedeutung ist. So wird in diesem Zusammenhang geregelt, daß ein Exponat mit einem Versicherungswert von mehr als 1 Million DM durch zwei Begleiter zu befördern ist[850], wobei dieser Transport stets überwacht werden muß.

Auch bei den Deklarationsvorschriften wird unterschieden zwischen allgemeinen Versandbestimmungen für Postsendungen für sämtliche Ausstellungsgüter und Sonderregeln für den Versand von Kunstgegenständen bzw. hochwertigen Gegenständen. Von Bedeutung für den Schutz der Kunstwerke ist, daß leicht zerbrechliche Gegenstände als Frachtgut zu versenden sind und die einzelnen Objekte nicht nur pauschal als "Kunstgegenstände", sondern ihrer Art nach genau bezeichnet werden müssen. Im Rahmen von Lufttransporten hat ebenfalls eine exakte Bezeichnung zu erfolgen. Bei druck- und temperaturempfindlichen Kunstobjekten, so etwa bei Gemälden, ist sowohl im Frachtbrief als auch auf der Verpackung auf deren Schadenanfälligkeit hinzuweisen.

4. Die bei der Kunstversicherung relevanten Normen des Versicherungsvertragsgesetzes[851]

Von Bedeutung im Versicherungsvertragsrecht ist nicht nur vor dem Hintergrund der Kunstversicherung § 6 VVG, demzufolge die Obliegenheiten des

849 Vgl. zum Transport und zur Verpackung von Kunstwerken u.a. Kelly, 34ff.
850 Im Fall des Kraftwagentransportes ist neben dem Fahrer und Mitfahrer eine dritte Person erforderlich.
851 Im folgenden mit VVG abgekürzt.

VN geregelt werden. Zu den einzelnen Obliegenheiten wurde bereits Stellung genommen[852]. Durch die schriftliche Fixierung der Obliegenheiten in den AVB Ausstellung 1988 wurde dem Erfordernis Genüge getan, daß die Obliegenheiten ausdrücklich vereinbart werden müssen[853].

Ebenfalls von Relevanz im Zusammenhang mit der Kunstversicherung ist die Norm des § 23 VVG, derzufolge der VN nach Abschluß des Versicherungsvertrages nicht ohne Einwilligung des Versicherers eine Erhöhung der Gefahr vornehmen darf. Die Kündigung durch den Versicherer als Rechtsfolge bei einem Verstoß ergibt sich aus § 24 I 1 VVG. Hintergrund dieser Regelung ist der Umstand, daß der Versicherer bei Schutz gegen alle denkbaren Risiken entsprechend hohe Prämien verlangen könnte; dies auch dann, wenn sich hinterher herausstellt, daß einkalkulierte Risiken gar nicht eingetreten sind[854]. Die §§ 23ff VVG sollen aus diesem Grund dem Versicherer ermöglichen, erst im Fall des Risikoeintrittes entsprechende Konsequenzen zu ziehen[855].

Eine Erhöhung der Gefahr im Sinne des § 23 VVG ist jede nachträgliche Änderung der bei Vertragsschluß tatsächlich vorhandenen gefahrerheblichen Umstände, die den Eintritt des Versicherungsfalles oder eine Vergrößerung des Schadens wahrscheinlicher macht[856].

Rechtlich problematisch könnte in dem Zusammenhang sein, ob eine Wertsteigerung des versicherten Objektes während der Versicherungsdauer als Gefahrerhöhung qualifiziert werden kann[857]. Eine solche Gefahrerhöhung ist dann gegeben, wenn eine eingetretene Veränderung der Gefahrenlage, wäre sie dem Versicherer bei Vertragsschluß bekannt gewesen, nicht oder nur zu einer höheren Prämie zum Vertragsabschluß geführt hätte[858]. Beim Kulturgüteraustausch wird in entsprechenden Leihverträgen oftmals vereinbart, daß der Wert des Exponates auch während der Leihdauer unter Umständen an die aktuelle Entwicklung auf dem Kunstmarkt angepaßt werden kann[859]. Aber vor dem Hintergrund des § 23 VVG ist festzustellen, daß eine solche Werterhöhung des Wertes des versicherten Interesses keine Erhöhung der Gefahr darstellt[860].

---

852 Vgl. dieses Kapitel, Abschnitt II.2.
853 Vgl. BGH VersR 1988, 267 (269).
854 Vgl. Prölss/Martin-Prölss, § 23, Anm. 1.
855 Vgl. Mot. 102; Prölss in: FS Larenz, 487 (497).
856 Vgl. BGHZ 42, 295.
857 Vgl. hierzu Hofmann, § 9.
858 Vgl. Hofmann, § 9, RN 6.
859 Vgl. Kapitel 2, Abschnitt III.2.
860 Vgl. RG JR 1928, 7.

Hier gilt, daß nicht jede Änderung der bei Vertragsschluß bestehenden Risikolage für § 23 VVG von Bewandtnis ist[861].

Von Bedeutung ist weiterhin die Vorschrift des § 62 VVG, derzufolge dem VN die gesetzliche[862] Obliegenheit auferlegt wird, bei Eintritt der Gefahr auf Kosten des Versicherers den Schaden entweder abzuwenden oder zu mindern[863].

Im Vorfeld des § 62 VVG ist die Rettungsobliegenheit zunächst von der Schadensverhütungsmaßnahme abzugrenzen. Letztere werden in der Regel dazu getroffen, um dem Eintritt des Versicherungsfalles vorzubeugen und nicht im Angesicht einer konkreten Gefahr[864]. Vor dem Hintergrund des Schutzes eines Exponates beim Kulturgüteraustausch können somit als Schadensverhütungsmaßnahmen der Einsatz einer Wachgesellschaft zur Überwachung der Kunstobjekte oder die Kontrolle der Temperaturbedingungen, des Luftdrucks und der Luftfeuchtigkeit gesehen werden.

Im Gegensatz dazu hat der VN bei Rettungsobliegenheiten zunächst grundsätzlich "die ihm in der jeweiligen Situation möglichen und zumutbaren Rettungsmaßnahmen unverzüglich und mit der im Verkehr erforderlichen Sorgfalt zu ergreifen, wie wenn er nicht versichert wäre."[865] Der VN darf hierbei sich ihm anbietende Maßnahmen, die zumutbar und zur Schadensabwendung oder -minderung geeignet sind, nicht unversucht lassen. Die Grenze des Zumutbaren orientiert sich an Treu und Glauben[866]. Wenn der VN das danach Gebotene nicht unternimmt, verletzt er objektiv die Rettungsobliegenheit[867]; allerdings hat der Versicherer die konkreten Maßnahmen des VN darzulegen[868].

Vor diesen generalklauselartigen Formulierungen ist im folgenden zu untersuchen, welche konkreten Maßnahmen der VN im Fall der Kunstversicherung zu ergreifen hat.

---

861 So Prölss/Martin-Prölss, § 23, Anm. 2.A.b.
862 Vgl. zu den vertraglichen Obliegenheiten auf Basis der AVB Ausstellung 1988 dieses Kapitel, Abschnitt II.2.
863 Dies wird oftmals als "Rettungspflicht" bezeichnet, vgl. etwa Hofmann, § 16, RN 22. Zutreffender ist aber, da eben im Zusammenhang mit Obliegenheiten stehend, der terminus "Rettungsobliegenheiten" (so u.a. Prölss/Martin-Voit, § 62, Anm. 1.A.), der im folgenden verwendet wird.
864 Vgl. Prölss/Martin-Voit, § 62, Anm. 1.A.b.
865 Vgl. BGH VersR 1972, 1039 (1040).
866 Vgl. Prölss/Martin-Voit, § 62, Anm. 2.a.
867 Vgl. OLG Hamm, Jur. Büro 1989, 508.
868 Vgl. Prölss/Martin-Voit, § 62, Anm. 2.a.

Geht man von einem vollendeten, aber noch nicht beendeten Diebstahl von Kunstwerken aus[869], so braucht sich der VN beispielsweise keiner Gefahr für Leib und Leben auszusetzen, indem er etwa den Täter zu stellen versucht[870]. Den VN trifft dabei auch nicht die Rettungsobliegenheiten, einen Täter im Versuchsstadium zu vertreiben, im Rahmen der Beendigung selbst zu ermitteln oder gar nach dem Verbleib der gestohlenen Gegenstände zu forschen[871].

Auch braucht der VN nicht mit kriminellen Elementen oder deren Mittelsmännern zu paktieren, um etwa gestohlene Gegenstände wieder zu beschaffen[872]. Hierbei kann es zu dem die versicherungsvertraglichen Probleme übergreifenden Rechtsproblem der Kooperation mit kriminellen Elementen kommen. Dieser Vorwurf der Zusammenarbeit ist in den letzten Jahren in Verbindung mit nach einem Raub oder Diebstahl wiederaufgetauchten Kunstobjekten wiederholt gegenüber Eigentümern, Versicherern bzw. Polizei oder Staatsanwaltschaft erhoben worden.

Ereignet sich ein Kunstraub oder -diebstahl, steht einerseits den Tätern die Möglichkeit offen, daß sie sich an Händler und Sammler mit "elastischem Gewissen"[873] wenden und diesen die Ware andienen[874].

Andererseits sind in den letzten Jahren vermehrt Fälle der Kategorie "Kunst als Geisel"[875] aufgetreten, die vermuten lassen könnten, daß es nicht nur zwischen den Tätern und der Versicherung[876] oder dem Eigentümer[877] - also etwa einem Museum, welches keineswegs alle Exponate ob der hohen Versicherungsprämie versichern lassen kann[878] - zu Rückführungsvereinbarungen gekommen ist[879]. Die Täter können nämlich in der Regel davon ausgehen, daß die Eigentümer einen entsprechend hohen Preis als "Lösegeld"[880] - der natür-

---

869 In diesem Zusammenhang kann festgestellt werden, daß weit über die Hälfte aller Museumsdiebstähle direkt aus den Depots und nicht aus den Ausstellungsräumen heraus erfolgt, vgl. Picker, Fälscher, 26.
870 So Prölss/Martin-Voit, § 62, Anm. 2.a.
871 Vgl. Prölss/Martin-Voit, § 62, Anm. 2.a.
872 Vgl. Prölss/Martin-Voit, § 62, Anm. 2.a.
873 So Der Spiegel 1990, 293.
874 Interessant der Hinweis von Picker, Fälscher, 29, demgemäß mancher Dieb "vorübergehend" stiehlt, um sich anhand des Originals eine entsprechende Expertise für eine Kopie zu besorgen.
875 Oft findet sich in diesem Zusammenhang auch der terminus "Art-Napping".
876 Vgl. Knott, 25.
877 So bspw. Der Spiegel 1990, 293.
878 Vgl. Picker, 147; Der Spiegel 1990, 293 (294).
879 Bei derartigen Rückführungsverhandlungen sollen nach Picker, Fälscher, 29, auch etablierte Restauratoren eine nicht unbedeutende Rolle spielen.
880 So etwa die Vermutung Lord Bath im Zusammenhang mit dem Diebstahl eines ca. 12 Millionen DM wertvollen Tizian-Gemäldes, vgl. FAZ v. 09.01.1995, 7.

lich noch auch bei einem Bruchteil des Objektwertes zu diesem in Relation gesetzt sehr hoch sein kann - zur Wiedererlangung ihres Eigentumes zahlen werden[881].

Zwar sind zahlreiche Exponate, die im Eigentum von Museen stehen, nicht versichert, womit ein "Art-Napping" gegenüber einem Versicherer zumindest in diesen Fällen für den oder die Täter wenig lukrativ erscheinen muß[882]. Allerdings sind im Gegensatz dazu Leihgaben meist mit hohen Versicherungswerten besetzt[883], so daß sich ein Diebstahl oder Raub derartiger Objekte für die Übeltäter mehr lohnen dürfte[884].

Auch zwischen Tätern und dem Staat[885], hier sogar auf Regierungsebene[886], soll es zu Absprachen dergestalt gekommen sein, daß zu bestimmten Konditionen entwendete Kunstobjekte zurückgeführt werden. In diesem Fall des "Art-Nappings" soll mit den entsprechenden Stellen[887] Kontakt aufgenommen werden. Über einen Mittelsmann würden die entsprechenden Verhandlungen geführt und die Lösegeldübergabe getätigt. Sollte danach der Verdacht einer solchen Zusammenarbeit auf die Polizei oder den Versicherer fallen, wird von

881 Vgl. hierzu auch Berger, Die Woche v. 17.02.1994, 31.

882 Vgl. Berger, Die Woche v. 17.02.1994, 31.

883 Schütz, 99 (108) berichtet in diesem Zusammenhang von einer Ausstellung mit einer Gesamtversicherungssumme von 240 Millionen DM.

884 So etwa geschehen am 28.07.1994 bei dem spektakulären Raub von drei Leihgaben aus der Frankfurter Kunsthalle "Schirn"; Versicherungswert zwischen 60 und 70 Millionen DM.

885 So wurde einem Amsterdamer Staatsanwalt im Frühjahr 1994 die Rückgabe von zwei van Gogh-Gemälden ("Sitzende Bauersfrau" und "Räder der Wassermühle von Gennep", beide 1990 aus dem Nordbrabanter Museum / s'Hertogenbosch gestohlen; Wert: 8.000.000 DM) versprochen, wenn die Staatsanwaltschaft keine Berufung gegen eine gerichtlich festgesetzte Haftstrafe einlegt. Daß es sich dabei nicht um eine leere Versprechung des Inhaftierten handelte, bewiesen die von dessen Anwalt vorgelegten Fotografien, auf denen neben Vorder- und Rückseite der Kunstwerke auch eine Tageszeitung aktuellen Datums erkennbar war. Dabei blieb unklar, wie der Häftling in den Besitz der Objekte gekommen ist, da die Diebe bereits gefaßt wurden (vgl. hierzu ausf. Schweighöfer Art 4/1994, 117). Die zuständigen Stellen lehnten ein derartiges Ansinnen ab. Allerdings tauchten die Bilder kurze Zeit später wieder auf: Nach einer Darstellung wurden sie über einen Anwalt zurückgegeben; der Häftling ist wieder auf freiem Fuß und die Justiz dementiert einen Zusammenhang zwischen den beiden Ereignissen (vgl. Art. 5/1994, 136f.). Einer anderen Schilderung zufolge habe der unrechtmäßige Besitzer, der weder der Dieb noch der Hehler sei, Gewissensbisse bekommen und die Bilder zurückgegeben, vgl. FAZ v. 26.03.1994, 7. Vgl. zu einer ähnlichen Vorgehensweise im Fall des im Februar 1994 gestohlenen Werkes von E. Munch "Der Schrei" FAZ v. 04.03.1994, 35.

886 Vgl. Der Spiegel 1990, 293 (294), der in dem Zusammenhang auf eine Auseinandersetzung zwischen Japan und Frankreich bezüglich einiger aus dem Pariser Musee Marmottan gestohlenen Werke, darunter Monets "Impression, aufgehende Sonne" hinweist.

887 Etwa mit der Staatsanwaltschaft oder der zuständigen ermittelnden Polizeidienststelle.

diesen beteuert, man habe bzw. werde sich nicht auf derartige Kooperationen einlassen[888], denn "es wäre doch der Anfang vom Ende, wenn der Staat Verbrechern auf diese Weise entgegenkäme."[889]

Dennoch steht fest, daß mit der erfolgreichen, d.h. unbeschädigten, Rückgabe des in der Regel unersetzlichen Unikates den Interessen aller Beteiligten gerecht wurde: Der Eigentümer hat wieder sein Kunstobjekt und die Versicherung braucht nicht die immens hohen Summen im Schadenfall bezahlen, wie beispielsweise die folgenlose Rückführung der Cranach-Werke[890] oder des Munch-Gemäldes[891] zeigen.

Sollte es tatsächlich zu einer Kooperation zwischen Dieben und etwa der Polizei oder der Staatsanwaltschaft gekommen sein, so erscheinen solche Praktiken nicht zuletzt angesichts des in § 152 II StPO normierten Legalitätsgrundsatzes äußerst bedenklich.

Erhält der VN von den Tätern entsprechende Angebote auf Rückgabe der Exponate, hat er den Versicherer auf diese hinzuweisen. In diesem Zusammenhang kann auch das Aussetzen von Belohnungen über die Polizei[892] eine gebotene Aufwendung sein[893].

---

888 So Der Spiegel 1990, 293 (294).

889 So etwa die Sprecherin des Kulturministeriums im oben erwähnten Van-Gogh-Fall, zit. nach Schweighöfer, Art 4/1994, 117.

890 Hier sind die Ermittlungen nach den Tätern mit der Rückführung der Gemälde im Sande verlaufen, vgl. Der Spiegel 1993, 38.

891 Auch hier konnte nach Wiederauffinden des Bildes bis heute kein Täter festgestellt werden.

892 So geschehen etwa im Fall des Frankfurter Kunstraubes v. 28.07.1994; vgl. die entsprechende Anzeige, derzufolge eine Belohnung von bis zu 250.000 US-$ von den betroffenen Versicherern zu bestimmten Bedingungen für die vollständige Wiederbeschaffung der bei diesem Raub entwendeten Werke in unversehrtem Zustand ausgesetzt wurde, in FAZ v. 13.08.1994, 34. Vgl. in dem Zusammenhang auch die auf eine Belohnung bezugnehmenden, sich teilweise wiedersprechenden, Berichte, so etwa FAZ v. 02.08.1994, 25 (100.000 DM allein für das Friedrich-Gemälde; avisierte Belohnung von mindestens 300.000 US-$ für alle drei Werke), dpa-Meldung v. 09.08.1994 (395.000 DM - alle drei Werke -), Focus 33/1994, 90 (400.000 DM, ebenfalls für alle drei Werke). Hinzuweisen ist hier zum Vergleich auf die vom Bostoner Gardner Museum 1990 ausgesetzte Belohnung von 1.000.000 US-$ (vgl. Der Spiegel 1990, 293 (295)) für die Rückführung von Gemälden, deren Gesamtwert zwischen 150.000.000 und 400.000.000 DM liegt, vgl. Der Spiegel 1990, 293. Vgl. hierzu auch das Beispiel für eine Diebstahlsanzeige in Kunstzeitschriften von Picker, Fälscher, 26. Vgl. in diesem Zusammenhang auch die Reaktion auf den Diebstahl von Uhren im Wert von mindestens fünf Millionen DM in der Nacht vom 19. auf den 20. November 1994 aus dem Deutschen Museum München (vgl. hierzu etwa FAZ v. 21.11.1994, 11). Am 01.12.1994 und 07.12.1994 erschienen etwa in der FAZ ganzseitige Anzeigen (vgl. FAZ v. 01.12.1994, 25 und FAZ v. 07.12.1994, 13) mit denen durch die Firma Blancpain, die die Uhren zur Verfügung gestellt hatte und das

Von Bedeutung ist auch, daß der Obliegenheit des VN, Weisungen des Versicherers einzuholen, § 62 I 1 VVG, durch eine vollständige Schadensanzeige genügt werden kann[894]. Will der VN darüberhinaus Maßnahmen durchführen, mit denen der Versicherer nicht rechnen muß - so etwa das Aussetzen einer Belohnung - ist eine gesonderte Weisungserteilung zweckmäßig. Damit kann einer Auseinandersetzung zwischen VN und Versicherer über die Maßnahmengeeignetheit vorgebeugt werden[895].

Geht man neben dem Kunstraub bzw. -diebstahl von einem anderen Risiko aus, etwa von einem Brand am Versicherungsort, so ist vor dem Hintergrund der Rettungsobliegenheiten von Bedeutung, daß der VN nicht verpflichtet ist, bei der gleichzeitigen Bedrohung von versicherten und nicht versicherten Objekten zunächst die versicherten Gegenstände zu retten.

Ausgehend von letztgenanntem Beispiel ist unter Berücksichtigung des Umstandes, daß sich Rettungsobliegenheiten auch auf Folgeschäden beziehen können, darauf hinzuweisen, daß der VN nach einem Gebäudebrand dafür zu sorgen hat, daß nicht noch größerer Schaden durch Plünderer, Löschhelfer, ungünstige Witterung etc. entstehen kann[896].

Die Aufwendungen für die hierfür notwendigen Maßnahmen können als Rettungskosten vom VN gegenüber dem Versicherer geltend gemacht werden[897], § 63 VVG. Hierbei ist festzustellen, daß praktisch nur diejenigen Aufwendungen vom Versicherer nicht ersetzt werden, die dadurch entstehen, daß der VN Rettungsmaßnahmen ergreift, die in keinem objektiven Zusammenhang mit dem versicherten Objekt stehen[898]. In allen anderen Fällen[899] hat der Versicherer für die entsprechenden Aufwendungen aufzukommen.

Oftmals kann es hier auch geschehen, daß der VN selbst nicht in der Lage ist, die erforderlichen Rettungsmaßnahmen zu ergreifen. Wird dann ein Dritter auf Kosten des VN tätig, etwa ein Museumsangestellter, der versucht, das versi-

---

Deutsche Museum München für die Sicherstellung der Uhren eine Belohnung von bis zu 110.000 SFr. ausgesetzt wurde.

893 So Prölss/Martin-Voit, § 62, Anm. 2.a.

894 Vgl. Prölss/Martin-Voit, § 62, Anm. 2.b.

895 Vgl. Prölss/Martin-Voit, § 62, Anm. 2.b.

896 Vgl. Prölss/Martin-Voit, § 62, Anm. 2.a.

897 Vgl. zu den verschiedenen Kategorien von Aufwendungen Lensing, 90ff.

898 Etwa die Rettung einer fremden Sache, vgl. Prölss/Martin-Voit, § 63, Anm. 2 a.

899 Siehe beispielsweise zu ausgesetzten Belohnungen Prölss/Martin-Voit, § 63 Anm. 3 in Verbindung mit Prölss/Martin-Voit, § 62 Anm. 2a bzw. Prölss/Martin-Voit, § 63, Anm. 5 B.

cherte Exponat vor einem unmittelbar drohenden Brandschaden zu bewahren, so beurteilt sich die Aufwendungserstattung danach, ob dieser Dritte die Aufwendungen für geboten halten durfte[900].

900 Vgl. Prölss/Martin-Voit, § 63, Anm. 2 a.

Zusammenfassung

Das Ziel der vorliegenden Arbeit war die Untersuchung ausgewählter, beim Kulturgüteraustausch auftretender Rechtsprobleme und das Aufzeigen von Ansätzen zu deren Lösung.

I. Aufgrund unterschiedlicher Vorstellungen sowie der Tatsache, daß zahlreiche Wertaspekte zu berücksichtigen sind, ist die Definition des Begriffes "Kulturgut" weit zu fassen. Der Austausch von Kulturgütern erfüllt gerade in der heutigen Zeit u.a. nicht nur eine Vermittlungsfunktion zwischen verschiedenen Kulturen und Völkern, sondern auch eine Kompromißfunktion bei rechtlichen Auseinandersetzungen. In diesem Zusammenhang kommt den Museen eine besondere Bedeutung zu, da sie als zentrale Orte für die Kultur eines Volkes Zeugnis ablegen und Hauptinitiatoren von Expositionen sind.

II. Bei den dem Austausch von Kulturgütern zugrundeliegenden Vereinbarungen handelt es sich in der Regel der Rechtsnatur nach um Leihverträge, womit die §§ 598ff BGB Anwendung finden. Dies gilt auch für den Fall einer längeren unentgeltlichen Gebrauchsüberlassung in Form einer Dauerleihgabe.

Aufgrund der Hochwertigkeit der Vertragsobjekte treffen den Entleiher beim Austausch von Kulturgütern zahlreiche Sorgfaltspflichten, wie z.B. die materielle und konservatorische Sicherung der Exponate, die Übernahme diverser entstehender Kosten, die Versicherung des Objekts etc.

Im Fall einer Verletzung der Ver- bzw. Entleiherpflichten ist hinsichtlich der Verleiherhaftung umstritten, ob die vertragliche Haftungsprivilegierung der §§ 599, 600 BGB auch in den Fällen deliktischer Haftung Anwendung findet. Angesichts der Unentgeltlichkeit der Vertragsart Leihe sowie der Gefahr eines unangemessen hohen Haftungsrisikos, das der Verleiher andernfalls zu tragen hätte, ist diese Frage zu bejahen. Dies gilt im Ergebnis auch für die Haftung bei Mangelfolgeschäden aufgrund der Grundsätze der positiven Forderungsverletzung bzw. der culpa in contrahendo. Eine Haftungsmilderung ist nur in den Fällen zu verneinen, bei denen das schadenauslösende Ereignis in keinerlei Verbindung zur Leihsache steht, so etwa bei der Nichtbeachtung von Verkehrssicherungspflichten durch den Verleiher.

Bei der Untersuchung der Haftung des Entleihers erscheint eine Entleiherhaftung, die kein Verschulden von dessen Seite voraussetzt, problematisch. Obwohl in Kulturgüteraustauschverträgen eine derartige Zufallshaftung oftmals vereinbart wird, ist sie nicht unbedenklich, da der Gesetzgeber eine solche Form der Haftung nur in bestimmten und gesetzlich normierten Fällen, wie etwa §§ 278 S. 2, 848 BGB, vorgesehen hat.

Im Zusammenhang mit der Entleiherhaftung taucht auch das Rechtsproblem auf, worin ein Verzicht auf die Geltendmachung von Schadensersatzansprüchen gegen den Entleiher zu sehen sein kann. Ein solcher Verzicht ist nur dann zu bejahen, wenn der Verleiher die Schäden erkennt und rechtsverbindlich auf eine Geltendmachung verzichtet hat.

Aus Gründen der Rechtsfriedenssicherung und der Vermeidung von Beweisnot gilt die für vertragliche Ansprüche in § 606 BGB festgelegte kurze Verjährungsdauer auch für die deliktischen Ansprüche des Verleihers gegenüber dem Entleiher.

Bei den Gründen zur Kündigung des Leihvertrages ist § 605 Nr. 2 BGB von besonderer Bedeutung, da auf dessen Basis jeder vertragswidrige Gebrauch des Exponates zur Beendigung des Vertrages führt.

III. Bei der Betrachtung der dinglichen Rechtsprobleme des Kulturgüteraustausches ist zunächst umstritten, wie der Fall zu werten ist, daß ein bösgläubiger Eigenbesitzer unfreiwillig seinen Besitz verliert. Unter Berücksichtigung der Überlegungen des historischen Gesetzgebers ist festzustellen, daß mit der Verschaffung des unmittelbaren Besitzes an einen Dritten die Besitzposition des Eigentümers derart geschwächt ist, daß ein Abhandenkommmen für diesen im Falle des unfreiwilligen Besitzverlustes durch einen bösgläubigen Eigenbesitzer analog § 935 I BGB zu verneinen ist. Am fraglichen Objekt, welches unter Umständen gewidmet ist, bei dem es sich aber nicht um ein res extra commercium handeln kann, ist somit in der Folge ein gutgläubiger Erwerb grundsätzlich möglich.

Bei einem solchen gutgläubigen Erwerb von Kulturgütern und Kunstwerken sind zahlreiche Kriterien zur Beurteilung der Bösgläubigkeit eines potentiellen Erwerbers zu berücksichtigen. Von besonderer Bedeutung hinsichtlich einer grobfahrlässigen Unkenntnis dieses Erwerbers und sowohl praktikabel als auch den Anforderungen an einen gutgläubigen Erwerb entsprechend ist hier das Einholen von Informationen, aufgrund dessen der Erwerber von einer rechtmäßigen Provenienz des Objekts ausgehen kann. Bei Bestehen einer Nachforschungspflicht können im Vergleich zu den Printmedien besonders datenverarbeitungsgestützte Recherchesysteme zur Klärung dieser Herkunft einen wertvollen Beitrag liefern. In diesem Zusammenhang ist auf das britische "International Art & Antique Loss Register Ltd" hinzuweisen: Aufgrund der Struktur und der Arbeitsweise dieser international orientierten Datenbank ist eine adäquate Informationseinholung durch einen potentiellen Erwerber in der Form möglich, daß diesem bei dem Erwerb eines Kunstwerkes keine grobfahrlässige Unkenntnis hinsichtlich der Nichtberechtigung eines Veräußerers im Sinne von § 932 II BGB unterstellt werden kann. Somit kann gutgläubig Eigentum an entsprechenden Objekten erworben werden.

Angesichts der bisher erzielten internationalen Erfolge sowie der zahlreichen Vorteile nicht nur für den Eigentümer bzw. Erwerber von Kunstobjekten und für die am Kunsthandel Beteiligten, sondern auch für Polizeidienststellen und Versicherungen ist eine intensivere Kooperation gerade zwischen dem ALR und deutschen Institutionen wünschenswert.

IV. Ein weiteres dingliches Rechtsproblem beim Kulturgüteraustausch stellt nicht zuletzt aufgrund der Tatsache, daß z.B. gestohlene Kunstgegenstände zu Versteigerungen gelangen, die besondere Erwerbsform des § 935 II (2. Alt.) BGB dar. Auf dem Kunstmarkt nehmen Versteigerungen einen besonderen Stellenwert ein, da zum einen innerhalb einer Auktion ein adäquater Preis für das Versteigerungsobjekt erzielt werden kann und zum anderen die Vielfalt der zu versteigernden Objekte in den letzten Jahren gestiegen ist.

Eine Untersuchung des Begriffs der öffentlichen Versteigerung im Sinne des § 935 II (2. Alt.) BGB führt zu dem Ergebnis, daß zahlreiche, sich selbst als "Auktion" bezeichnenden Verkaufsveranstaltungen aus dem Anwendungsbereich dieser Norm herausfallen. Vielmehr sind nur diejenigen Veräußerungen als Versteigerungen anzusehen, die die Anforderungen des § 383 III S. 1 BGB erfüllen.

Umstritten ist im Zusammenhang mit der öffentlichen Versteigerung, ob etwa eine Bösgläubigkeit des potentiellen Erwerbers durch den besonderen Charakter der Auktion getilgt werden kann. Nicht zuletzt aufgrund der Überlegungen des historischen Gesetzgebers ist diese Frage zu verneinen.

Rechtliche Schwierigkeiten bereitet weiterhin die Frage nach einem Erklärungsversuch des § 935 II (2. Alt.) BGB und dessen Zusammenhang mit dem

Kulturgüterschutz für die heutige Zeit. Im Sinne eines Interessenausgleiches zwischen Einlieferer und potentiellem Erwerber ist hierbei auf die Person des Auktionators abzustellen. Von ihm ist aufgrund seiner verantwortungsvollen Vertrauensstellung ein gewissenhaftes und zuverlässiges Ausüben seines Gewerbes zu verlangen. Damit hat er im konkreten Fall etwa die fragwürdig erscheinende Provenienz eines zu versteigernden Objekts zu überprüfen; hierbei kann er durch einen Abgleich mit dem "International Art & Antique Loss Register Ltd" dieser Vertrauensstellung und damit seinen Pflichten gerecht werden.

V. Weiterhin behandelt die vorliegende Untersuchung die bei der Ersitzung von Kulturgütern auftretenden Schwierigkeiten. Hier ist bereits die gerade für den Kulturgüteraustausch bedeutsame Frage, ob eine öffentliche Sache ersitzbar ist, umstritten. Angesichts des Umstandes, daß es im deutschen Recht keine res extra commercium gibt, ist sie zu bejahen.

Aufgrund der Tatsache, daß sich bei der Ersitzung die Anforderungen an die Gutgläubigkeit im Laufe der Ersitzungsdauer ändern, ist auch der Eigentumserwerb von öffentlichen Sachen durch Ersitzung möglich.

Die Kontroverse um die Frage, ob dem ursprünglichen Eigentümer ein Ausgleichsanspruch zusteht, ist für den Fall, daß keine Vertrags- oder Leistungsbeziehungen zwischen ursprünglichem und neuem Eigentümer bestehen, zu verneinen.

Von Bedeutung ist gerade hinsichtlich des Kulturgüteraustausches weiterhin, daß auch der mittelbare Eigenbesitz zum Eigentumserwerb durch Ersitzung führen kann. Hinsichtlich der Rechtsnachfolge kann eine Anrechnung der bisherigen Ersitzungszeit nur dann erfolgen, wenn auch der Nachfolger redlicher Eigenbesitzer ist.

VI. Der letzte Teil der vorliegenden Untersuchung behandelt die Frage der Versicherung von Objekten beim Kulturgüteraustausch. Hierbei sind zahlreiche Bestandteile des Versicherungsvertrages, deren Zusammenwirken sich nicht unkompliziert darstellt, zu beachten.

Mißverständlich ist in diesem Zusammenhang bereits die oft verwendete Bezeichnung "Allgefahrendeckung", da auch bei Kunstversicherungen ein Ausschluß bestimmter Risiken im Sinne einer angemessenen Risikobegrenzung erfolgen muß. Zu Rechtsproblemen kann weiterhin einerseits die Frage des räumlichen bzw. zeitlichen Aspektes des Versicherungsschutzes führen; bei möglichen Konflikten ist hier auf die Sicht des durchschnittlichen Versicherungsnehmers abzustellen. Andererseits ist zu beachten, daß bei Wertungen hinsichtlich des "versicherbaren Interesses" auch ausländische Rechtsquellen von Bedeutung sein können.

Bei der Frage nach einem Haftungsausschluß zugunsten des Versicherers kann die Konstellation zu Problemen führen, bei der ein Zugriff auf im Ausland befindliche Kunstwerke durch Hoheitsakt erfolgt. Werden entsprechende Haftungsausschlußklauseln Bestandteil des Versicherungsvertrages, entfällt die Haftung des Versicherers.

Hinsichtlich des Aspektes der Gefahrerhöhung ist zu bedenken, daß eine solche bei reiner Wertsteigerung des versicherten Objektes nicht vorliegt.

Bei den Obliegenheiten nach dem Versicherungsfall ist festzustellen, daß jede gleichwie geartete Kooperation von Versicherungsnehmer, Versicherer, Polizei oder Staatsanwaltschaft mit kriminellen Elementen unter Beachtung des Legalitätsgrundsatzes äußerst bedenklich ist.

Literaturverzeichnis

Akinscha, Konstantin u. Koslow, Grigorij: Die Jagd nach van Gogh, in: Focus v. 07.03.1994, S. 144.

Almeroth, Thomas: Kunst- und Antiquitätenfälschung, Frankfurt 1986.

Anonym:

- Abgebrannt, in: FAZ v. 15.11.1994, S. 38.

- "Alles abgesprochen", in: Der Spiegel 28/1993, S. 162.

- An alle Franzosen, in: FAZ v. 04.06.1994, S. 34.

- Anschlag, in: Art 7/1993, S. 146.

- Auktionen, in: Art 7/1993, S. 146.

- Aus dem Louvre gestohlene Gemälde in Israel entdeckt, in: FAZ v. 17.03.1995, S. 15.

- Barnes Collection sprengt alle Rahmen, in: Focus 1/1994, S. 15.

- Beutekunst, in: FAZ v. 24.01.1995, S. 27.

- Beutekunst, in: FAZ v. 07.12.1994, S. 37.

- Beutekunst, in: FAZ v. 16.08.1994, S. 25.

- Beutekunst, in: FAZ v. 19.09.1994, S. 38.

- Beutekunst, in: FAZ v. 29.12.1994, S. 23.

- Bilderdiebstähle der 90er Jahre, in: Focus 33/1994, S. 90.

- Bilderdiebstahl. Mit dem Computer aufgeklärt, in: FAZ v. 07.09.1991, S. 33.

- Bilderverkauf, in: FAZ v. 22.07.1994, S. 29.

- Billiger einkaufen per Auktion, in: Focus 32/1994, S. 139.

- Der blaue Bär, in: FAZ v. 31.12.1993, S. 33.

- Brüderlich teilen?, in: FAZ v. 05.01.1995, S. 23.

- Charlotte Corday, in: FAZ v. 19.11.1994, S. 31.

- Churchill in love, in: FAZ v. 21.05.1994, S. 33.

- Codex Hammer, in: FAZ v. 25.06.1994, S. 35.

- Computerfangnetz, in: FAZ v. 19.01.1991, S. 33.

- Da Vincis Erfindungen unter dem Hammer, in: Focus 28/1994, S. 116.

- Deutsche Kriegsbeute, in: FAZ v. 05.01.1995, S. 26.

- Diebstähle, in: Art 4/1994, S. 127.

- Diskette statt Katalog, in: Art 7/1993, S. 142.

- Erpresser, in: FAZ v. 04.03.1994, S. 35.

- Erweitertes Angebot beim "Art Quest", in: Die Welt v. 31.12.1994, S. G7.

- Die Farbe Grün, in: FAZ v. 12.03.1994, S. 33.

- Frankfurter Kunstraub, in: FAZ v. 02.08.1994, S. 25.

- Für Sarajevo, in: FAZ v. 12.03.1994, S. 34.

- Gemälde von Turner und Friedrich in Frankfurt geraubt, in: FAZ v. 30.07.1994, S. 1.

- Gestohlene Gemälde im Auktionskatalog, in: FAZ v. 16.09.1980, S. 41.

- Gestohlener Schrei, in: FAZ v. 14.02.1994, S. 27.

- Große Brocken, in: Der Spiegel 13/1990, S. 293 f.

- Herge: Tim in Tibet, in: FAZ v. 11.06.1994, S. 34.

- Hilfe aus Berlin, in: FAZ v. 05.02.1994, S. 33.

- In Frankfurt geraubt, in: FAZ v. 30.07.1994, S. 21.

- Irina Schtschukin, in: FAZ v. 02.12.1994, S. 38.

- Kultur in Zahlen, in: FAZ v. 18.05.1994, S. 37.

- Kulturkampf am Main, in: Focus 45/1993, S. 140.

- Kunstdiebstahl, in: Art 1/1994, S. 106f.

- Kunstdiebstahl im Wasserschloß, in: FAZ v. 15.02.1995, S. 11.

- Kunstraub in der Frankfurter "Schirn", in: FAZ v. 30.07.1994, S. 7.

- Kunstverkauf?, in: FAZ v. 13.04.1994, S. 36.

- Die Leiden der jungen Ente, in: FAZ v. 04.07.1992, S. 32.

- Leihgabe, in: Art 8/1994, S. 126.

- Letzte Kriegsgefangene, in: FAZ v. 25.01.1995, S. 31.

- Lohn für Nachhilfe, in: Der Spiegel 3/1995, S. 164 f.

- Mammut-Auktion, in: Art 8/1994, S. 126.

- Maulwurf-Erbe unterm Hammer, in: Der Spiegel 20/1994, S. 204.

- Meisterwerke per Maus anklicken, in: Focus 13/1994, S. 118.

- Mickymaus und Spiderman, in: FAZ v. 04.09.1993, S. 31.

- Millionenbeute bei Einbruch in Landsitz, in: FAZ v. 16.05.1994, S. 9.

- Moskau öffnet die Depots, in: Focus 32/1994, S. 15.

- Museen und Galerien investieren Millionen und sorgen für Arbeitsplätze, in: Art 12/1993, S. 157

- Museumsbesuch zum Mondscheintarif, in: Focus 27/1994, S. 98.

- Mysteriöse Rückgabe, in: Art 5/1994, S. 136f.

- Nachts über den Fluß, in: Der Spiegel v. 23.06.1994, S. 176 f.

- Nasce l'Art Loss Register rete telematica contro la criminalita, in: Arte (Juli/August 1992).

- Nazi-Diebesgut in Moskau, in: Der Spiegel 5/1995, S. 155.

- Nicht amtlich, in: FAZ v. 05.01.1995, S. 26.

- Njet, in: FAZ v. 12.11.1994, S. 27.

- Nur die Gegner kamen zu Sotheby's, in: Focus 28/1994, S. 165.

- "Öl auf Leinwand, gut erhalten", in: Der Spiegel 41/1993, S. 254ff.

- Paradiesvogel bei Sotheby's, in: Focus 33/1994, S. 142.

- Poussin und Tibaldi, in: FAZ v. 24.01.1995, S. 27.

- Raubkunst in Moskau, in: NZZ (Fernausgabe) v. 02.03.1995, S. 31.

- Rechtmäßige Beute, in: FAZ v. 09.06.1994, S. 37.

- Der Schrei, in: Die Zeit v. 18.02.1994, S. 48.

- Tizian-Gemälde aus Herrenhaus gestohlen, in: FAZ v. 09.01.1995, S. 7.

- Uhren im Millionenwert aus Deutschem Museum gestohlen, in: FAZ v. 21.11.1994, S. 11.

- Unechte Beute, in: FAZ v. 22.03.1994, S. 35.

- Verhandlungsbereit, in: FAZ v. 28.10.1994, S. 41.

- Wenigstens Einsicht, in: FAZ v. 29.03.1994, S. 33.

- Wieder aufgetaucht, in: FAZ v. 16.11.1991.

- Zurückgezogen, in: FAZ v. 01.04.1992, S. 35.

- Zwei Gemälde van Goghs wiedergefunden, in: FAZ v. 26.03.1994, S. 7.

Arens, Heinrich u. Marx, Helmut: Der Auktionator, Neuwied 1992.

Bartetzko, Dieter: Unser Turner, in: FAZ v. 01.08.1994, S. 23.

Baumann, Jürgen: Versteigerungsunsitten im Kunsthandel und § 263 StGB, in: NJW 1971, S. 23 ff.

Baumbach, Adolf, Lauterbach, Wolfgang, Albers, Jan u. Hartmann, Peter: Zivilprozeßordnung, 52. Auflage, München 1994.

Baur, Jürgen F. u. Stürner, Rolf: Sachenrecht, 16. Auflage, München 1992.

Beaucamp, Eduard: Die Bilder lügen nicht, in: FAZ v. 07.05.1994, S. 25.

- Ikonastase der Moderne, in: FAZ v. 11.05.1993, S. 33.

- Verbannte auf dem Denkmalsockel, in: FAZ v. 03.07.1993, S. 25.

Behrens, Klaus u. de Lazzer, Dieter: Recht, Steuern, Versicherungen für den Kunstmarkt, Neuwied 1993.

Berger, Michael: Die Kunst des Kunstraubes, in: Die Woche v. 17.02.1994, S. 31.

Biddulph, Fiona: Aid to a speedy recovery, in: Country Life v. 26.11.1992, S. 32.

Biermann, Johannes: Die öffentlichen Sachen, Giessen 1905.

Bleutge, Peter: Probleme im Versteigerungsrecht,
in: WiVerw 1987, S. 218 ff.

Blind, Jörg u. Locher, Horst: Die strafrechtliche Beurteilung von Scheingebot en und Scheinzuschlägen in der Kunstversteigerung,
in: NJW 1971, S. 2290 ff.

Bockemühl, Michael: J.M.W. Turner - Die Welt des Lichtes und der Farbe, Köln 1993.

Bode, Peter M.: Der Händler forderte 500 000 Mark, der Käufer zahlte das Doppelte, in: Art 6/1994, S. 109.

Boehmer, Gustav: Realverträge im heutigen Recht, in: ArchBürgR 38 (1913), S. 314 ff.

Brückner, Wolfgang: Kunst für alle - Bilder im Volk, in: Werner Busch (Hrsg.): Funkkolleg Kunst, München 1987, S. 336 ff.

Brox, Hans: Besonderes Schuldrecht, 19. Auflage, München 1993.

Busch, Werner: Kunst und Funktion, in: Werner Busch (Hrsg.): Funkkolleg Kunst, München 1987, S. 5 ff.

Caborn, Anne: Insurers join antiques trade in tracking stolen
goods, in: The Times v. 20.03.1993.

Chatelain, Jean: Mittel zur Bekämpfung des Diebstahls von Kunstwerken und ihres unerlaubten Handels im Europa der Neun, Baden-Baden 1978.

Christie's (Hrsg.): Christie's Intl. plc. - Report and Accounts 1993, London 1994.

Cronin, Mary: Your masterpiece is missing, in: TIME (Europa-Ausgabe) v. 25.11.1991, S. 44 ff.

Czöppan, Gabi: Gute Zeiten für neue Sammler, in: Focus 45/1993,
S. 138 ff.

Dechange, Hans: Die öffentliche Versteigerung im Bürgerlichen Gesetzbuch, Köln 1938.

De Lazzer, Dieter u. Behrens, Klaus: Recht, Steuern, Versicherungen für den Kunstmarkt, Neuwied 1993.

Demski, Eva: Warten auf unsere Blicke: Museumsbilder, in: FAZ Magazin Nr. 736 v. 08.04.1994, S. 20 ff.

Dittmar, Peter: Essen: Das zwiespältige Erbe zweier Russen, in: Die Welt v. 29.06.1993, S. 7.

Drobnig, Ulrich: Amerikanische Gerichte zum internationalen Sachenrecht auf dem Hintergrund der Teilung Deutschlands, in: IPrax 1984, S. 61 ff.

Dubatow, Alexej: "Ein greifbares Zeichen", in: Focus 9/1994, S. 91.

- Schneller Griff ins Geheimfach, in: Die Welt v. 28.02.1995, S. 10.

Dünkel, Hans Peter: Öffentliche Versteigerung und gutgläubiger Erwerb, Karlsruhe 1970.

Düringer, U. u. Hachenburg, Max: Handelsgesetzbuch, 3. Auflage, Mannheim 1932.

Eichwede, Wolfgang: Krieg im Frieden? in: Die Zeit v. 27.01.1995, S. 53.

- Krieg im Frieden? in: Die Zeit v. 27.01.1995, S. 54.

Ellison, Mike: Registering successes against the trade in stolen art, in: The Guardian v. 29.12.1994.

Emson, James: Making art insurance easier. The Art Loss Register, in: General Insurance v. Dezember 1992, S. 42 ff.

- Art Loss Register: succes rate increases, in: CSM October 1994, S. 32 f.

Engstler, Helmut: Die territoriale Bindung von Kulturgütern im Rahmen des Völkerrechts, Köln 1964.

Erichsen, Hans-Uwe u. Martens, Wolfgang: Allgemeines Verwaltungsrecht, 9. Auflage, Berlin 1992

Erman, Walter: Bürgerliches Gesetzbuch, 9. Auflage, Münster 1993.

Fechner, Frank: Der Hamburger Stadtsiegelfall, in: JuS 1993, S. 704.

- Die Vorhaben der EG zum Kulturgüterschutz, in: DöV 1992, 609ff.

Fiedler, Wilfried: Warum wird um die Kriegsbeute noch immer gestritten?, in: FAZ v. 04.11.1994, S. 42.

- Internationaler Kulturgüterschutz und deutsche Frage, Berlin 1991.

- Die letzten Kriegsgefangenen, in: FAZ v. 27.01.1995, S. 38.

Fikentscher, Wolfgang: Schuldrecht, 8. Auflage, Berlin 1992.

Fischer, Peter: Kleinarbeit und Köder, in: FAZ v. 03.09.1994, S. 33.

- Aufheiternd, in: FAZ v. 31.12.1993, S. 33.

- Stumpfe Spitzen, in: FAZ v. 02.01.1993, S. 27.

- Neuer Spielstand im Herbst, in: FAZ v. 31.12.1994, S. 33.

Fisher, Paul: Microsoft Art Gallery, in: The Mac, January 1994, S. 23.

Frank, Rainer u. Veh, Herbert: Gutgläubiger Erwerb beweglicher Sachen im Wege öffentlicher Versteigerung, in: JA 1983, S. 249 ff.

Friauf, Karl Heinrich: Kommentar zur Gewerbeordnung, Loseblatt-sammlung, Stand: Mai 1994, Neuwied.

Gehren, Georg von: Ius nudum, in: FAZ v. 10.07.1992, S. 31.

Gierke, Otto von: Deutsches Privatrecht, Band 2: Sachenrecht, Leipzig 1905.

Goddard, Sarah: Registering against the criminal element, in: Lloyd's List, Januar 1994.

Graupner, Rudolf u. Westerholt, Margot Gräfin von: Zur Haftung für die Echtheit von Kunstgegenständen, in: NJW 1978, S. 794 ff.

Gropp, Rose-Maria: Die Ware Kunst, in: FAZ v. 17.09.1994, S. 1.

- Hohe Qualität und Haben-Wollen, in: FAZ v. 24.12.1994, S. 31.

Günsche, Karl-Ludwig: Rußland behält die Beutekunst, in: Die Welt v. 01.03.1995, S. 1.

- Wie Moskau die Akte "Beutekunst" endgültig schließen will, in: Die Welt v. 01.03.1995, S. 6.

Händler, Ruth: Die Offerte aus Mannheim läßt Ausstellungsmacher kalt, in: Art 8/1994, 120.

Hanisch, Hans: Internationalprivatrechtliche Fragen im Kunsthandel, in: Festschrift für W. Müller-Freienfels, S. 193 ff, Baden-Baden 1986.

Haymann, Franz: Zuwendung aus fremden Vermögen, in: JherJb. 77 (1927), S. 188ff

- Anm. zum Urteil RG v. 06.10.1930 - abgedr. in JW 1931, S. 195, in: JW 1931, S. 1030ff

Heck, Philipp: Grundriß des Sachenrechts, Tübingen 1930.

Heinbuch, Holger: Kunsthandel und Kundenschutz, in: NJW 1984, S. 15 ff.

Heller, Markus: Pastor Borre und "Der Schrei", in: Die Zeit v. 25.03.1994, S. 100.

Hoffmann, Eva u. Zschiedrich, Klaus: Völkerrechtlicher Schutz der Kulturgüter vor Wegnahme und illegaler Verbringung ins Ausland, in: Neue Justiz (1984), S. 86 ff.

Hofman, Edgar: Privatversicherungsrecht, 3. Auflage, München 1991.

Holm, Kerstin: Wir haben El Greco, wir haben Rembrandt, in: FAZ v. 29.03.1994, S. 35.

- Beutebücher, in: FAZ v. 24.04.1995, S. 31.

- Von Eichmann zu Stalin, in: FAZ v. 28.02.1995, S. 27.

- Zu russischen Sondermagazinen, in: FAZ v. 07.05.1994, S. 1.

- Aus den Verliesen, in: FAZ v. 10.02.1995, S. 37.

Hoyningen-Huene, Gerrick: Die vertragliche Stellung des Versteigerers, in: NJW 1973, S. 1473 ff.

Hugger, Heiner: Rückführung nationaler Kulturgüter und internationales Recht am Beispiel der Elgin Marbles, in: JuS 1992, S. 997ff.

Illies, Florian: Geschmack aus dem Jackpot, in: FAZ v. 07.01.1995, S. 29.

Imwinkelried, Rita: Aus dem vornehmen Palazzo holte die Polizei über 1000 Werke, in: Art 5/1994, S. 125.

Ingleright, Gregory: Museumsdirektorin legte eigenhändig die einstige Kriegsbeute vor, in: Art 12/1993, S. 156.

- Beutekunst: Jetzt kommt die Beute aus den Depots, in: Art 3/1995, S. 30ff.

The International Art & Antique Loss Register Ltd: 1993/1994 Annual Review, London 1994.

Jaeger, Andrea: Internationaler Kulturgüterschutz, Köln 1993.

Jakobs, Horst-Heinrich u. Schubert, Werner (Hrsg.): Sachenrecht I (§§ 854-1017 BGB), Berlin 1985.

- Recht der Schuldverhältnisse II (§§ 433-651 BGB), Berlin 1980.

Jauernig, Othmar: Bürgerliches Gesetzbuch, 7. Auflage, München 1994.

Jayme, Erik: Schutz des Kulturerbes und IPR, in: IPRax 1991, S. 357 ff.

Jessen, Jens: Böses Schweigen, in: FAZ v. 25.03.1994, S. 33.

Junker, Abbo u. Richard, Dagmar: Hans und Felicitas Tucher in New York - Deutsches Sachenrecht vor amerikanischen Gerichten, in: Jura 1985, S. 415 ff.

Kampmann, Bernd u. Pieroth, Bodo: Außenhandelsbeschränkungen für Kunstgegenstände, in: NJW 1985, S. 1385 ff.

Kelly, Francis: Restaurierung von Gemälden und Drucken, 4. Auflage, München 1984.

Kemp, Wolfgang: Kunst wird gesammelt, in: Werner Busch (Hrsg.): Funkkolleg Kunst, München 1987, S. 185 ff.

- Kunst kommt ins Museum, in: Werner Busch (Hrsg.): Funkkolleg Kunst, München 1987, S. 205 ff.

Killelea, Kent L.: Property Law: International Stolen Art - Kunstsammlungen zu Weimar v Elicofon, 678 F, 2d 1150 (2d Cir. 1982), in: Harvard International Law Journal 1983, S. 466 ff.

Kipphoff, Petra: Beraubt sind wir alle, in: Die Zeit v. 05.08.1994, S. 35.

- Unter Freunden gibt es keine Beute, in: Die Zeit v. 10.03.1995, S. 1.

Knott, Hermann J.: Der Anspruch auf Herausgabe gestohlenen und illegal exportierten Kulturgutes. Internationalprivatrechtliche und rechtsvergleichende Aspekte zum Herausgabeanspruch des privaten Eigentümers und des Herkunftsstaates, Baden-Baden 1990.

Königer, Maribel: Statt Trends wieder mehr Tradition, in: Focus 34/94, S. 76.

Kortmann: Der Eigentumserwerb an Mobilien in öffentlicher Versteigerung nach dem Recht der Gegenwart, Marburg 1913.

Koslow, Grigorij u. Akinscha, Konstantin: Die Jagd nach van Gogh, in: Focus v. 07.03.1994, S. 144.

Kübler, Friedrich: Gesellschaftsrecht, 4. Auflage, Heidelberg 1994.

Kuhnt, Gottfried: Erwerb abhandengekommener Sachen in der Versteigerung, in: MDR 1953, S. 641 ff.

Kupfer, Nina: Datenbank für Meisterwerke, in: WNZ v. 28.11.1992, S. VI.

Landmann, Robert u. Rohmer, Gustav: Gewerbeordnung und ergänzende Vorschriften, Loseblattsammlung, Stand: 01.08.1993, München.

Larenz, Karl: Lehrbuch des Schuldrechts, Band II / 1. Halbband, (Besonderer Teil), 13. Auflage, München 1986.

Lengefeld, Cecilia: Im Land der Kommoden, in: FAZ v. 20.08.1994, S. 29.

Lensing, Andrea: Die Ausstellungsversicherung unter besonderer Berücksichtigung des Messewesens, Karlsruhe 1991.

Lent, Friedrich u. Schwab, Karl Heinz: Sachenrecht, 23. Auflage, München 1991.

- Lettau, Annette: Die Kunst als schönes Faustpfand, in: Focus 12/1995, S. 126ff.

Lingemann, Susanne: Gaunerstück aus dem Drehbuch führt zum Tatverdächtigen, in: Art 12/1992, S. 149.

- Wer Erfolg hat, muß nicht mehr auf der Parkbank schlafen,
in: Art 5/1994, S. 127.

Locher, Horst u. Blind, Jörg: Die strafrechtliche Beurteilung von Scheingeboten und Scheinzuschlägen in der Kunstversteigerung, in: NJW 1971, S. 2290 ff.

Löhr, Marlies: Haftung in der Kunstauktion, in: GRUR 1976, S. 411 ff.

Manseen, Gerrit: Der Hamburger Stadtsiegelfall - VG Köln, NJW 1991, 2584, in: JuS 1992, S. 745 ff.

Mansel, Heinz-Peter: De Weerth v. Baldinger - Kollisionsrechtliches zum Erwerb gestohlener Kunstwerke, in: IPrax 1988, S. 268 ff.

Marx, Helmut u. Arens, Heinrich: Der Auktionator, Neuwied 1992.

Medicus, Dieter: Schuldrecht II, (Besonderer Teil), 6. Auflage, München 1993.

Metzger, Peter: Rechtsfragen des internationalen Kulturgüterschutzsymposion, in: NJW 1991, S. 609 f.

Miller, Sandra: Wien: Klimauntersuchungen im Museum, in: Die Zeit v. 14.04.1995, S. 71.

Mügel: Bereicherungsanspruch und Ersitzung, in: JW 1933, S. 1230 ff.

Müller, Astrid: Juristische Aspekte des internationalen Kunsthandels-Symposium in Madrid, in: IPrax 1992, S. 336 f.

Müller, Klaus: Sachenrecht, 3. Auflage, Köln 1993.

Musielak, Hans-Joachim: Eigentumserwerb an beweglichen Sachen nach §§ 932ff BGB, in: JuS 1992, S. 713 ff.

Mußgnug, Reinhard: Das Kunstwerk im internationalen Recht, in: Kunst und Recht, S. 15ff.

Neumeister, Erdmann: Tells bemerkenswerte Wiederkehr, in: FAZ v. 28.05.1994, S. 38.

Odrich, Barbara: Unglücklich über die Impressionisten, in: FAZ v. 02.01.1993, S. 27.

Oelrich, Christiane: Britanniens Pfarrer machen mobil gegen den Klau von Kirchenschätzen, in: WNZ v. 18.03.1994, S. 3.

Oertmann, Paul: Ersitzung und Bereicherungshaftung, in: Recht 1910, S. 585 ff.

- Der Einfluß der Ersitzung auf die Bereicherungshaftung, in: LZ 1933, S. 881 ff.

Ostwald, Susanne: Die hohe Kunst, Kunstdiebe zu jagen, in: Der Tagesspiegel v. 23.01.1995.

- Kunstdiebjagd im Computerzeitalter, in: NZZ v. 11./12.03.1995, S. 33.

Otto, Harro: Die strafrechtliche Bekämpfung unlauterer Einflußnahme auf öffentliche Versteigerungen durch Scheingebote, in: NJW 1979, S. 681 ff.

Palandt, Otto: Bürgerliches Gesetzbuch, Kommentar, 54. Auflage, München 1995.

Peters: Die Ersitzbarkeit von Gegenständen öffentlich-rechtlichen Eigentums in besonderer Beziehung auf Stücke aus Archiven des Staates oder anderer öffentlich-rechtlicher Körperschaften in Preußen, in: VerwArch 1916, S. 167 ff.

Petersen, Joachim: Kunst on line aus New York. Der Kunstpreisindex CENTROX, in: FAZ v. 12.03.1994, S. 33.

Picker, Günther: Kunst- und Antiquitätenhandel, in: Deutsche Richterakademie (Hrsg.): Kunst und Recht, Heidelberg 1985, S. 43 ff.

- Antiquitäten, Kunstgegenstände, 2. Auflage, München 1988.

- Fälscher, Diebe, Betrüger, München 1994.

Pieroth, Bodo u. Kampmann, Bernd: Außenhandelsbeschränkungen für Kunstgegenstände, in: NJW 1985, S. 1385 ff.

Pietsch, Hans: Aus der Bücherstube erwuchs ein Handelsimperium, in: Art 3/1994, S. 123.

Planck, Gottlieb: Bürgerliches Gesetzbuch, Bd. 3: Sachenrecht (§§ 854 - 1112), 5. Auflage, Berlin 1933.

Polaczek, Dietmar: Cui bono?, in: FAZ v. 29.05.1993, S. 25.

Poletschuk, Viktor: Ein Waggon mit Folianten, in: FAZ v. 19.08.1994, S. 27.

Preuss, Sebastian: Gelächter gegen Gerümpelhaufen, in: FAZ v. 01.12.1994, S. 37.

Prölss, Erich u. Martin, Anton: Versicherungsvertragsgesetz, 25. Auflage, München 1992.

Prölss, Jürgen: Der Versicherer als "Treuhänder der Gefahrengemeinschaft" - Zur Wahrnehmung kollektiver Belange des Versicherungsnehmers durch den Privatversicherer in: FS Larenz, München 1983, S, 487ff.

Prütting, Hanns u. Schwab, Karl Heinz: Sachenrecht, 23. Auflage, München 1991.

Radcliffe, Julian:Art Loss Register proves its use in search for stolen goods, in: Lloyd's List v. 10.08.1993.

Rademacher, Horst: Nuklearmaterial auf einer Auktion, in: FAZ v. 06.08.1994, S. 3.

Raiser, Ludwig: Anmerkung zu OLG Düsseldorf NJW 1951, 269, in: NJW 1951, S. 270 f.

Rebe, Bernd: Zur Ausgleichsfunktion von § 935 BGB zwischen Vertrauensschutz und Eigentümerinteressen beim gutgläubigen Mobiliarerwerb, in: AcP 173 (1973), S. 186 ff.

Rebmann, Kurt u. Säcker, Franz-Jürgen (Hrsg.): Münchner Kommentar zum Bürgerlichen Gesetzbuch:

- Band 1, Allgemeiner Teil (§§ 1-240), 3. Auflage, München 1993.

- Band Schuldrecht BT, 1. Halbband (§§ 433-651k), 2. Auflage, München 1988.

- Band 4, Sachenrecht (§§ 854-1296), 2. Auflage, München 1986.

Reichel, Hans: Kosten und Gefahrtragung beim Leihvertrag, in: LZ 1922, S. 543 f.

Reichelt, Gerte: Internationaler Kulturgüterschutz. Rechtliche und kulturpolitische Aspekte, Saarland 1988.

Reichsgerichtsrätekommentar zum Bürgerlichen Gesetzbuch:

- Band II, 2. Teil (§§ 414-610), 12. Auflage, Berlin 1978.

- Band III, 1. Teil (§§ 854-1011), 12. Auflage, Berlin 1982.

Reimer, Dietrich: Anmerkung zu Urteil BGH v. 15.01.1975, in: GRUR 1975, S. 612.

Richard, Dagmar u. Junker, Abbo: Hans und Felicitas Tucher in New York - Deutsches Sachenrecht vor amerikanischen Gerichten, in: Jura 1985, S. 415 ff.

Riese, Hans-Peter: Ans Licht, in: FAZ v. 31.03.1995, S. 41.

Rossem, Manuela van: Studentenulk oder Betrug - was wußte die Museumsdirektorin Vera Durbe?, in: Art 7/1993, S. 139.

Rump, Gerhard Charles: Neue Rekorde, Schnäppchen, Fehleinschätzungen, in: Die Welt v. 31.12.1994, S. G7.

Schapp, Jan: Sachenrecht, München 1989.

Schlechtriem, Peter: Schuldrecht Besonderer Teil, 3. Auflage, Tübingen 1993.

- Vertragsordnung und außervertragliche Haftung, Frankfurt 1972.

Schmeinck, Sabine: Internationalprivatrechtliche Aspekte des Kulturgüterschutzes, Berlin 1994.

Schmidt-Rimpler, Walter: Das Kommissionsgeschäft, in: Ehrenbergs Handbuch des gesamten Handelsrechts, Bd. V.

Schmitz, Bettina: Museen und Sonderausstellung, Bericht über die Arbeit im Roemer- und Pelizaeus-Museum in Hildesheim, in: Deutsche Richterakademie (Hrsg.): Kunst und Recht, Hildesheim 1985,
S. 99 ff.

Schneider, Ernst: Rechtliche Risiken beim Erwerb von Antiquitäten und Kunstgegenständen, in: DB 1981, S. 199 ff.

Schorlemer, Sabine von: Internationaler Kulturgüterschutz, Berlin 1992.

- Schossig, Rainer B.: Es gibt kein einfaches Recht, in: Die Zeit v. 17.03.1995, S. 70.

Schrader, Henning: Die Haftung des Versteigerers für seine Katalogangaben, in: FS für Hildebert Kirchner, S. 343 ff, München 1985.

Schubert, Werner (Hrsg.): Recht der Schuldverhältnisse Teil 2 - Besonderer Teil, Berlin 1980.

- Sachenrecht Teil 1, Berlin 1982.

- u. Jakobs, Horst-Heinrich: Sachenrecht I (§§ 854-1017 BGB), Berlin 1985.

- u. Jakobs, Horst-Heinrich: Recht der Schuldverhältnisse II
(§§ 433-651 BGB), Berlin 1980.

Schultze, Alfred: Publizität und Gewährschaft im deutschen Fahrnisrecht, in: JherJb 49 (1905), S. 159 ff.

Schumacher, Manfred: Premiere für den neuen Boom, in: Focus 9/1994, S. 158 ff.

Schwab, Karl Heinz u. Prütting, Hanns: Sachenrecht, 23. Auflage, München 1991.

Schweighöfer, Kerstin: Ladenhüter waren den Dieben am liebsten, in: Art 11/1992, S. 152.

- Biete zwei van Goghs gegen Milde des Staatsanwaltes, in: Art 4/1994, S. 117.

Siebler, Michael: Wallfahrt zum Gold von Troja, in: FAZ v. 27.10.1994, S. 37.

Sieg, Harald, Leifermann, Werner u. Tettinger, Peter: Gewerbeordnung, 5. Auflage, München 1988.

Siegl, Elfi: Kein Zaren-Geschenk, in: FAZ v. 07.05.1994, S. 27.

Siehr, Kurt: Handel mit Kulturgütern in der EWG, in: NJW 1993, S. 2206 ff.

- Kunstraub und das internationale Recht, in: SJZ 1981, S. 189 ff.

Siemes, Christof: Die Kunst als Geisel, in: Die Zeit v. 08.07.1994, S. 39.

- Schätze für alle, in: Die Zeit v. 07.04.1995, S. 65.

Soergel, Hans Theodor u. Siebert, Wolfgang (Hrsg.): Bürgerliches Gesetzbuch:

- Band 3, Schuldrecht III (§§ 516-705), 12. Auflage, Stuttgart 1990.

- Band 6, Sachenrecht (§§ 854-1296), 12. Auflage, Stuttgart 1990.

Sotschek, Ralf: Eine gute Ausstellung dient der Bildung, in: taz v. 01.08.1994, S. 20.

Staudinger, Julius von: Kommentar zum Bürgerlichen Gesetzbuch:

- Band: Recht der Schuldverhältnisse (§§ 581-597-610), 12. Auflage, Berlin 1989.

- Band III (§§ 903-931; Anh. §§ 929-931 / §§ 932-936), 12. Auflage, Berlin 1989.

Sotheby's (Hrsg.): Press Release (27.07.1994), New York 1994.

Stephan, Juliane: Am Ende Ratlosigkeit, in: FAZ v. 14.05.1994, S. 33.

- Von Gates ergattert: Der Codex Hammer, in: FAZ v. 15.11.1994, S. 37.

- Konfusionen um einen Matisse, in: FAZ v. 23.04.1994, S. 33.

Tentler, Paul: Die juristische Konstruktion der Versteigerung unter Berücksichtigung des § 156 des Bürgerlichen Gesetzbuches für das Deutsche Reich, Erlangen 1896.

Tessmar, Catherine: Antiken-Ethik, in: FAZ v. 11.02.1995, S. 35.

Tessmar-Pfohl, Catherine: Freie Fahrt für Kulturgüter, in: FAZ v. 08.10.1994, S. 37.

Thibaut, Matthias: The Art Loss Register. The Problem of Computer Matching Stolen Artworks, (unveröffentlicht), London 1993.

- Gute Langzeitperspektiven. Computereinsatz gegen Kunstkriminalität, in: Handelsblatt v. 17.11.1993.

Thomsen, Birgit: Käuferschutz bei Kunstauktionen, Bielefeld 1989.

Thorncroft, Antony: Stolen portraits are recovered, in: Financial Times v. 06./07.03.1993.

Tiedtke, Klaus: Gutgläubiger Erwerb im bürgerlichen Recht, im Handels- und Wertpapierrecht sowie in der Zwangsvollstreckung, Berlin 1985.

Uhl, Antje-Katrin: Der Handel mit Kunstwerken im europäischen Binnenmarkt, Berlin 1993.

Walter, Bernhard: Rückführung von Kulturgut im internationalen Recht, Bremen 1983.

Watson, Peter: Tracers of the lost art, in: The Observer v. 17.01.1994.

Wermusch, Günter: Geld oder Gewissen, in: Die Zeit v. 04.03.1994, S. 67.

- Die Sowjets bekamen eine ganze Menge zurück, in: Art 10/1993, S. 60 ff.

Westerholt, Margot Gräfin von u. Graupner, Rudolf: Zur Haftung für die Echtheit von Kunstgegenständen, in: NJW 1978, S. 794 ff.

Westermann, Harm Peter: Sachenrecht Bd. I, 6. Auflage, Heidelberg 1990.

- Sachenrecht, 5. Auflage, Karlsruhe 1966.

- BGB: Sachenrecht, 8. Auflage, Tübingen 1990.

- Die Grundlagen des Gutglaubensschutzes, in: JuS 1963, S. 7 ff.

Weyers, Hans-Leo: Versicherungsvertragsrecht, Frankfurt 1986.

Weyringer, Claudia: Europäische Kulturpolitik, in: Handbuch der europäischen Integration, 1991, S. 998 ff.

Wicher, Hans: Der Versteigerer, Hamburg 1961.

Williams, Sharon A.: The international and national protection of movable cultural property - a comparative study, New York 1978.

Wolf, Manfred: Sachenrecht, 11. Auflage, München 1993.

Wolff, Martin u. Raiser, Ludwig: Das Sachenrecht, 9. Auflage, Marburg 1932.

- Das Sachenrecht, 10. Auflage, Tübingen 1957.

Wolgast, Thomas Vinsor: Wir geben unsere Schiffe nie in fremde Hände, in: FAZ v. 13.08.1994, S. 7.

Zöller, Richard: Zivilprozeßordnung, 18. Auflage, Köln 1993.

Zschiedrich, Klaus u. Hoffmann, Eva: Völkerrechtlicher Schutz der Kulturgüter vor Wegnahme und illegaler Verbringung ins Ausland, in: Neue Justiz (1984), S. 86 ff.

Abkürzungsverzeichnis

ABA	Antiquarian Booksellers Association
ALR	Antiques and Art Loss Register
ausf.	ausführlich
AVB Ausstellung 1988	Allgemeine Bedingungen für die Ausstellungsversicherung 1988
BADA	British Antique Dealers Association
b.i.	bought in
CINOA	Confederation Internationale des Negociants en Oeuvres d'Art
FAZ	Frankfurter Allgemeine Zeitung
FIDOAO	Federation Internationale des Diffuseurs d'Oeuvres d'Art Originales
IADAA	International Association of Dealers in Ancient Art
ICOM	International Council of Museums (Internationaler Museumsrat)
IFAR	International Foundation for Art Research
LUAB	Loi uniforme sur l'acquisition des biens corporels de bonne foi (Unidroit 1974)
MoMA	Museum of Modern Art
MünchKomm	Münchner Kommentar
NZZ	Neue Zürcher Zeitung (Internationale Ausgabe)
p.A.	pro Aktie
RMS	Royal Mail Ship

SF	Schweizer Franken
SLAD	Society of London Art Dealers
SOFAA	Society of Fine Art Auctioneers
SZ	Süddeutsche Zeitung
WNZ	Wetzlarer Neue Zeitung

Alle weiteren in Text, Fußnoten und Literaturverzeichnis verwendeten Abkürzungen finden sich in Hildebert Kirchner, Abkürzungsverzeichnis der Rechtssprache, 4. Aufl., Berlin 1993 und in Josef Weber, Wörterbuch der Abkürzungen, Mannheim 1987.

Anhang

Anhang Nr. 1

SCHIRN
KUNSTHALLE
FRANKFURT

Am Römerberg
D-6000 Frankfurt 1

Nr. Datum / N°. Date / No. Date

Leihvertrag / Contrat de prêt / Loan Agreement

Zwischen Entleiher / Entre emprunteur / Between Lessee

SCHIRN KUNSTHALLE FRANKFURT, Am Römerberg, D-6000 Frankfurt

und Verleiher / et prêteur / and Lender

§ 1
Der Verleiher stellt dem Entleiher die in der Anlage zu diesem Vertrag unter Nr. / N° / No.

§ 1
Le prêteur met à la disposition de l'emprunteur les objets indiqués sur la feuille jointe à ce contrat du

Para. 1
The Lender makes available to the Lessee the materials listed in the enclosure to this Agreement as

bis Nr / au N° / to No

aufgeführten Gegenstände als Leihgabe zur Verfügung.

Für die Ausstellung / pour l'exposition / as loan objects for the exhibition

Ort / Lieu / Place

Dauer der Ausstellung: von - bis / Durée de l'exposition: du - au / Duration of exhibition: from - to

Dauer der Ausleihe: von - bis / Durée du prêt: du - au / Duration of loan: from - to

Veranstalter / Organisateur / Promoter

§ 2
Der Entleiher kann die Leihgabe jederzeit zurückgeben. Die Leihgabe muß nach Ablauf der vereinbarten Leihfrist zurückgegeben werden. Der Verleiher hat Anspruch auf vorzeitige Rückgabe, wenn ein wichtiger Grund vorliegt; als wichtiger Grund gilt insbesondere eigener Bedarf des Verleihers sowie die Verletzung der vertraglichen Bestimmungen durch den Entleiher. Zurückbehaltungsrechte stehen dem Entleiher nicht zu.

§ 3
Die Kosten des Hin- und Rücktransportes der Leihgabe trägt der Entleiher.

§ 4
Der Entleiher verpflichtet sich, der Leihgabe „von Nagel zu Nagel" größte Sorgfalt angedeihen zu lassen, sie vor Schaden zu bewahren und sie keiner Gefährdung auszusetzen. Für die Behandlung der Leihgabe, insbesondere hinsichtlich der Klima- und Beleuchtungsverhältnisse, gelten die bei großen Museen üblichen Grundsätze.

§ 5
An der Leihgabe dürfen keinerlei Veränderungen und keine Eingriffe zum Zwecke der Befestigung vorgenommen werden. Die Reinigung hat sich auf die mit aller Vorsicht und fachmännisch vorzunehmenden Staubentfernung zu beschränken. Die Leihgabe darf nur an dem Ort und für den Zweck ausgestellt werden, für den sie bestimmt ist. Bei der Hantierung mit Leihgaben dürfen weder Federhalter, Kugelschreiber

§ 2
L'emprunteur peut rendre l'objet prêté à tout moment. L'objet prêté doit être rendu à la date stipulée par la durée du prêt. Le prêteur a le droit de reprendre l'objet prêté avant terme, si une raison valable se présente; sont surtout considérées comme raisons valables l'utilisation de l'objet par le prêteur à des fins personnelles et la violation par l'emprunteur des termes du contrat. L'emprunteur n'a aucun droit de rétention.

§ 3
Les frais de transport pour l'aller et le retour sont entièrement pris en charge par l'emprunteur.

§ 4
L'emprunteur s'engage à accorder le plus grand soin à l'objet prêté, à le préserver de tout dommage et à ne l'exposer à aucun danger. En ce qui concerne la manière de traiter l'objet, surtout au point de vue climatisation et éclairage, ce sont les règles d'usage dans les grands musées qui font ici autorité.

§ 5
L'objet prêté ne doit subir aucune modification ni aucune altération au moment de la fixation. L'entretien sera strictement limité à l'époussetage avec toutes les précautions d'usage. L'objet prêté ne peut être exposé qu'à l'endroit prévu et dans le but fixé par les termes du contrat. L'utilisation d'un stylo à encre, d'un stylo à bille ou d'un feutre n'est pas permise pour le maniement de l'objet et il est interdit de fumer pendant ces opérations.

Para. 2
The Lessee can return the loan objects at any time. After expiry of the agreed loan period the objects on loan must be returned. The Lender is entitled to an early return if there is an important reason; Counting in particular as important reason is the requirement of the objects for the Lender's own use as well as infringement of the contractual regulations by the Lessee. The Lessee is not entitled to any withholding rights.

Para. 3
All transport costs of the objects on loan to be borne by the Lessee.

Para. 4
The Lessee undertakes to give the objects on loan the greatest possible care, to safeguard them against damage and not to expose them to any danger. The usual rules that apply to great museums apply for the treatment of the objects on loan, in particular with regard to atmospheric and lighting conditions.

Para. 5
The objects on loan may not suffer any alterations or interference for the purpose of fastening them down. Cleaning must be restricted to the removal of dust carried out with all care and by experts.
The objects on loan may only be exhibited at the place and for the purpose for which it was lent. During the handling of the objects loaned neither fountain-pens, nor biros nor felt pens may be used and no smoking is

Telephon (069) 15 45 171
Telex: 4 170016 jdph d

Gesellschaft für
die Frankfurter Kunsthalle
in der Schirn
und weitere kulturelle
Aktivitäten mbH

Eschersheimer Landstraße 2
D-6000 Frankfurt 1
Telefon (069) 1545-0

Registergericht Frankfurt
HRB 25262

Vorsitzender
des Aufsichtsrates:
Kulturdezernent
Prof. Hilmar Hoffmann

Geschäftsführer:
Christoph Vitali

SCHIRN
KUNSTHALLE
FRANKFURT

noch Filzstifte verwendet, noch darf dabei geraucht werden. Die Leihgaben dürfen nur durch Beauftragte des Entleihers bewegt werden.

Seul le personnel d'emprunteur a le droit de déplacer l'objet.

allowed. The objects on loan may only be handled by persons authorized by the Lessee.

§ 6

Der Entleiher ist verpflichtet, den Verleiher unverzüglich von jeder Veränderung oder Beschädigung der Leihgabe zu benachrichtigen oder deren Verlust anzuzeigen.
Über die Durchführung von Restaurierungsmaßnahmen während der Dauer der Entleihe entscheidet der Verleiher. Der Entleiher ist verpflichtet, die Leihgabe während der Dauer der Leihe von Nagel zu Nagel vor jeder Beschlagnahme, Pfändung oder Besitzbeeinträchtigung von privater und staatlicher Seite zu schützen.
Er hat den Verleiher von einer zu befürchtenden Maßnahme dieser Art unverzüglich in Kenntnis zu setzen und die Leihgabe gegebenenfalls auf seine Kosten auszulösen.

§ 6

L'emprunteur s'engage à mettre le prêteur immédiatement au courant de toute transformation ou détérioration subie par l'objet ou à en déclarer la perte.
Le prêteur décide lui-même des travaux de restauration à effectuer durant la durée du prêt. L'emprunteur s'engage à protéger l'objet de toute saisie ou de toute prise de possession illégitime, privée ou publique, et ceci durant la durée totale du prêt. Il doit mettre le prêteur, sans délai aucun, au courant d'une telle éventualité si besoin est, et dégager l'objet à ses frais.

Para 6

The Lessee undertakes to inform the lender without delay of every alteration or damage to the objects on loan or of their loss.
The Lender decides on the execution of restauration work during the period of the loan. The Lessee undertakes to safeguard the objects on loan during the loan period utterly against any seizure, distraint or impairment of possession by a private or public source. He must immediately inform the Lender of any such possible action and, if necessary, redeen the objects on loan at his own expense.

§ 7

Der Entleiher läßt die Leihgabe auf seine Kosten für die Dauer der Leihe von Nagel zu Nagel gegen alle versicherbaren Gefahren versichern. Hierüber wird ein Versicherungszertifikat ausgestellt, das auch dem Verleiher übersandt wird.
Als Versicherungssumme gilt der Wert der Leihgabe.

§ 7

L'emprunteur souscrit à ses frais une assurance tous risques pour l'objet durant la totalité du prêt. Un certificat d'assurance sera établi à cet effet dont une copie sera envoyée au prêteur.
Le montant de l'assurance correspond à la valeur de l'objet prêté.

Para. 7

The Lessee will have the objects on loan fully insured at his own expense for the duration of the loan against all insurable risks. An insurance certificate will be written out for this which will also be sent to the Lender.
The value of the objects on loan is the insured amount.

§ 8

Der Entleiher ist verpflichtet, die Leihgabe konservatorisch und materiell zu sichern.
Der Entleiher haftet für alle Schäden, die dadurch entstehen, daß die Leihgabe während der Dauer der Leihe von Nagel zu Nagel oder infolge der Leihe zerstört, beschädigt oder verändert wird oder abhanden kommt; dies gilt insbesondere für die Kosten einer Restaurierung, die wegen einer solchen Beschädigung oder Veränderung notwendig werden sollte.
Weitergehende, nach allgemeinen Vorschriften begründete Ansprüche bleiben unberührt.

§ 8

L'emprunteur s'engage à protéger l'objet du point de vue matériel.
L'emprunteur répond de tous dommages subis par l'objet durant la durée du prêt – détérioration, destruction, transformation ou vol; ceci s'applique surtout aux frais de restauration rendus nécessaires par de tels dommages. Les autres prétentions, basées sur les règlements en vigueur, demeurent inchangées.

Para. 8

The Lessee undertakes to safeguard the conservation and substance of the objects on loan.
The Lessee is liable for all damage which may occur to the objects loaned during the period of the loan from any cause or which, due to the loan may be destroyed, damaged or altered or become lost; this applies in particular to the costs of restauration which could become necessary because of such damage or alteration.
Additional claims according to general regulations remain unimpaired.

§ 9

Im Falle eines Totalschadens ist der festgesetzte Wert zu ersetzen. Bei anderen Schädigungen wird die Höhe des Schadens durch einen neutralen Sachverständigen festgesetzt. Etwaige Versicherungsleistungen werden hierauf angerechnet.

§ 9

En cas de détérioration totale, le prêteur reçoit la somme arrêtée. Pour les autres dommages, un expert impartial en évaluera le montant. En ce cas, les éventuelles prestations d'assurance seront prises en compte.

Para. 9

In the event of complete loss the stipulated value has to be replaced. For other damages a neutral expert will stipulate the amount to be paid. Any insurance payments made will be deducted therefrom.

§ 10

Sollten einzelne Vertragsbestimmungen unwirksam sein, so bleibt die Wirksamkeit der anderen Vertragsbestimmungen unberührt.

§ 10

Si certaines clauses du contrat demeurent sans effet, cela ne change en rien la validité des autres clauses de ce contrat.

Para. 10

If individual agreement conditions should be ineffective, the effectiveness of the other agreement conditions remains unimpaired.

§ 11

Im übrigen gelten die Vorschriften des BGB über die Leihe. Der Verleiher und der Entleiher erhalten je eine Ausfertigung dieses Vertrages.

§ 11

Pour le reste ce sont les dispositions du Code Civil (Bürgerliches Gesetzbuch) concernant le prêt qui sont applicables. L'emprunteur et le prêteur reçoivent chacun un exemplaire de ce contrat.

Para. 11

As for the rest, the regulations of the BGB (Civil Federal German Law) apply to the loan. The Lender and the Lessee each receive one copy of this Agreement.

§ 12 / § 12 / Para. 12

Besondere Vereinbarungen / Conventions particulieres / Special arrangements

§ 13

Gerichtsstand für alle Streitigkeiten aus diesem Vertrag ist Frankfurt am Main.

§ 13

Pour tout litige découlant de ce contrat les tribunaux de Francfort-sur-le-Main sont seuls compétents.

Para. 13

Exclusive jurisdiction for all disputes arising from this Agreement is in Frankfurt am Main.

Ort, Datum – Der Entleiher / Lieu, Date – L'emprunteur / Place, Date – The Lessee

Ort, Datum – Der Verleiher / Lieu, Date – Le prêteur / Place, Date – The Lender

SCHIRN
KUNSTHALLE
FRANKFURT

Anlage, Nr. / Feuille jointe, N° / Enclosure, No.

1

Leihschein / Bulletin de Prêt / Loan form

Name und Adresse des Leihgebers / Nom et adresse du prêteur / Name and address of lender

Anschrift für Rücksendung / Adresse pour réexpédition / Mailing address for return shipment

In welcher Form wünschen Sie im Katalog genannt zu werden? / Comment désirez-vous être figuré dans le catalogue? / How do you wish to be mentioned in the catalogue?

Ist eine Photographie oder ein Klischee vorhanden? / Y a t'il une photographie ou un cliché? / Does exist a photograph or a plate?

Darf das Werk photographiert und/oder reproduziert werden? / Autorisez-vouz la photographie et/ou la reproduction de votre prêt? / Do you authorize the loan to be photographed and/or to be reproduced?

Dieser Leihschein ist Bestandteil des Leihvertrages: (Nr., Datum) / Ce bulletin de prêt fait part du contrat de prêt: (N°. Date) / This loan form is part of the loan contract: (No., Date)

Ort, Datum – Der Verleiher / Lieu, Date – Le prêteur / Place, Date – The Lender

SCHIRN
KUNSTHALLE
FRANKFURT

Am Römerberg
D-6000 Frankfurt 1

Anlage. Nr. / Feuille jointe. N° / Enclosure. No.
1.1

Leihschein / Bulletin de Prêt / Loan form

Ausstellung / Exposition / Exhibition

Name des Künstlers / Nom de l'artiste / Name of the artist

Titel und Datum des Werkes / Titre et date de l'œuvre / Title and date of the work

Ist das Werk gerahmt (hat es einen Sockel)? / L'œuvre est-elle encadrée (a-t-elle un socle)? / Is the work framed (does it have a base)?

Maße in cm (ohne Rahmen oder Sockel): Höhe - Breite - Tiefe / Dimensions en cm (sans cadre où socle): hauteur - largeur - profondeur / Size in cm (without frame or base): height - width - depth

Maße in cm mit Rahmen (Sockel): Höhe - Breite - Tiefe / Dimensions en cm, cadre (socle) inclus: hauteur - largeur - profondeur / Size in cm including frame (base): height - width - depth

Material und Technik / Matière et technique / Material and technique

Signatur und Datierung / Signature et datation / Signature and date

Provenienz / Provenance / Provenience

Ausstellungen / Expositions / Exhibitions

Bibliographie / Bibliographie / Bibliography

Versicherungsgesellschaft / Nom de la compagnie d'assurance / Name of insurance company

Versicherungswert / Valeur d'assurance / Insurance value

Telephon (069) 15 45 171
Telex: 4 170016 jdph d

Gesellschaft für
die Frankfurter Kunsthalle
in der Schirn
und weitere kulturelle
Aktivitäten mbH

Eschersheimer Landstraße 2
D-6000 Frankfurt 1
Telefon (069) 1545-0

Registergericht Frankfurt
HRB 25262

Vorsitzender
des Aufsichtsrates:
Kulturdezernent
Prof. Hilmar Hoffmann

Geschäftsführer:
Christoph Vitali

Anhang Nr. 2

DOCUMENTA IX

13. Juni – 20. September 1992

DOCUMENTA IX
Friedrichsplatz 18
D-3500 Kassel
Tel. 05 61 – 77 00 33
Fax 05 61 – 77 45 78

Leihvertrag und Versicherungsbestätigung
Loan form and insurance confirmation

01 Name des Künstlers Artist's name		
02 Titel der Arbeit Title of the work		
03 Entstehungsjahr Date of origin		
04 Material und Technik material and technique		
05 Maße: Höhe x Breite x Tiefe Dimensions: height x width x depth		Maßeinheit / measuring unit
06 Gewicht Weight		Maßeinheit / measuring unit
07 Versicherungswert Insurance value		Währung Currency
08 Verpackungshinweise, Bemerkungen Instructions for packing, special comments		
09 Leihgeber Lender	Name / name Straße / street Ort / city Land / country Telefon / phone	Fax

Wenn nicht identisch mit dem Leihgeber, bitte eintragen / insert only if differing from lender

10 Abholadresse Pick-up	Name / name Straße / street Ort / city Land / country Telefon / phone	Fax
11 Rücktransport back to	Name / name Straße / street Ort / city Land / country Telefon / phone	Fax
12 Wie soll der Leihgeber im Katalog genannt werden? In which form is the lender to be credited in the catalogue?		
13 Benötigtes Foto Required photo		

Der Leihgeber erklärt sich durch seine Unterschrift mit den umseitig abgedruckten Leihbedingungen einverstanden.
The lender agrees by signature to the terms listed on reverse side.

Unterschrift des Leihnehmers Signature of borrower	Unterschrift des Leihgebers Signature of lender
Datum / date	Datum / date

documenta und Museum Fridericianum Veranstaltungs GmbH
Registergericht Kassel HRB 2154

Leihbedingungen

Der Leihgeber verpflichtet sich, dem Leihnehmer bzw. dem beauftragten Transporteur ausführliche Verpackungshinweise zu geben.

Die documenta und Museum Fridericianum Veranstaltungs GmbH hat hasenkamp Internationale Transporte, Weinsbergstraße 84 – 100, D–5000 Köln 30 (Tel. 0221–5710–0, Fax 0221–5710252) mit der Durchführung der Transporte beauftragt.

Der Unterzeichnende ist einverstanden mit
a) den Versicherungsbedingungen (Auszug siehe unten). Der Leihgeber ist Mitversicherter. Die Policebedingungen werden auf Anfrage übersandt.
b) dem Fotografieren des Werkes zur Reproduktion im Katalog, in Tageszeitungen und Zeitschriften, Aufnahmen durch das Fernsehen.
c) dem Rücktransport des Werkes an die Abholadresse; falls das Werk nicht dorthin zurückgeht, werden Transport- und Versicherungskosten maximal bis an die Abholadresse übernommen.
d) der Ausleihe und der Präsentation des Werkes während der gesamten Ausstellungsdauer.

Loan Terms

The lender agrees to provide borrower or transport agent respectively with comprehensive instructions for packaging.

The documenta und Museum Fridericianum Veranstaltungs GmbH charged hasenkamp Internationale Transporte, Weinsbergstraße 84 – 100, D–5000 Köln 30 (tel. 0221–5710–0, fax 0221–5710252) with the implementation of all transports.

The undersigned agrees to
a) the insurance terms (extract see below). The lender is included in the policy. The insurance terms will be forwarded upon request.
b) photographs being taken of the work for reproduction in the catalogue, in newspapers and magazines, TV recordings.
c) the return transport of the work to delivery address; if to be sent elsewhere, insurance and transport costs are covered maximum to the delivery address.
d) lending and presenting the work at documenta's disposal for the entire duration of the exhibition.

Auszug aus den Versicherungsbedingungen

Die documenta und Museum Fridericianum Veranstaltungs GmbH (kurz: documenta GmbH) hat für die Leihgaben eine "All Risks"-Ausstellungsversicherung abgeschlossen. Versicherer ist die Firma Mund und Fester, Trostbrücke 4, 2000 Hamburg 11 über die Firma ABP Behrens & Partner, Versicherungsmakler GmbH, Ascheweg 18, 5600 Wuppertal. Die Police trägt die Nr. 602/80/91/2761.
Die Versicherung deckt Schäden an allen Kunstgegenständen, für die ein Leihschein ausgestellt wurde. Versicherungsschutz besteht während der Dauer der Ausstellung, einschließlich der damit verbundenen Vor- und Nachlagerungen sowie der Auf- und Abbauarbeiten, ferner während der Transporte vom und zum Leihgeber und der damit verbundenen Zwischenlagerung. Die Versicherung gilt von Wand zu Wand, von Nagel zu Nagel. Die Leihgeber gelten als Mitversicherte.
Schäden sind sofort, spätestens innerhalb 24 Stunden nach Kenntnis, bei der Ausstellungsleitung zu melden. Über die Meldung wird eine Bestätigu usgefertigt, die als Nachweis der Schadensanzeige gilt.
Aufgrund des Schadens erwirbt der Leihgeber einen direkten Anspruch an den Versicherer. Die Haftung der documenta GmbH für einen Schaden kommt deshalb nur dann in Betracht, wenn von den Versicherern ein Ersatz nicht erlangt werden kann, obwohl es sich um einen gedeckten Schaden handelt (Subsidiärhaftung der documenta GmbH).
Mit dem Abschluß des Leihvertrages gelten die Versicherungsbedingungen als vom Leihgeber genehmigt.
Wenn im Schadensfall ein Kunstwerk restauriert werden kann, wird Ersatz in entsprechender Höhe gewährt. Ansprüche an schadensstiftende Dritte bleiben unberührt.
Für Skulpturen, die der freien Luft ausgesetzt sind, gilt ein eingeschränkter Deckungsschutz. Nicht versichert sind Schäden oder Verluste, die durch Witterungseinflüsse (ausgenommen Sturm über Stärke 8 sowie Blitzschlag) entstanden sind.
Den Abschluß der Ausstellungsversicherung bestätigen:

Extract Insurance Terms

The documenta and Museum Fridericianum Veranstaltungs GmbH (short: documenta GmbH) has effected an "all-risk-insurance" for the loaned exhibits with Mund & Fester, Trostbrücke 4, 2000 Hamburg 11. This contract has been arranged by ABP Behrens & partner, insurance agent Ltd., Ascheweg 18, 5600 Wuppertal. Policy number: 602/80/91/2761.
Insurance covers damages of all art objects a loan form had been issued and will be effective throughout the duration of the exhibition, for the period of necessary storage before and after the exhibition, for the time of setting up and dismantling, and during transportation from and to the lender and any possible storage time on transit. This is a wall to wall / nail to nail insurance cover. The lender of the exhibits is deemed co-policy holder.
Any damages to the exhibits have to be reported to the exhibition management immediately, but not later than 24 hours after discovery. A written damage report will be made out and will be deemed proof of notification.
In case of damage the lender acquires a direct claim against the insurer. documenta GmbH will only be liable for indemnification if indemnity cannot be obtained from the insurer, even though the damage is such as to be covered by this insurance (subsidiary liability of documenta GmbH).
By signing the loan contract the lender accepts the conditions of insurance. Should in case of damage restoration of the art work be possible, will be paid an appropriate indemnity. Further claims against third party responsible for damage will not be considered.
A reduced insurance cover comes into effect for sculptures exposed to the open air. Not covered are damage or loss which are caused by weather factors (excluding storm with a strength of more than 8 as well as lightning).
The contracting of an exhibition insurance confirm:

Mund und Fester
Hamburg

ABP Behrens Partner
Wuppertal

documenta und Museum Fridericianum
Veranstaltungs GmbH, Kassel

Anhang Nr. 3

LEIHVERTRAG

Zwischen der Stadt Essen,
vertreten durch den Oberstadtdirektor,
-MUSEUM FOLKWANG ESSEN-,
vertreten durch seinen Direktor
Goethestraße 41, 45128 Essen - Leihgeber -

und

- Entleiher -

wird folgender Vertrag abgeschlossen:

§ 1

(1) Der Leihgeber überläßt dem Entleiher aus seinen Beständen für die Ausstellung

vom↔bis
in
die folgenden Kunstgegenstände als unentgeltliche Leihgaben:

Lfd. Nr.	Inv. Nr.	Bezeichnung des Kunstgegenstandes	Material	Versicherungswert DM

(2) Der Entleiher verpflichtet sich, die Leihgaben während der Leihzeit im↔auszustellen und sie nur zum Zweck der Ausstellung zu benutzen.

(3) Es ist darauf zu achten, daß Namens- bzw. Urhebernennung(en) in der vom Leihgeber gewünschten nachstehenden Form erfolgen:

§ 2

(1) Der Entleiher veranlaßt die zum Schutz der Leihgaben erforderlichen Vorsichts- und Sicherungsmaßnahmen; er ist damit einverstanden, daß der Leihgeber diese Maßnahmen überwacht und sie - wenn er das für notwendig hält - auf Kosten des Entleihers ergänzt.

(2) Der Entleiher verpflichtet sich, die Leihgaben in keiner Weise zu verändern, insbesondere keinerlei Restaurierungs- oder Reinigungsarbeiten an ihnen vorzunehmen oder vornehmen zu lassen.

(3) Die vom Leihgeber geforderten konservatorischen Bedingungen für eine Ausstellung der Leihgabe(n) sind unbedingt einzuhalten (ggf. Anlage).

(4) Der Entleiher trägt durch geeignete Maßnahmen dafür Sorge, daß von den Leihgaben Fotos, Dias, Reproduktionen sowie Aufnahmen für Film und Fernsehen nur mit schriftlicher Genehmigung des Leihgebers angefertigt werden.

§ 3

(1) Der Entleiher haftet auch dann, wenn ihn kein Verschulden trifft, für Untergang, Verlust und jede Beschädigung der Leihgaben in der Weise, daß er bei Totalverlust den in § 1 angegebenen Versicherungswert und bei Beschädigung die durch ein unabhängiges Gutachten taxierte Wertminderung nebst den Kosten der Instandsetzung übernimmt.

(2) Der Entleiher ist damit einverstanden, daß die Leihgaben zu den in § 1 genannten Versicherungswerten für die Dauer des Leihverhältnisses vom Leihgeber bei der PROVINZIAL FEUERVERSICHERUNGSANSTALT DER RHEINPROVINZ, Düsseldorf, im Rahmen der "Allgemeinen Versicherungsbedingungen für Ausstellungsversicherungen", der "Besonderen Bedingungen für die Versicherung von Kunstgegenständen" sowie der "Anweisungen für den Schadenfall" des Deutschen Transport-Versicherungs-Verbandes e.V. voll von Nagel zu Nagel gegen sämtliche Risiken versichert werden. Die Haf-

tung des Entleihers selbst gemäß Absatz 1 wird durch den Abschluß dieser Versicherung nicht gemindert.

(3) Beschädigungen der Leihgaben hat der Entleiher dem Leihgeber unverzüglich mitzuteilen. Außerdem hat er die zur Klärung der Schadensursachen und zur Erhaltung von Ersatzansprüchen notwendigen unaufschiebbaren Maßnahmen - wie etwa die Einschaltung der Polizei und die Anforderung einer Schadensbescheinigung des Transportunternehmens - sofort in die Wege zu leiten.

§ 4

Die Leihgaben können vor Ablauf der Leihzeit vom Leihgeber zurückgefordert werden, wenn sie aus besonderen Gründen - insbesondere für eine Ausstellung - benötigt werden oder wenn ihre sachgemäße Pflege und Erhaltung beim Entleiher nach Ansicht des Leihgebers nicht mehr gewährleistet ist.
Zusatz bei abweichender Regelung:

§ 5

Alle aus der Abwicklung dieses Vertrages entstehenden Kosten (z.B. Versicherungsprämien, Transportkosten u. ä.) trägt der Entleiher.

§ 6

Persönliche Begleitung des Transportes erfolgt auf Kosten des Entleihers, wenn diese Begleitung entweder der Versicherer nach § 3 Abs. 2 oder der Leihgeber für notwendig erachten.

§ 7

Der Leihgeber erhält Exemplare des Ausstellungskataloges sowie die Ausstellung begleitende Werbemittel (Pressemappe, Plakate, Einladungskarten) und Pressespiegel.

§ 8

Änderungen dieses Vertrages bedürfen der Schriftform. Mündliche Nebenabreden gelten als nicht getroffen.
Es gilt Deutsches Recht.

Gerichtsstand ist Essen.

Essen, den

Stadt Essen
Der Oberstadtdirektor
-MUSEUM FOLKWANG-
Im Auftrage

Dr. Georg W. Költzsch
Direktor

Anhang Nr. 4

L E I H V E R T R A G

Zwischen der Stadt Essen,
vertreten durch den Oberstadtdirektor,
-MUSEUM FOLKWANG ESSEN-,
vertreten durch seinen Direktor,
Goethestraße 41, 45128 Essen - *Entleiher* -

und

- *Leihgeber* -

wird folgender Vertrag abgeschlossen:

§ 1

(1) Der Leihgeber überläßt dem Entleiher aus seinen Beständen für die Ausstellung

vom⇆bis
in
die folgenden Kunstgegenstände als unentgeltliche Leihgaben:

Lfd. Nr.	*Inv. Nr.*	*Bezeichnung des Kunstgegenstandes*	*Material*	*Versicherungswert DM*

(2) Der Entleiher verpflichtet sich, die Leihgaben während der Leihzeit im ⇆ auszustellen und sie nur zum Zweck der Ausstellung zu benutzen.

§ 2

(1) Der Entleiher veranlaßt die zum Schutz der Leihgaben erforderlichen Vorsichts- und Sicherungsmaßnahmen; er ist damit einverstanden, daß

der Leihgeber diese Maßnahmen überwacht und sie - wenn er das für notwendig hält - auf Kosten des Entleihers ergänzt.

(2) Der Entleiher verpflichtet sich, die Leihgaben in keiner Weise zu verändern, insbesondere keinerlei Restaurierungs- oder Reinigungsarbeiten an ihnen vorzunehmen oder vornehmen zu lassen.

(3) Der Entleiher trägt durch geeignete Maßnahmen dafür Sorge, daß von den Leihgaben Fotos, Dias, Reproduktionen sowie Aufnahmen für Film und Fernsehen nur mit schriftlicher Genehmigung des Leihgebers angefertigt werden.

§ 3

(1) Der Entleiher haftet, wenn ihn ein Verschulden trifft, für Untergang, Verlust und jede Beschädigung der Leihgaben in der Weise, daß er bei Totalverlust den in § 1 angegebenen Versicherungswert und bei Beschädigung die durch ein unabhängiges Gutachten taxierte Wertminderung nebst den Kosten der Instandsetzung übernimmt.

(2) Der Leihgeber ist damit einverstanden, daß die Leihgaben zu den in § 1 genannten Versicherungswerten für die Dauer des Leihverhältnisses vom Entleiher bei der PROVINZIAL FEUERVERSICHERUNGSANSTALT DER RHEINPROVINZ, Düsseldorf, im Rahmen der "Allgemeinen Bedingungen für die Ausstellungsversicherung (AVB Ausstellung 1988)", der "Sonderbedingungen zu den AVB Ausstellung 1988 für Kunstausstellungs-Versicherungen" sowie der "Anweisungen für den Schadenfall" des Deutschen Transport-Versicherungs-Verbandes e.V. voll von Nagel zu Nagel gegen sämtliche Risiken versichert werden. Die Haftung des Entleihers selbst gemäß Absatz 1 wird durch den Abschluß dieser Versicherung nicht gemindert.

(3) Beschädigungen der Leihgaben hat der Entleiher dem Leihgeber unverzüglich mitzuteilen. Außerdem hat er die zur Klärung der Schadensursachen und zur Erhaltung von Ersatzansprüchen notwendigen unaufschiebbaren Maßnahmen - wie etwa die Einschaltung der Polizei und die Anforderung

einer Schadensbescheinigung des Transportunternehmens - sofort in die Wege zu leiten.

§ 4

Die Leihgaben können vor Ablauf der Leihzeit vom Leihgeber zurückgefordert werden, wenn sie aus besonderen Gründen - insbesondere für eine Ausstellung - benötigt werden oder wenn ihre sachgemäße Pflege und Erhaltung beim Entleiher nach Ansicht des Leihgebers nicht mehr gewährleistet ist.
Zusatz bei abweichender Regelung:

§ 5

Alle aus der Abwicklung dieses Vertrages entstehenden Kosten (z.B. Versicherungsprämien, Transportkosten u. ä.) trägt der Entleiher.

§ 6

Änderungen dieses Vertrages bedürfen der Schriftform. Mündliche Nebenabreden gelten als nicht getroffen.
Es gilt deutsches Recht.

Gerichtsstand ist Essen.

Essen, den

Stadt Essen
Der Oberstadtdirektor
-Museum Folkwang-
Im Auftrage

_______________________ _______________________

Dr. Georg W. Költzsch
Direktor

Anhang Nr. 5

AKADEMIE DER KÜNSTE

Leihschein Loan form Bulletin de prêt

Abteilung Bildende Kunst
Pariser Platz 4
10117 Berlin
Tel. 2 84 48-228, 273
Fax 2 84 48-238

Ausstellung:
Exhibition:
Exposition:

Name des Künstlers:
Name of artist:
Nom de l'artiste:

Titel des Werkes:
Title of work:
Titre de l'œuvre:

Entstehungsjahr:
Date:

Maße in cm (ohne Rahmen, Höhe vor Breite vor Tiefe):
Dimensions (without frame, height/width/depth):
Dimensions (sans cadre, hauteur/largeur/profondeur):

Material und Technik:
Medium and support:
Matière et technique:

Bezeichnet (wo? wie?):
Signed and dated (where? how?):
Signé et daté (où? comment?):

In welcher Form wünschen Sie im Katalog genannt zu werden?
How do you want to be mentioned in the catalogue?
Comment désirez-vous être nommé dans le catalogue?

Darf Ihre Leihgabe in Presse und Fernsehen abgebildet werden?
May your loan be reproduced in press or television?
Autorisez-vous la reproduction de votre prêt dans la presse ou la télévision?

Darf Ihre Leihgabe für nichtkommerzielle Schulzwecke und interne Archivierung fotografiert werden?
May your loan be photographed for non commercial educational and documentary purposes?
Permettez-vous que votre prêt soit photographié à des fins éducatives et pour des raisons de documentation?

Sind Sie mit einer Versicherung (HAVAG), die durch uns abgeschlossen wird, einverstanden?
Would you authorize us to insure the loan with our agency?
Etes-vous d'accord pour que nous nous chargions de l'assurance?

Sind Sie damit einverstanden, daß wir unsere Firma mit dem Transport beauftragen?
Do you agree to allow our transport agency to handle the packing and shipping of the loan?
Etes-vous d'accord pour que notre agent se charge du transport?

Versicherungswert:
Insurance value:
Valeur d'assurance:

Name und Adresse des Leihgebers:
Name and address of lender:
Nom et adresse du prêteur:

Anschrift für Rücksendung:
Address for reshipment:
Adresse pour réexpedition:

Bemerkungen:
Remarks:
Remarques:

Datum/Unterschrift des Leihgebers
Date/Signature of the lender
Date/Signature du prêteur

Datum/Unterschrift des Leihnehmers
Date/Signature of the borrower
Date/Signature de l'emprunteur

Anhang Nr. 6

L E I H V E R T R A G

Freie und Hansestadt Hamburg,
Hamburger Kunsthalle, Glockengießerwall, 20095 Hamburg — Verleiher
und

Entleiher

schließen folgenden Leihvertrag:

Der Verleiher überläßt dem Entleiher

für die Ausstellung

in den Räumen

in der Zeit vom — bis

die folgenden Kunstwerke:

Lfd. Nr.	Kennzeichnung der Kunstwerke	Versicherungswert in DM

Der Entleiher verpflichtet sich, die Kunstwerke unter konservatorisch richtigen Bedingungen aufzubewahren und auszustellen. Er verpflichtet sich ferner, den Verleiher mit dessen korrekten Namen HAMBURGER KUNSTHALLE zu nennen.
In den Park-, Lager- und Ausstellungsräumen sowie Transportfahrzeugen sind folgende Werte einzuhalten:

Temperatur: — Relative Luftfeuchtigkeit: — Lichtstärke:

Photographien dürfen nur mit schriftlicher Genehmigung des Verleihers angefertigt werden.

Die umseitig abgedruckten Bestimmungen sind Inhalt des Vertrages.
Änderungen und Ergänzungen dieses Vertrages bedürfen der Schriftform.

Ort, Datum — Ort, Datum

Unterschriften des Verleihers — Unterschrift des Entleihers

1
Der Entleiher wird die Leihgabe nur zu dem vereinbarten Zweck gebrauchen und sie nach Ablauf der Leihdauer unverzüglich ohne Aufforderung zurückgeben. Er ist zur Weiterverleihung nicht berechtigt.

2
Die Kosten für Hin- und Rücktransport einschließlich angemessener Verpackung trägt der Entleiher. Entleiher und Verleiher vereinbaren, welcher Spediteur beauftragt werden soll.

3
Der Entleiher verpflichtet sich, die Leihgaben vor Beeinträchtigungen aller Art zu bewahren und sie keiner Gefährdung auszusetzen. Es darf kein direktes Sonnenlicht auf die Leihgaben fallen. Vor der Erwärmung durch künstliche Licht- und Wärmequellen sind sie wirksam zu schützen.

Der Entleiher ist nicht berechtigt, ohne vorherige Zustimmung des Verleihers Veränderungen (z. B. Reparaturen, Instandsetzungen, Aufarbeitungen) an dem Objekt oder dessen Zubehör (z. B. Rahmen, Sockel, Verglasung) vorzunehmen.

Der Entleiher ist verpflichtet, bei Feststellung einer Veränderung oder Beschädigung oder des Verlustes eines Objektes unverzüglich den Verleiher zu benachrichtigen und die erforderlichen Feststellungen einzuleiten.

Der Entleiher ist verpflichtet, die Objekte in der Ausstellung und im Katalog als Eigentum des Verleihers zu kennzeichnen.

4
Der Entleiher ist verpflichtet, unmittelbar nach Erscheinen eines Ausstellungskatalogs oder anderer eigener Begleitpublikationen ein Exemplar dem Verleiher kostenlos zu übermitteln.

5

Der Entleiher haftet für alle Schäden an der Leihgabe, die dadurch entstehen, daß diese während des Aufenthalts am Ausstellungsort oder des Transports von Nagel zu Nagel zerstört, beschädigt, verändert wird oder abhanden kommt. Die Haftung tritt auch dann ein, wenn der Schaden auf Umständen beruht, die der Entleiher nicht zu vertreten hat. Ausgeschlossen ist die Haftung für Schäden, die durch den Verleiher, dessen Bediensteten oder Erfüllungsgehilfen vorsätzlich oder grob fahrlässig herbeigeführt werden.

Der Entleiher haftet in voller Höhe des vereinbarten Versicherungswertes auch dann, wenn die Versicherung diesen Schadensfall nicht anerkennt.

6
Wird die Leihgabe zerstört, ist sie ohne Anrechnung eines eventuellen Restwertes auf die Höhe des Schadensersatzanspruches zurückzugeben.

7
Tritt der Entleiher als Selbstversicherer für die nach Ziffer 5 entstehenden Schäden ein, sehen die Vertragsparteien von dem Abschluß einer besonderen Transport- und Aufenthaltsversicherung ab.

Andernfalls erklärt sich der Entleiher mit der Versicherung der Leihgaben durch den zwischen der Freien und Hansestadt Hamburg und der Colonia Versicherungs-Aktiengesellschaft Hamburg bestehenden Versicherungsvertrag einverstanden.

Der Entleiher verpflichtet sich, die Versicherungsprämie sowie die aus ihr entspringenden Abgabeteile wie Versicherungssteuer zu ersetzen.

8
Der Verleiher tritt für Fall, daß der Entleiher ihm gegenüber zu Schadensersatzleistungen nach Ziffer 5 verpflichtet ist, die Schadensersatzansprüche, die er wegen der Beeinträchtigung der Leihgabe gegen Dritte erlangt, an den Entleiher ab.

9
Die Vertragsparteien können den Vertrag ohne Einhaltung einer Frist aus wichtigem Grund kündigen. Als wichtiger Grund gilt insbesondere die Verletzung der vertraglichen Bestimmungen durch den Entleiher.

10
Gerichtsstand für alle Streitigkeiten aus diesem Vertrag ist Hamburg.

11
Sollten einzelne Vertragsbestimmungen unwirksam sein, so bleibt die Wirksamkeit der anderen Bestimmungen unberührt.

Anhang Nr. 7

L E I H V E R T R A G

Zwischen , vertreten durch , ,
, , vertreten durch

– Verleiher –

und

– Entleiher –

§ 1

Der Verleiher stellt dem Entleiher die in der Anlage zu diesem Vertrag unter Nr. bis Nr. aufgeführten Gegenstände als Leihgabe

für die Ausstellung:

Ort:

Dauer der Ausstellung: von
bis

Dauer der Ausleihe: von
bis

Veranstalter:

zur Verfügung.

Der Wert der einzelnen Gegenstände ist in der Anlage, die Bestandteil dieses Vertrages ist, aufgeführt. Der Verleiher behält sich vor, bei einer erheblichen Änderung des Preisniveaus auf dem Kunstmarkt den Wert der Leihgabe neu festzusetzen. Über den neuen Wert ist der Entleiher zu benachrichtigen. Er wird eine Woche nach der Benachrichtigung für die Parteien verbindlich.

Die Leihgabe darf nur für den vorstehend bezeichneten Zweck in Anspruch genommen werden. Jede Änderung des Verwahrungsortes bedarf der schriftlichen Genehmigung des Verleihers.

§ 2

Der Entleiher kann die Leihgabe jederzeit zurückgeben. Die Leihgabe muß nach Ablauf der vereinbarten Leihfrist zurückgegeben werden. Der Verleiher hat Anspruch auf vorzeitige Rückgabe, wenn ein wichtiger Grund vorliegt; als wichtiger Grund gilt insbesondere eigener Bedarf des Verleihers sowie die Verletzung der vertraglichen Bestimmungen durch den Entleiher.

Zurückbehaltungsrechte stehen dem Entleiher nicht zu.

§ 3

Die Kosten für die Verpackung, Übersendung und Rücksendung der Leihgabe sowie die Reise- und Aufenthaltskosten für einen wissenschaftlichen Mitarbeiter zur Überprüfung des Erhaltungszustandes der Leihgabe trägt der Entleiher. Persönliche Transportbegleitung kann vom Verleiher zu Lasten des Entleihers zur Bedingung gemacht werden. In diesem Fall sind die Reise- und Aufenthaltskosten für die Transportbegleitung zu zahlen. Der Verleiher kann eine bestimmte Transportfirma bindend vorschreiben.

§ 4

Der Entleiher verpflichtet sich, der Leihgabe "von Nagel zu Nagel" größte Sorgfalt angedeihen zu lassen, sie vor Schaden zu bewahren und sie keiner Gefährdung auszusetzen. Für die Behandlung der Leihgabe, insbesondere hinsichtlich der Klima- und Beleuchtungsverhältnisse, gelten die bei großen Museen üblichen Grundsätze. Der Verleiher kann insoweit für einzelne und alle Leihgaben besondere Anweisungen erteilen, die der Entleiher zu befolgen hat.

Der Verleiher hat das Recht, regelmäßige Klimaaufzeichnungen vor und während der Ausleihe durch schreibende Meßgeräte zu verlangen.

§ 5

An der Leihgabe dürfen keinerlei Veränderungen (auch nicht des Rahmens, des Passepartouts, des Sockels usw.) und keine Eingriffe zum Zweck der Befestigung vorgenommen werden. Die Reinigung hat sich auf die mit aller Vorsicht und fachmännisch vorzunehmende Staubentfernung zu beschränken.

Die Leihgabe darf nur an dem Ort und für den Zweck ausgestellt werden, für den sie bestimmt ist. Bei der Hantierung mit Leihgaben dürfen weder Federhalter, Kugelschreiber noch Filzstift verwendet, noch darf dabei geraucht werden. Die Leihgaben dürfen nur durch Beauftragte des Museums bewegt werden.

§ 6

Der Entleiher ist verpflichtet, den Verleiher unverzüglich von jeder Veränderung oder Beschädigung der Leihgabe zu benachrichtigen oder deren Verlust anzuzeigen.

Über die Durchführung von Restaurierungsmaßnahmen während der Dauer der Entleihe entscheidet der Verleiher. Der Entleiher ist verpflichtet, die Leihgabe während der Dauer der Leihe von Nagel zu Nagel vor jeder Beschlagnahme, Pfändung oder Besitzbeeinträchtigung von privater und staatlicher Seite zu schützen. Er hat den Verleiher von einer zu befürchtenden Maßnahme dieser Art unverzüglich in Kenntnis zu setzen und die Leihgabe gegebenenfalls auf seine Kosten auszulösen.

§ 7

Der Verleiher läßt die Leihgabe auf Kosten des Entleihers für die Dauer der Leihe von Nagel zu Nagel gegen alle versicherbaren Gefahren versichern. Hierüber wird ein Versicherungszertifikat ausgestellt, das auch dem Entleiher übersandt wird.

Als Versicherungssumme gilt der Wert der Leihgabe, auch im Falle des § 1 Satz 2.

Der Entleiher darf auf evtl. Regreßansprüche nur mit Genehmigung des Verleihers verzichten.

§ 8

Der Entleiher ist verpflichtet, die Leihgabe konservatorisch und materiell zu sichern.

Der Entleiher haftet für alle Schäden, die dadurch entstehen, daß die Leihgabe während der Dauer der Leihe von Nagel zu Nagel oder infolge der Leihe zerstört, beschädigt oder verändert wird oder abhanden kommt; dies gilt insbesondere für die Kosten einer Restaurierung, die wegen einer solchen Beschädigung oder Veränderung notwendig werden sollte. Die Haftung tritt auch dann ein, wenn der Schaden auf Umständen beruht, die der Entleiher nicht zu vertreten hat; sie besteht auch, wenn Schäden erst nach der Rückgabe in Erscheinung treten. Weitergehende, nach allgemeinen Vorschriften begründete Ansprüche bleiben unberührt.

§ 9

Im Falle eines Totalschadens ist der festgesetze Wert zu ersetzen. Bei anderen Schädigungen wird die Höhe des Schadens durch den Verleiher bindend festgesetzt. Etwaige Versicherungsleistungen werden hierauf angerechnet.

§ 10

An der Leihgabe, im Katalog und bei sonstigen Veröffentlichungen ist der Leihgeber deutlich sichtbar anzugeben. Der Entleiher ist verpflichtet, unmittelbar nach Erscheinen dieser Veröffentlichung zwei Exemplare dem Verleiher kostenlos zu übermitteln.

§ 11

Von der Leihgabe dürfen Fotografien in Schwarz-Weiß oder Farbe, sonstige Reproduktionen oder Kopien nur mit ausdrücklicher Genehmigung des Verleihers hergestellt werden. Fernsehaufnahmen sind ausschließlich zu informatorischen Zwecken (Reportage über die Ausstellung) gestattet, wobei streng darauf zu achten ist, daß durch die Aufnahmearbeiten keine Erwärmung der Kunstwerke oder der Raumtemperatur eintritt. Aufnahmen der Leihgabe für Filme bedürfen einer gesonderten Genehmigung.

§ 12

Der Verleiher ist berechtigt, die Einhaltung aller vorstehenden Bestimmungen zu überwachen.

§ 13

Sollten einzelne Vertragsbestimmungen unwirksam sein, so bleibt die Wirksamkeit der anderen Vertragsbestimmungen unberührt.

§ 14

Im übrigen gelten die Vorschriften des BGB über die Leihe. Der Verleiher und der Entleiher erhalten je eine Ausfertigung dieses Vertrages.

§ 15

Besondere Vereinbarungen:

§ 16

Gerichtsstand für alle Streitigkeiten aus diesem Vertrag ist

, den

Der Verleiher | Der Entleiher

Anhang Nr. 8

ART THEFT REPORT

This is a report to The Art Loss Register's art Theft Database.
The object herein will be added to our registry of stolen art. This report is confidential.
The information in the attached statement of ownership will remain in closed files until a recovery occurs. At that time, you will be contacted.

Please complete this form and return to:

The Art Loss Register
13 Grosvenor Place, London SW1X 7HH
Telephone: 071-235 3393 *Fax:* 071-235 1652

On receipt of this form, you will be contacted for payment.

Statement of Ownership

Name: ______________________________
Address: ______________________________
____
______________________________ Postcode: __________
Daytime Telephone no: ______________________________
Date of theft: ______________________________
Place of theft: ______________________________
Circumstance of theft. (Please specify): ______________________________
____

Police Report no: ______________________________
Name of police officer: ______________________________
Police address: ______________________________
____
______________________________ Postcode: __________
Police Telephone no: ______________________________

Are objects insured? Yes ☐ No ☐

Name of Insurance Broker (if applicable): ______________________________
Name of Insurance Company: ______________________________
Name of Loss Adjustor: ______________________________
Insurance Claim/Policy no: ______________________________
Insurance Value: £ __________

Is a reward offered? Yes ☐ No ☐

Photographs enclosed? Yes ☐ No ☐

Please send me further details on publications which specialise in art theft Yes ☐ No ☐

Signature: ______________________________ Date: __________

ALR92

LIST OF OBJECTS

Please follow the sample sheet provided and include as much information as possible. ***Photographs are of foremost importance.*** *Please include a written description or sketch. Please include bibliographical information, provenance, etc. in the space provided.*

TYPE
Artist ____
Period ____
Nationality ____
Title ____
Dimensions *(Height, width, depth)* ____
Date of execution ____
Medium ____

DISTINCTIVE MARKINGS *(Please specify position)*
Signature ____
Edition no. ____
Inscriptions ____
Condition ____
Other Marks ____

DESCRIPTION
Please describe the object in this space.

Bibliographical information, Provenance, etc.

Value ____

TYPE
Artist ____
Period ____
Nationality ____
Title ____
Dimensions *(Height, width, depth)* ____
Date of execution ____
Medium ____

DISTINCTIVE MARKINGS *(Please specify position)*
Signature ____
Edition no. ____
Inscriptions ____
Condition ____
Other Marks ____

DESCRIPTION
Please describe the object in this space.

Bibliographical information, Provenance, etc.

Value ____

TYPE
Artist ____
Period ____
Nationality ____
Title ____
Dimensions *(Height, width, depth)* ____
Date of execution ____
Medium ____

DISTINCTIVE MARKINGS *(Please specify position)*
Signature ____
Edition no. ____
Inscriptions ____
Condition ____
Other Marks ____

DESCRIPTION
Please describe the object in this space.

Bibliographical information, Provenance, etc.

Value ____

Brigitte Schwadorf-Ruckdeschel

Rechtsfragen des grenzüberschreitenden rechtsgeschäftlichen Erwerbs von Kulturgütern

Frankfurt/M., Berlin, Bern, New York, Paris, Wien, 1995. 219 S.
Europäische Hochschulschriften: Reihe 2, Rechtswissenschaft. Bd. 1828
ISBN 3-631-48470-4 br. DM 65.--*

Dem beständig angewachsenen Handel mit Kunstgegenständen steht das verstärkte Interesse am Schutz von Kulturgütern gegenüber. Bei Geschäften des Kunsthandels mit Auslandsberührung führt dies zu einer Reihe von besonderen Rechtsproblemen. Die Untersuchung der Frage, inwieweit das deutsche Internationale Privatrecht beim grenzüberschreitenden Erwerb von besonders geschützten oder gestohlenen Kulturgütern dem Interesse an uneingeschränkter Handelbarkeit einerseits und dem Schutzinteresse andererseits entspricht, steht im Mittelpunkt dieser Schrift. Zur Diskussion kommen dabei neben dem geltenden Recht auch alternative internationalprivatrechtliche und sachrechtliche Lösungsvorschläge.

Aus dem Inhalt: Kulturgüter und ihr Schutz · Auf den grenzüberschreitenden Erwerb von Kulturgütern anwendbares Recht · Rechtsgeschäftlicher Erwerb und die Wirkung von Schutzvorschriften · Rechtsgeschäftlicher Erwerb bei entwendeten Kulturgütern

Printed by
CPI books GmbH, Leck

Kolibri 360 GmbH
Ferdinand-Jühlke-Straße 7
99095 Erfurt, Deutschland
produktsicherheit@kolibri360.de